为天地立心 为生民立命

为往圣继绝学 为万世开太平

先贤哲言 与君共勉 惠存雅正

徐厚广

见闻君
—
著

WAY
TO
THE
GREAT

高铁三部曲之

中国轨道

CNS PUBLISHING & MEDIA | 湖南文艺出版社

图书在版编目（CIP）数据

中国轨道 / 见闻君著. -- 长沙 : 湖南文艺出版社,
2021.7（2021.7重印）
ISBN 978-7-5726-0166-8

Ⅰ. ①中… Ⅱ. ①见… Ⅲ. ①轨道交通—交通运输史—中国 Ⅳ. ①F512.9

中国版本图书馆CIP数据核字(2021)第085305号

中国轨道

ZHONGGUO GUIDAO

作　　者： 见闻君
出 版 人： 曾赛丰
责任编辑： 谢迪南　丁丽丹
封面设计： 文　俊
内文排版： 钟灿霞　文　俊
出版发行： 湖南文艺出版社
（长沙市雨花区东二环一段508号 邮编：410014）
印　　刷： 湖南省众鑫印务有限公司
开　　本： 787mm×1092mm 1/16
印　　张： 26.5
字　　数： 360千字
版　　次： 2021年7月第1版
印　　次： 2021年7月第2次印刷
书　　号： ISBN 978-7-5726-0166-8
定　　价： 68.00元

目 录

第一章
火轮车入华

1

1841年夏天，清王朝正处在史无前例的震荡之中。

道光皇帝爱新觉罗·旻宁59岁了，这已经是他即位的第21个年头了。他的曾祖父雍正帝推行的摊丁入亩改革，推动了帝国人口的爆炸式增长，从1723年（雍正元年）的2573万人增长到1841年的4.18亿人，约占全球总人口的40%[1]。但是，清政府的财政收入并没有怎么增加，因为他的高祖父康熙帝在1712年（康熙五十一年）颁布了“永不加赋”的御旨。道光年间，清政府的财政收入一直徘徊在4000万两白银上下，反而比乾隆年间5000万两的巅峰有所下滑。好在，道光还是位不错的守成之君，他勤奋而且节俭，量入为出，严格控制财政，财政收入在多数年份还都略有盈余。他处理政务的能力也还不错，推动漕粮海运大获成功。

不幸的是，守成之君却处在了一个大变革的时代。

从他的爷爷乾隆开始，经过了他的父亲嘉庆，再到道光，这100多年间，清王朝一直处于平稳发展中，但是欧美国家却在这段时间化茧成蝶，基本完成了第一次工业革命，并以贸易通商为手段，裹挟着原本分散在世界各个角落的国家，向着一个统一的全球现代化前进。

1841年的夏天，中英正处于事实上的战争状态。当然，被一个个谎言包围着的道光皇帝可能并不这么认为，在他看来这不过是蛮夷小国，因为一些沟通不到位的问题产生了一些纠纷，非要向他这个大皇帝讨回一些公道而已。但是，定海（今浙江舟山）陷落，英舰抵达天津，广州三道防线先后失守,他信任的钦差大臣琦善私下割让香港给英国，各地调兵到广州，国库银两哗哗外流……一系列坏消息纷至沓来，让他非常糟心，恨不能立马画上个句号。好在，从他的族侄、被他派到广州接替琦善的靖逆将军奕山发回的奏折来看，事情似乎正在向好的方向发展。而事实上，真正糟糕的事情正在酝酿，即将上演。

起初，因为外商向中国大量输入鸦片的问题，他派钦差大臣林则徐到广州去主持禁烟活动。林则徐采取强硬手段，收缴了外商在粤的鸦片，并于 1839 年 6 月 3 日在虎门举行了盛大的销烟活动，活动一直持续到 6 月 25 日，共销毁鸦片 19179 箱和 2119 袋。[2]对于被销毁的鸦片，清政府给予了一定的补偿，一箱鸦片奖赏茶叶 5 斤。茶叶是当时清政府对外贸易的主要货品之一。此外，林则徐还要求到中国做生意的外商都要出具一个保证书，保证货品中没有鸦片，如果有，则会被照例正法。还有一件事就是“林维喜案”，简单说就是一个英国人杀了一个中国人，林则徐要求英方代表查理・义律交出凶手，而义律在船上将凶手简单审讯了一下（义律作为英国驻华商务总监督并没有被授予审判权），轻轻处罚一下就把凶手放了。这三件事，第一件是财产处理的问题，第二件与第三件实际上是司法管辖权问题。

于是，义律决定给林则徐点颜色看看。1839 年 9 月 4 日，他带领舰队到九龙海岸以索食为名进行挑衅。他派德国传教士郭士立（这个人名字要记住，在中国铁路史上有一定地位）把两封信交给清王朝当局，强

1. 梁方仲 . 中国历代户口、田地、田赋统计 [M]. 上海：上海人民出版社，1980.
2. 林则徐全集编辑委员会 . 林则徐全集 (第三册)[M]. 福州：海峡文艺出版社，2002:160–161.

↓ 鸦片战争

调半小时内得不到食物供应就动武。[3] 半小时一过，义律果然开炮！清兵水师进行了还击，双方都没有占到什么便宜，最终义律遁走，海战结束。是为九龙海战。11 月 3 日，双方又进行了穿鼻海战。水师提督关天培亲自督战，我方资料记述英舰被打得“帆斜旗落，且御且遁”。[4] 英方的记述是，中方一艘船被炸飞，三艘船进水。[5] 此后在 11 月 5 日至 13 日间，双方还进行了 6 次小的接触战。林则徐的奏折记述“我方均取得胜利”。[6]

与此同时，在遥远的伦敦，1839 年 10 月 1 日，英国内阁会议作出决议，派遣一支舰队去教训一下中国人。1840 年 4 月 7 日，英国议会下院经过激烈辩论，最终以 271 对 262 的微弱优势通过了侵华军费支出议案。此前，英国外交大臣巴麦尊出具了《致清王朝宰相的抗议书》，要求通商、割地、赔烟价和待遇平等，由义律以及他的堂兄乔治·懿律（任对华谈判全权公使及侵华舰队总司令，义律为谈判副公使）携带并递交给清政府。

1840年6月21日，英国舰队陆续抵达中国澳门沿海，共计舰船48艘（军舰16艘、武装轮船4艘、运输船28艘），士兵4000人。[7]这其中有3艘装有74门大炮的大型军舰，总共载炮540门。

当英国军队玩真的时，清王朝的军事力量远不如对手。好在第一阶段，英国人的第一目标其实是把外交大臣巴麦尊的那封《致清王朝宰相的抗议书》递交给清政府。6月30日，他们留下部分舰队封锁珠江口，然后主力北上。7月2日，到厦门试图递送巴麦尊的信，被拒绝。7月3日，30多名英军士兵乘舢板舟进行了挑衅性进攻，被击退。英舰离厦后，地方官吏立即向上虚报军功。[8]7月5日，英军主力进攻定海，9分钟后，英军击溃清军水师。这9分钟真实反映了当时清王朝与英国的军事力量差距。此后，英军登陆并占领定海，定海总兵张朝发重伤，知县姚怀祥跳水殉难。这是中国近代史上西方军队第一次占领中国领土。英军成立了伪政权，让德国传教士郭士立担任知县。英军又向宁波投递巴麦尊的信，浙江巡抚乌尔恭额没敢收。

竟然还不收？英军决定北上天津，直接跟清朝皇帝或者高级别官

3. 蓝诗玲．鸦片战争（插图珍藏版）[M]. 刘悦斌，译．北京：新星出版社，2020:121.
4. 林则徐全集编辑委员会．林则徐全集（第三册）[M]. 福州：海峡文艺出版社，2002:217.
5. 蓝诗玲．鸦片战争（插图珍藏版）[M]. 刘悦斌，译．北京：新星出版社，2020:124.
6. 林则徐全集编辑委员会．林则徐全集（第三册）[M]. 福州：海峡文艺出版社，2002:219–220.
7. 费正清．剑桥中国晚清史：1800—1911[M]. 中国社会科学院历史研究所编译室，译．北京：中国社会科学出版社，1985:188.
8. 来新夏．林则徐年谱长编（上卷）[M]. 上海：上海交通大学出版社，2011:408.

员对话。8 月 11 日，英军抵达天津塘沽，并成功将巴麦尊的《致清王朝宰相的抗议书》递交给了主和派琦善。琦善自 1821 年起，就以协办大学士兼直隶总督，位列总督首位，是道光皇帝心中“绝顶聪明”、倚信而不疑的股肱之臣。[9] 琦善对曾经做过他下属的林则徐一直颇有意见。琦善认为，当时的情况完全是林则徐处理不当引起的。只要拿下林则徐，并妥善处理与英方的分歧，就可以大事化小、小事化了。道光也希望麻烦事早点结束。所以，琦善成功说服了道光——这位在整个战争期间一直在主战与主和之间摇摆的帝国主宰。事实上，由于一直在阅读各种虚报、瞒报、错报的奏折（林则徐也写了一些错判形势的奏折），整个战争期间他一直处于恍惚状态。

于是，林则徐被革职，琦善成了新的钦差大臣，南下广州主持谈判。1840 年 11 月 29 日，琦善到达广州。此后一个多月的时间里，双方进行了 10 次左右的会谈。

但琦善错估了形势，拿下林则徐并不是英方的目的，他们还要求割地、赔款、通商。他陷入了两难。道光被英方要求激怒，再次成为主战派，从湖南、贵州、四川调兵 4000 到广州准备清剿；义律因为要求没有被满足，准备重开战端。

1841 年 1 月 7 日，义律带领 3 艘战舰、1400 名士兵向虎门奔来，首当其冲的是守卫广州的第三道防线大角炮台与沙角炮台。英军主力是世界上第一艘铁壳蒸汽战舰（尚不算真正的铁甲战舰）“复仇女神号”（Nemesis），它在一个多月前刚刚抵达澳门。25 分钟后，英军拿下了大角炮台，然后是沙角炮台，然后是清军水师。一个半小时的战斗，清军阵亡 280 人，受伤 462 人，11 艘战船被毁，173 门大炮被搬除或者被浇灌封死；英军无人战死，38 人受伤。[10]第二天，英军准备进攻第二道防线时，一位老妇人摇着一艘小船迎了上来，带来了关天培将军的信："我们重开谈判吧。"

1841 年 1 月 21 日，农历腊月二十九。义律单方面公布了他与琦善达成的协议，主要内容包括：割让香港岛、赔款 600 万元、平等外交往来、重开广州通商。史称《穿鼻草约》。

道光对琦善越来越失望，派出自己的族侄奕山为"靖逆将军"到广州主持战局，并下令将私自割让香港岛的琦善革职锁拿，抄家没官。

琦善不敢在《穿鼻草约》上签字，义律决定再开战端。2 月 25 日，英军开始猛攻广州尚存的两道防线，2 月 27 日，横档、永安、巩固、镇远、威远、靖远六座炮台全部失守，水师提督关天培力战而死。然后英军开始向广州进逼，3 月 18 日，义律率领军队到达广州城南商馆——两年前他被林则徐赶走的地方。

在此之后、奕山到达前，广州短暂恢复了一段通商。但道光力促清剿，他已调集 1.7 万名官兵到广州。附近清军总兵力达到了 5 万人。[11]在道光皇帝的压力下，5 月 21 日，奕山使用火船组织了一次夜袭，但一败涂地。英军开始大举反扑，5 月 25 日占领了城北越秀山四角炮台，并

---

9. 杨国桢 . 林则徐传 [M]. 北京：人民出版社，1981:119.
10. 中国史学会 . 中国近代史资料丛刊 · 鸦片战争 (第五册)[M]. 上海：神州国光社，1954.
上海社会科学院历史研究所 . 鸦片战争末期英军在长江下游的侵略罪行 [M]. 上海：上海人民出版社，1958:70-166.
蓝诗玲 . 鸦片战争 (插图珍藏版) [M]. 刘悦斌，译 . 北京：新星出版社，2020:182.
11. 张西平，顾钧，杨慧玲 . 国家清史编纂委员会编译丛刊影印系列《中国丛报》(10) [M]. 桂林：广西师范大学出版社，2008:240.

在山上架设了15门大炮。5月26日，英军从南北两个方向（越秀山与城南军舰）炮轰广州。奕山只好高举白旗，与义律签订了《广州协定》，向英方赔偿600万元。此后还发生了一个插曲。5月29日，一队英军离开越秀山四角炮台到周边村镇抢劫，三元里周边村民奋起抵抗，适逢大雨，火器难以发挥威力，英军死伤多人，史称“三元里抗英斗争”。

但是，奕山向道光的奏报却是他们大获全胜，描述他们5月21日的反攻把英国舰船烧得火光冲天，描述广州之战是英国人恳求大皇帝开恩，准许通商，追讨欠款，把600万元的赎城费说成是行商所欠英国人的债务。

道光皇帝得到奏报后，龙颜大悦，赏赐了奕山垂涎已久的白玉翎管，其部下共有554人因此获得提拔与封赏。道光皇帝之所以如此重赏奕山，是因为他认为外夷已经得到了严惩，这场持续了快两年的南方地方性贸易冲突，终于结束了。无数人的命运因此而改变。奕山获得了重赏，琦善被抄了家，林则徐、邓廷桢被发配到了新疆伊犁，关天培为国殉节！就连义律也迎来了命运转折，他被解了职，因为他的《穿鼻草约》没有达到英国政府预期，替换他的是职业军人、后来成为香港首任总督的璞鼎查。

义律被解职是这场战争的真正转折点。璞鼎查到来的首要目的就是扩大战争，义律热衷的豪华谈判宴会被彻底抛弃。此后，璞鼎查率领英军舰队，一路攻陷厦门、定海、镇海、宁波、余姚、乍浦、吴淞、上海、镇江。整个过程中，清军无论是陆军还是水师，无论是英勇抗敌，还是懦弱逃遁，都没有逃脱被璞鼎查碾压的命运。1842年8月4日，英军抵达南京江面。道光皇帝被彻底打服了。不久后双方签订了中英《南京条约》，曾担任过伪定海知县的郭士立正是签约时的三位英方翻译之一。当然这是后话。

2

回到 1841 年夏天。7 月 13 日，林则徐接到了发配到伊犁的上谕。是夜，他与后来在镇海之战中壮烈殉国的爱国将领、两江总督裕谦晤面长谈。第二天，林则徐从镇海出发，走水路经宁波、余姚、上虞、杭州、苏州，于 8 月底抵达京口。[12]

在京口，林则徐见到了一位湖南邵阳的老友——魏源。

魏源也是刚刚从浙江镇海前线返回。鸦片战争爆发后，魏源投笔从戎，经朋友推荐进入伊里布（时任钦差大臣、负责浙江防务）阵营中做幕僚，参与了对定海之战中英国俘虏安突德（Anstruther）的审讯，并根据审讯内容写成了《英吉利小记》一文，记述了英国地理概况以及政治、经济、军事、宗教、民族等内容。后经林则徐推荐，进入裕谦（时任江苏巡抚兼署两江总督）幕府，参与浙江防务的筹划。二人相见前，魏源已经辞归，定居扬州。

林则徐与魏源是老相识，而且他们有一位共同的伯乐——拉开近

12. 来新夏 . 林则徐年谱长编 (上卷)[M]. 上海：上海交通大学出版社，2011.
1841 年 8 月 23 日林则徐尚在苏州，9 月 1 日已在扬州，所以林则徐途经京口的时间当在二者之间，且京口毗邻扬州，故推断林则徐抵达京口的时间当为 1841 年 8 月底。

代湖南人群体性崛起序幕、震烁湖湘、入祀贤良祠的清代经世派代表人物陶澍。陶澍与林则徐都是清代实干派代表人物，是志同道合的朋友。1830 年陶澍升任两江总督，时逢江苏连年水灾，他想起了治水有方的能吏林则徐，于是他奏请朝廷批准，调林则徐任江宁布政使，后旋任江苏巡抚，成了陶澍的下级。当时魏源正是陶澍的幕僚之一，此段时间二人交往甚密。直到 1836 年底，林则徐奉诏入京，到此次京口相见已经有 5 个年头了。

魏源与林则徐、陶澍一样都是经世派代表人物，尽管已经多年不见，但是他一直关注着林则徐，从他作为钦差大臣南下广州禁烟，到布置广州防务，到中英兵锋相见。此次相见，面对滚滚向前的历史大势、风云变幻的时局、陌生异域带来的打击以及人生的大起大落，两位老友在客栈里对谈一宿。魏源在诗中记述说“与君宵对榻，三度两翻蘋”，他还说“方术三年艾，河山两戒图。乘槎天上事，商略到鸥凫”。所谓两戒是指国境的南北两界，可见这天晚上他们不但谈得久，谈的范围也宽，不但谈论了当前的时事，还谈论了全球发展的大势，不但谈论了英伦的海疆威胁，还谈论了俄国在北方的虎视眈眈。谈到国人的全球化眼光以及经世致用之学，林则徐拿出一大摞文本，郑重地交付给魏源，希望魏源能够在此基础上著一新书，能够启迪新知，喊醒国人，告诉尚在天朝上国梦里的中华儿女一个真实的世界。

林则徐交给魏源的就是他在广州禁烟期间，组织人翻译编写的《四洲志》，他嘱咐魏源编著的正是提出“师夷长技以制夷”思想的《海国图志》。林则徐被历史学家范文澜誉为“开眼看世界的第一人”[13]，不是因

↓ 林则徐与魏源镇江夜谈（作者：彭伟）

为他广州禁烟的英勇事迹，而在于他一到广州就组织有关人员翻译西方报刊，了解西方历史、地理、国情的长远眼光。

《四洲志》作为一部编译的历史地理著作，对铁路运输多有介绍，这是出自国人手笔在国内对铁路最早的介绍，林则徐把铁路称为“铁枥辘之路”。随之发扬光大的正是魏源的《海国图志》，后面还有徐继畬的《瀛寰志略》。

当然这里强调的是国人手笔，如果连同外国传教士的中文著作也算在内的话，最早向国人介绍铁路知识的正是为义律送过书信，担任过伪定海知县以及中英《南京条约》英方翻译的德国传教士郭士立。1833 年 8 月 1 日，郭士立以“爱汉者”为笔名在广州创办了《东西洋考每月统记传》，这是第一份在中国境内出版的中文近代刊物。[14] 1834 年郭士立又与后来成为林则徐翻译的、现场参观过虎门销烟的美国传教士裨治文，在广州发起成立了益智会，并共同担任中文秘书。[15] 1835 年出版的《东西洋考每月统记传》刊发了一篇《火蒸车》的报道，文章对利物浦至曼彻斯特的铁路做了较为详细的介绍与描述[16]。这是

13. 范文澜．中国近代史（上册）[M]. 北京：人民出版社，1955:21.
14. 田峰．基督新教传教士与中国近代报刊的发端 [J]. 山东理工大学学报（社会科学版），2016，32(4):66–73.
15. 陈力丹．郭士立与马克思、恩格斯 [J]. 国际新闻界，1999，21(1):72–75.
16. 爱汉者，等．东西洋考每月统记传 [M]. 黄时鉴，整理．北京：中华书局，1997.

可考的汉语资料中关于铁路的最早记载。

此外，以中文向国人介绍国外铁路的还包括：1835 年息力的《英国论略》，1838 年裨治文的《美理哥合省国志略》，1839 年郭士立的《万国地理全图集》，1840 年郭士立的《贸易通志》等。其中记述最详细的是郭士立的《贸易通志》，不但介绍了铁路是怎么修的，还介绍了火车是怎么运行的。[17]

外国传教士的有关著作对中国知识分子影响甚大。如魏源的《海国图志》、徐继畬的《瀛寰志略》等均大量引用了郭士立编纂的《东西洋考每月统记传》的有关内容，其中《海国图志》引用该刊共计 13 期 24 篇，其中地理方面 18 篇 28 处。[18] 郭士立一生著述颇丰，他是最早用英文把《红楼梦》和《聊斋志异》介绍给西方的人，他还撰写了《中国简史》《道光皇帝传》等著作，一生著作共 80 多部，其中与中国有关的达 61 部。

上面我们所说的是知识的传播，而真正动手的另有其人。话说 1841 年夏天，也就是林则徐与魏源相会京口并嘱撰《海国图志》之时，一位民间奇人自费出版了一本名叫《演炮图说》的书，融汇西方科技知识，介绍如何造大炮，如何让大炮打得准。他就是“虽处草泽之中，常怀报国之志”的丁拱辰。丁拱辰，福建晋江人，读过几年私塾，11 岁辍学，17 岁起就随父在浙江、广东、台湾等地经商，酷爱钻研天文、数学、机械等知识。1831 年丁拱辰出国游历经商，到过菲律宾、伊朗以及一些阿拉伯国家。1840 年丁拱辰回国，正值鸦片战争如火如荼之际，他整理西方军事技术，潜心研究改进火炮技术，编著了《演炮图说》一书。

↓ 丁拱辰的《西洋火轮车图》

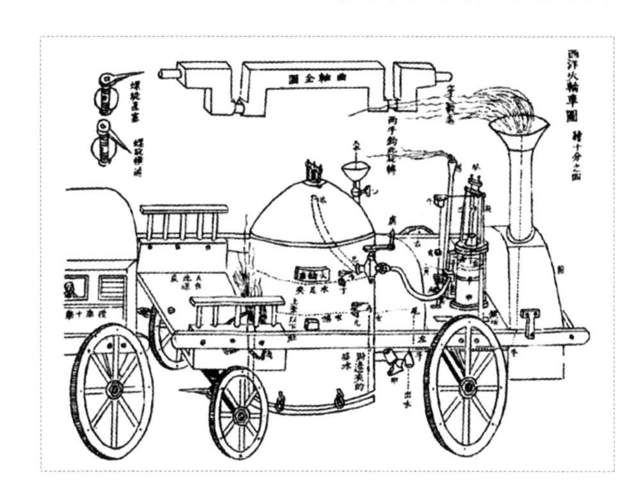

1841年，风雨如晦之际，两广军门颁布告示，称国家用人之际，凡有一技一能者皆可接纳。于是，丁拱辰就把自己新著的《演炮图说》献了上去。接替琦善镇守广州的靖逆将军奕山，还专门请丁拱辰去了一趟广州，现场演示如何通过象限仪让大炮打得准。因献书有功，丁拱辰被赏赐六品军功顶戴，1843年丁拱辰又在《演炮图说》的基础上增订刊行了《演炮图说辑要》，其中有一篇《西洋火轮车火轮船图说》，是中国人自著的第一篇关于蒸汽机、火轮车的技术文献。全文2000多字，大致分为三个层次：一是赞美了火轮车的迅捷与便利；二是用大量笔墨详细描述了自己制作的蒸汽机车及车厢；三是简要提及他制造的火轮船及火轮船模型。据丁拱辰记述，他曾找工匠按照他的设计制作了一辆小型的蒸汽机车，长63.27厘米，宽19.98厘米，

---

17. 郭士立在《贸易通志》中介绍："且火机所施不独舟也，又有火轮车，车旁插铁管煮水，压蒸动轮，其后竖缚数十车，皆被火车拉动，每一时走四十余里，无马无驴，无翼自飞。欲施此车，先平其险路，铺以铁辙，无坑坎，无纡曲，然后轮行无滞。道光十年，英吉利国都两大城间，造辙路九十余里，费银四百万元，其费甚巨，故非京都繁盛之地不能用。近日西洋各国都多效之。此外又有火轮机，凡布帛不假人力而自成织，巧夺天工矣。然地有纡曲高下不可行火轮者，惟在填平道路，将碎石墁地，使其平坦；两旁轨辙，以铁为槽，行时溜转如飞，则一马之力牵六马之重。"

18. 艾红红．《东西洋考每月统记传》在后世影响渐深之原因探析 [J]. 国际新闻界，2011(4)33: 102–107.

配置一台铜制直立双作往复式蒸汽机。丁拱辰还为这辆蒸汽机车配备了一节车厢，可以载重约 15 公斤。丁拱辰不但在书中详细介绍了这辆蒸汽机车的工作原理，还配有详细的构造图与机械原理图。这是中国最早的蒸汽机车模型。

当然，模型也仅仅是模型，离真正的铁路运输系统还有比较远的距离。而滚滚向前的历史大势却再一次将因循守旧、不思进取的清王朝卷入旋涡之中。

3

1850 年，巨大的风暴正在清王朝酝酿。

谪戍伊犁的林则徐后被重新起用，先后担任陕甘总督、陕西巡抚、云贵总督等职务。在新疆，他兴修水利、开垦农田、踏访疆域、谋划边防，清醒地意识到俄国在未来日子里对中国边境的威胁，并为此进行了一些调研与准备。当时，他已经老了，而且重病缠身，不得不告假回家乡福州调治。1850 年 1 月 3 日，林则徐回乡途中经过长沙，他又会见了另外一个湖南人——此时尚为布衣、未来却名震天下的左宗棠。林则徐久闻左宗棠之名，他的下属安顺知府胡林翼多次向这位云贵总督举荐左宗棠。他决定招左宗棠前往效力，但机缘不巧，左宗棠因事未能赴任。此次途经长沙，林则徐特意派人招左宗棠前来相见。林则徐一见左宗棠，“诧为绝世奇才，宴谈达曙乃别”。[19] 此次宴谈，他们谈到了新疆的治理、俄国的虎视眈眈，林则徐说“西域屯政不修，地利未尽，以致沃饶之区，不能富强……颇以未竟其事为憾”。[20] 这

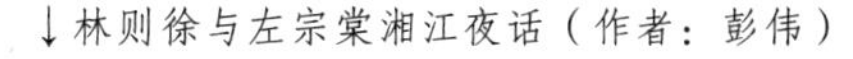
↓林则徐与左宗棠湘江夜话（作者：彭伟）

次谈话对左宗棠日后经营西北产生了一定的影响。后来，左宗棠多次回忆此次夜谈，林则徐对俄国威胁中国边疆早有警觉，有一次在福州与别人谈论英国对中国沿海的威胁时，他说："此易与耳，终为中国患者，其俄罗斯乎！君等当见之！"[21] 若林公地下有知，知道最终收复新疆的正是他在长沙相会的左宗棠时，他应该感到欣慰。

回到福州之后，林则徐收到了丁拱辰的《演炮图说辑要》，计划

---

19. 罗正钧 . 左文襄公年谱 [M]// 来新夏 . 林则徐年谱长编 (下卷). 上海：上海交通大学出版社，2011:706.
20. 罗正钧 . 左文襄公书牍 [M]// 来新夏 . 林则徐年谱长编 (下卷). 上海：上海交通大学出版社，2011:55.
21. 李元度 . 林文忠公事略 [M]// 杨国桢 . 林则徐传 . 北京：人民出版社，1981:458.

↓亚罗号事件场景图

招他到福州长谈。但，此时的形势已经不允许了。洪秀全组织的“拜上帝教”已经盘踞广西，准备举行大起义。在位30年、享年69岁的道光皇帝于1850年3月已经驾鹤西去。新即位的咸丰皇帝决定重新起用实干派林则徐，任命他为钦差大臣前往广西镇压叛乱。1850年11月8日，林则徐从福州启程，11月15日抵达漳州，旧疾复发，疝气下坠，吐泻不止。11月21日，林则徐行至潮州普宁，病情急转直下，已不能握笔写字，只好口授遗折。至11月22日辰时（上午7点至9点）林则徐躺在普宁驿馆，以手指天，大喊一声“星斗南”，便停止了呼吸。咸丰没办法，只好重用广西提督向荣。向荣面对遍地烽烟的广西，无处下手。后来的事，大家都知道了，洪秀全、杨秀清在金田举行了起义，向荣束手无策，太平天国运动席卷大半个中国。继之而起的又有捻军起义、云南回民起义、陕西回民起义等，清王朝狼烟四起。

除了国内的烽烟外，清王朝还面临着英法等西方列强的侵略，他们对鸦片战争中签订的《南京条约》《望厦条约》等并不满意，从1854年开始要求修改条约的有关内容，但被清政府拒绝。1856年他们又提出修改条约，又被拒绝了。于是，他们谋划用一场新的战争来实现上述目标。

导火索正是郭士立的小舅子、英国外交家巴夏礼（郭士立娶了巴夏礼的表姐），后来日本第一条铁路就是在他的帮助下修建的。大致故事是这样的，一个叫方亚明的中国人有一艘叫亚罗号的船，为了干一些特殊的事情而不被清政府搜查，他就在香港英国当局做了注册。1856年10月8日，执照已经过期11天的亚罗号停靠在广州城外，船上有两名海盗（梁明太与梁建富），清政府上来拿人，拘捕了12人。英国驻广州领事巴夏礼说，这是英国船，清政府不能上来拿人。两广总督兼五口通商大臣叶名琛说，船主是中国人，在英方的登记又过期了，而且船上没有悬挂英国国旗，所以清政府有权上船捉拿海盗。巴夏礼说，船上明明挂了英国国旗（当时船上是否挂了英国国旗，双方说法不一），所以必须放人并道歉。双方来来往往僵持了好几天。叶名琛说，俩海盗不能放，另外10个人可以放。巴夏礼说，不行，必须释放所有人并道歉。叶名琛干不过洋人，只好同意全部放人，但是拒绝道歉。英国人说你不道歉，我就打你。10月23日，英舰炮轰珠江沿岸，第二次鸦片战争爆发。打起来，清政府还远不是对手。1857 年英法大部队到达后，他们攻陷广州，俘虏了叶名琛，把他囚禁在印度加尔各答，直至死亡。1858 年英法联军又攻陷天津大沽口炮台，侵占天津，与清政府分别签署《天津条约》。条约谈定后，英法先行撤离。后来，英法又要求到北京交换签字的条约文本，咸丰不允许他们大批量携带武器进京。英法威胁继续挑起战争。1859 年 6 月 25 日，英法联军再次炮轰大沽口炮台。谁知道，咸丰帝拿出了他的王牌军，由晚清名将、曾经剿灭太平天国北伐军的僧格林沁亲自指挥。结果击沉英法联军军舰 4 艘，重创 6 艘（完全失去战斗力），俘虏 2 艘，英军死伤 426 人、法军死伤 14 人，清军阵亡 38 人。这是第一次鸦片战争以来，中国军队取得的最大一场胜利。但是，毕竟武器装备相差不是一代，硬碰硬清军没有任何胜算。后来在八里桥之战中，僧格林沁指挥清王朝最有战斗力的一支满蒙骑兵部队，被英法联军歼灭有生力量。此次战役，清军作战极其勇敢，但终因战法、装备严重落后而惨败。

接下来，僧格林沁又做了一件傻事。在谈判谈崩的情况下，掳走了包括巴夏礼在内的 39 名英法联军的谈判代表，并弄死了 21 个，其中《泰晤士报》记者被大卸八块。英法联军怒而攻陷北京，并以此为借口抢劫且火烧了圆明园。此后，清政府与英法分别签署了《北京条约》。其实，第二次鸦片战争中收获最大的是未放一枪一弹的俄国，通过几个条约割占了中国东北约 100 万平方公里的领土；4 年后又通过西北勘界条约割占中国 44 万平方公里的领土。林则徐对俄国的担心正在变成现实，可惜他也无能为力。

4

第二次鸦片战争结束后，清政府腾出手来成功镇压了太平天国运动。这场轰轰烈烈的农民运动，是在封建统治阶级压迫下老百姓奋起反抗的产物，也与西方传教士在中国东南沿海的传教密切相关。它的领导洪秀全受《劝世良言》的启发，在科举屡考不第、正式加入基督教又被以动机不纯拒绝的情况下创立了“拜上帝教”，推行“一神崇拜”，捣毁佛寺古刹，焚烧孔庙祠堂，毁灭儒家经典，野蛮摧毁中国传统文化，让视名教为精神传承的汉族知识分子如临大敌，纷纷举旗对抗。在镇压过程中，曾国藩、左宗棠、李鸿章等纷纷登上了历史舞台，并成为晚清名臣，一定程度上左右了历史的发展。他们开企业、办学校、创报刊、译书籍、架电报、修铁路，以“自强”“求富”为口号，开展洋务运动，创建北洋水师。只是他们身处体制之内，受传统思想影响太深，没能像日本明治维新一样对国家进行深度改造，整个运动局限于社会上层，参与的范围小，动员的人数少，影响的程度浅。少数人的努力，自然无法与全民的奋进相媲美。1860 年代开始，清王朝以“洋务运动”为标志，在进步，在发展，在现代化，只是速度比日本、欧美还是要慢得多，因为他们整个社会都在良性运转，在做贡献，而清王朝，只是少数人在努力，大多数人还是在沉睡，所以中国与日本、欧美的差距还在不断拉大。

回到 1861 年。逃到承德的咸丰皇帝一命呜呼，他任命的“顾命八大臣”被慈安、慈禧两太后联手恭亲王奕䜣做掉，洋务派登上历史舞台，清王朝迎来短暂的回光返照时代，史称“同治中兴”。

咸丰在死之前，批准成立了一个重要机构——总理各国事务衙门，人称“总理衙门”。这个机构在晚清地位显赫，与军机处并列为帝国最有权势的部门，领班军机大臣兼总理衙门大臣就是清政府一人之下万人之上的职务。此前，清政府没有外交部门，只有一个理藩院，处理越南、朝鲜等藩属国以及新疆、西藏、蒙古等少数民族事务，后来英法等国家强烈抗议，说“我们之间是平等关系，我们不是清王朝的藩属国，你不能派理藩院跟我们打交道”。于是，咸丰只好批准设立了总理各国事务衙门。所以，总理衙门本质上是一个主管外交的部门，相当于外交部。但是基于中国当时特殊的国情，一切现代化的业务，比如通商、海防、关税、路矿、邮电、军工、同文馆、派遣留学生等事务，莫不与洋人有关。与洋人有关系，那就归总理衙门管。所以，在那时的清政府，总理衙门代表走向现代化的中国，而其他机构代表传统的中国，由此你就可以理解总理衙门是怎样一个显赫的机构了。是否修铁路当然也在它的权限之中。直到1885年总理海军事务衙门设立，铁路以国防的名义被划归到这个刚设立的部门。

既然主管机构有了，各国就开始向清政府推介铁路的好处，希望帮助清政府修铁路。但在初期，保守派也好，洋务派也罢，立场高度一致：坚决不修。理由有三：一是“资敌”，便于洋人内地通商，山川之险没有了，便于洋人打过来；二是“病民”，修路占用大量民田，拆迁民居、坟墓，破坏风水；三是“失业”，铁路的竞争会让很多传统产业的人失业，比如挑夫、走卒，他们将无以为生，聚为流寇。

各国推动中国修建铁路有关动作如下：

↓ 上图：总理各国事务衙门，版匾“中外禔福”
↓下图：参与镇压太平天国运动的洋枪队

1858 年 4 月 10 日，英国驻印度退休军官理查德·斯普莱提出要修一条从缅甸仰光沿萨尔温江到中国昆明的铁路，史称“斯普莱路”；1862 年，英国驻印度总督布鲁斯·詹姆斯（就是 1860 年 10 月 18 日下令火烧圆明园的额尔金伯爵）又提出修建从缅甸仰光沿伊洛瓦底江，经八莫最终到中国大理的铁路，史称“八莫路”。为了这两条路，英国曾多次在未通知中国政府的情况下，派出武装探路队，非法进入云南勘察。

英国人梅辉立（Mayers）在 1862 年踏勘了广州至江西的铁路，后因工程浩大而放弃。

1863 年 7 月 20 日，在各国洋枪队助力清政府剿灭太平天国之际，在上海的英法美三国 27 家商行上书李鸿章要求修建苏州至上海的铁路。当时，苏州还在太平天国“忠王”李秀成的手里，李鸿章正忙着进攻苏州，没有同意。

1863 年秋，英国的怡和洋行从印度请来了铁路界赫赫有名的麦克唐纳·史蒂芬森，在广州召开中国商人大会，提出在中国修铁路，并抛出了一个由 4 条干线 3 条支线组成的中国铁路网规划。这个铁路网规划即便现在看来还是颇具前瞻性，4 条干线是上海沿长江至汉口，汉口至广州，汉口经四川、云南至缅甸，上海经镇江、天津至北京；3条支线是上海经杭州、宁波至福州，福州至内地产业产区，广州至第三条干线上某一点。这样宏大的规划，差点吓破了清政府官员的胆，总理衙门赶紧给否了。1864年史蒂芬森回英国后，把他的规划写成了一本书，就叫《中国铁路》。

1864年3月，第二次鸦片战争期间被俘的谈判代表、后来成功帮助日本修建第一条铁路的巴夏礼，到上海请求修建苏州至上海的铁路，再次被拒。

1865年英国商人杜兰德在北京宣武门外造了一条约500米的铁路，想由此展示火车所能带来的好处，最终被步军统领衙门勒令拆除。这是铁路第一次出现在中国大地上。由于年代久远，重视度也不够，关于这条铁路真实情况的记述多有差异，有人记述说有蒸汽车在上面奔跑，有人记述说只有无动力的车在上面行驶，需要人力推行。[22]

1865年时任清政府总税务司的英国人赫德给总理衙门递上《局外旁观论》的说帖；1866年英国使馆参赞威妥玛又递上《新议论略》的说帖，都竭力劝说清政府修筑铁路。这个威妥玛1869年成为英国驻华全权公使。他还发明了用罗马字母为汉字注音的“威氏拼音法”，是1958年汉语拼音方案公布前，中国和国际上最常使用的中文拼音方案。威妥玛晚年回到英国，曾任职剑桥大学汉学教授。（按照现在的标准翻译，威妥玛应该翻译为托马斯·韦德，只是因为威妥玛是历史名人，尊重习惯继续使用威妥玛这一称呼。）

1866年法国殖民头子安邺率领一支探险队闯入云南大理进行铁路线路勘测活动。

1867年，烟台的英国商人要求修建一条通往济南的铁路，最终没有获得许可。

1868年10月，英国派人私自勘察了从天津大沽至北京西斋堂的铁路线，声称“世界上再也没有比大沽到北京过去三十里的佛头岭这一地区更宜于建筑铁路的了”，并计划将此路延伸到山西大同。

1872年9月，英国商人在天津试行火车，可以在土路面上奔跑，天津多位本地官员都进行了试乘。1873年，英国公司还策划利用同治大婚典礼的时机，送一条“婚礼铁路”，被清王朝拒绝了。[23]

这么多国家的团体建议清政府修铁路，总理衙门就敢闭着眼睛一概拒绝？事实上总理衙门就是否要修铁路这件事，组织各省的督抚大臣们至少辩论过两次。一次是1865年，参与者包括曾国藩、李鸿章等16人[24]，结果是全票反对；第二次从1867年10月12日至1868年1月16日，参与者包括曾国藩、左宗棠、李鸿章、沈葆桢等18人，结果仍然是全票否决。要知道，这些人几乎已经是当时中国最开明的一群人了，洋务运动就是在他们手里兴办起来的，在他们眼里犹视铁路为洪水猛兽，可见当时的清王朝有多么的因循守旧。

---

22. 宓汝成．中国近代铁路史资料：1863—1911[M]．北京：中华书局，1963:17.

按照李鸿章的说法，这条铁路是没有动力的，是靠人推的，具体见《李文忠公全书》之《综论饷源并山东热河各矿》；按照李岳瑞《春冰室野乘》记载，则是小汽车（应该是指蒸汽车）驶其上，迅疾如飞。

23. 宓汝成．中国近代铁路史资料：1863—1911[M]．北京：中华书局，1963:18.

24. 朱从兵．李鸿章与中国铁路：中国近代铁路建设事业的艰难起步[M]．北京：群言出版社，2006:50.

5

当然这两次辩论也不能说完全没有一点亮色。如林则徐的外甥、后来又亲上加亲成为他女婿的沈葆桢，在奏折中提到过“铜线铁路，如有其成，亦中国将来之利也”，尽管他最终的结论还是坚决不能修。

但是，洋人终究还是把铁路修起来了，而且就在沈葆桢的地盘上、在他的眼皮子底下，这个故事异常曲折有意思。

1872 年 4 月 30 日，中国现代报纸的开端——《申报》正式在上海创刊。此时的上海，从 1842 年《南京条约》签订开埠通商以来，已经从默默无闻发展成为中国最大的对外通商口岸。[25] 同年 8 月 11 日，晚清“留美幼童计划”第一批 30 名儿童就是从这里启程赴美的，而且事先在《申报》上做了连篇累牍的广告。在这第一批幼童中有一个 12 岁的男孩，学成归来后成为中国近代工程史上赫赫有名的人物，他就是“中国铁路之父”詹天佑。我们之所以到今天，还能够清楚地了解中国第一条商业运营的铁路——吴淞铁路修建的前后过程，全靠《申报》。吴淞铁路从诞生到拆毁的整个过程中，《申报》共计发表各种文章 80 多篇。

1872 年 10 月 14 日，与中国隔海相望、历史上一直视中国为偶像的日本，建成了国内第一条铁路——全长 29 公里的东京新桥至横滨的铁路。这个时候的日本在现代化的道路上已经领先清王朝。日本第一条铁路的建成，深深地刺激了清王朝的精英——不，是深深地刺激了住在清王朝的英美精英们。事实上，以李鸿章为代表的清王朝精英们（曾国藩已于 1872 年年初去世），对日本开通第一条铁路才没有什么感觉呢，在他们那时的眼中，日本尚是一个蕞尔小国。但是住在清王朝的英美精英们却获得了灵感。[26]上海港口的运输问题与东京非常相似，外国人认为把船舶碇泊在距离上海租界下游 19 公里的吴淞江口比较便利，如果从碇泊处修建一条到租界的铁路，将起到类似日本横滨到东京新桥铁路的作用。

于是，美国驻上海副领事布拉特福出资 5000 两白银成立一家吴淞道路公司，筹划修建吴淞到上海的铁路。布拉特福非常了解清政府的态度。他在 1872 年 11 月 15 日给苏松太道（又称上海道）道台沈秉成的信中，请求的是修一条吴淞至上海的车路。沈秉成大力支持。当年 12 月 10 日，布拉特福就开始购地。一切都很顺利，尽管有少部分人前来闹事，但是沈秉成都替布拉特福打发了。到 1873 年 3 月 26 日，吴淞道路公司发布公告，征地完成，拿下地契。[27]

这期间布拉特福与沈秉成有过多次沟通，在有关文件中布拉特福使用的一直都是“车路”这样的字眼。布拉特福认为这是一种不能打破的默契，沈秉成知道他在做什么，他不能公开支持或批准这个计划，但是他可以睁一只眼闭一只眼。[28] 1873 年 5 月 6 日的《申报》曾公开报道外国商人拟在两年内建设吴淞至上海铁路的消息，所以理论上沈

---

25. 宓汝成．帝国主义与中国铁路：1847—1949[M]. 北京：经济管理出版社，2007:28.
26. 泰勒·丹涅特．美国人在东亚 [M]. 北京：商务印书馆，1959:503.
27. 宓汝成．中国近代铁路史资料：1863—1911[M]. 北京：中华书局，1963:38.

当时的许多文章都认为沈秉成是默许的，如北华捷报馆的《中国之回顾》（1873 年—1877 年）就认为上海道道台（即苏松太道道台）沈秉成“私下是知道这个计划的，并且说在他的任期内将不加阻挠”。

28. 宓汝成．中国近代铁路史资料：1863—1911[M]. 北京：中华书局，1963:36.

↓ 两图均为吴淞铁路上的先导号机车

秉成应该知道布拉特福要建设的是一条铁路。

在沈秉成的默许下，工程进展还算顺利，但是也很快遇到了大难题——费用不够了。1874 年 7 月，布拉特福把吴淞道路公司及其资产以 10 万英镑的价格卖给了英国人。英国人于 7 月 28 日重新在伦敦注册了吴淞车路公司，在中国国内则委托在近代非常有名的怡和洋行来经营有关事项。到 12 月份，路基铺设工作正式开始。12 月 15 日，《申报》以“吴淞马路开工”为题进行了报道。为了加快工程进度，最多时英国人雇用了 2000 多名中国工人同时参与建设。[29]

事情很快又遇到了麻烦。1875 年沈秉成调去河南做了按察使，接替他的是洋务派官员冯焌光。对沈秉成留下的这个烫手山芋，冯焌光可不敢随意处理。他极力反对洋人在中国土地上修铁路这件事。到 1875 年 6 月 10 日，英国公司又购得 119 亩地，准备用于铁路建设，冯焌光一亩都没有批。

但是不管冯焌光怎么不同意，到 1875 年年底吴淞铁路的路基已经完成得差不多了。12 月 20 日，英国人为吴淞铁路准备的重 1.12 吨的小型先导号蒸汽机车以及车厢、用来铺路的铁轨运抵上海港。英国驻上海领事麦都思致信冯焌光，将这些货物说成是“供车路之用的铁器”，并请求给予免税。冯焌光不敢阻拦，只好放行，但是把免税的请求给否了。1876 年 1 月 28 日，吴淞铁路开始铺轨；到 2 月 14 日，一条长约 1.2 公里的铁路铺设完成，先导号开始在线路上跑起来。[30]

闻知此事，冯焌光大为光火。2 月 20 日，他致信麦都思，表示对外方在吴淞至上海间修建中国从未有过的铁路表示震惊，要求立即停工。2 月 23 日，他又去找麦都思面谈了一次。冯焌光强调，英方不能未经清政府批准在中国土地上修建铁路；麦都思强调，土地是英国公司购买的，想怎么用是他们的事。冯焌光指出，中英之间的条约没有批准英国人可以在中国修铁路；麦都思则指出，中英之间的条约没有禁止英国在本国公司购买的中国土地上修建铁路。争吵不出来个结果，他们决定上诉。冯焌光上报给自己的顶头上司，前一年刚刚到任的两江总督兼南洋大臣沈葆桢。沈葆桢把他骂了一顿，斥责他“禀报迟缓”，然后赶紧上报总理衙门。麦都思上报的对象则是英国驻华全权公使威妥玛。在等待上面决策的过程中，英国人承诺，小火车先停止运行一个月，但是筑路工程不能停。[31]

到了上面之后，较劲的变成了晚清政坛巨擘、洋务运动的总后台、清政府领班军机大臣兼领班总理衙门大臣、咸丰皇帝的六弟奕䜣，与英国驻华全权公使威妥玛。3 月 8 日，总理衙门接到报告，3 月 12 日，奕䜣就写信照会威妥玛，强调修铁路是条约中没有允许的事情；第二天，

---

29. 吴淞马路开工 [N]. 申报，1874-12-14.
30. 席涤尘 . 吴淞铁路交涉 [J]. 上海市通志馆期刊，1934，(1):111-138.
31. 席涤尘 . 吴淞铁路交涉 [J]. 上海市通志馆期刊，1934，(1):111-138.

威妥玛就强硬回复，地是英国公司买的，条约没有禁止。于是，又回到那个死循环上了，中方强调“非条约所有”，英方强调“非条约所禁”。而且威妥玛极其狂妄，3月20日他还写信给麦都思，强调如果苏松太道道台对筑路工程的威胁付诸实施，可以向英国的军舰求助，但务必谨慎。

又卡壳了。

对清政府而言，更糟糕的事情是，马嘉理事件也卷了进来。事情的缘起是这样的。1874年6月，英国派出由193名官员、商人、军官、士兵组成的勘探队，途经缅甸进入中国云南进行铁路勘探活动。威妥玛派出翻译官马嘉理前去迎接。在探路过程中，1875年2月21日，马嘉理与4名中国随从，先行抵达云南户宋河附近山区，被当地居民袭杀，首级被挂在了曼允城墙上。这就是历史上著名的“云南事件”或称“滇案”。英方指责说这件事实际上是由清政府地方官员指使的，目的是阻止英国人勘察铁路。于是提出了一系列无理要求，包括赔偿20万两白银，允许英国人进入云南、甘肃、青海等地，增开4处通商口岸，派专人到英国去道歉，在京提审云贵总督岑毓英等。清政府经过调查认为马嘉理等人实际上是跟当地少数民族起了争执被杀，为了安慰大英帝国，抓捕并斩首了23名所谓凶手，并将腾越镇总兵蒋宗汉革职。23名啊！清王朝百姓的人命就是这么不值钱！但是，英国人依旧不依不饶，并以武力相威胁。

一提武力，清王朝就腿软了。这时候的清政府正被各种糟心事包围着。年轻的同治帝英年早逝，官方说法是得了天花，民间说法是染了梅毒，4岁的小皇帝光绪于1875年2月25日正式即位；在俄国的支持下，“中亚屠夫”阿古柏在中国新疆建立了独立王国，正在大肆

↓ 恭亲王奕䜣

分裂中国。朝廷官员就要不要收复新疆产生激烈争执，李鸿章主张放弃新疆，集中力量建设海防，小皇帝的老爸醇亲王奕譞也赞成他的意见；左宗棠则主张海防、塞防并重，不能“扶起东边，倒却西边”，力主出兵收复新疆。最后两宫太后慈安与慈禧拍板，派左宗棠带领老湘军出兵收复新疆。

这个时候，如果再开战端，清政府显然无法承受！于是，两宫太后决定派左宗棠的死对头、主张放弃新疆的李鸿章处理马嘉理事件。

面对马嘉理事件，威妥玛极其强硬；面对吴淞铁路事件，威妥玛也极其强硬。在威妥玛看来，马嘉理事件才是大事，吴淞铁路事件是相对次要的。于是，他派出汉文正使梅辉立（就是 1862 年踏勘广州至江西铁路的那个人）前往处理，并表示“马嘉理事件处理不完，我不会跟你们谈吴淞铁路事件”。

李鸿章顾忌马嘉理事件的处理，特意照会总理衙门。于是总理衙门在吴淞铁路事件上的态度也软了下来。梅辉立在受威妥玛指派前往上海处理吴淞铁路事件前，特意去拜访了李鸿章，请教如何处理才能两全其美。老谋深算的李鸿章给他出了一个主意：由中国人把这条铁路买过来，这样英国人也赚了钱，中国人也能把事情交代过去。

在双方交涉过程中，3 月 19 日，先导号小火车又开始跑了。一见如此，冯焌光怒了。3 月 22 日他跑到英国驻上海领事馆，要求麦都思立即停开火车并停建铁路，还威胁说：“否则……”“否则，怎么办？”冯焌光说：“否则我曝光你（原话为‘如置之不理，本道亦可照会各

↓ 绿营军

国领事，并刊入新闻纸，使地球各国天下官民共见共闻’[32]）。”英国人没有搭理他。冯焌光说到做到，真的曝光了他们。4 月 6 日，《申报》刊登了冯焌光 3 月 29 日发出的长篇照会《道宪照会英领事》。[33]

但英国人的铺路工程一直在加紧进行中，冯焌光虽然敢曝光他们，但是不敢真的去阻止他们，因为不远处就有英国的军舰在游弋。

6

1876 年 5 月 22 日，吴淞铁路上海至江湾段 8 公里铺轨完成，5

月 30 日，一台新的机车天朝号运抵上海。经过《申报》的报道，吴淞铁路声名远播，每天有数千人前来参观。7 月 3 日，上海至江湾段正式通车营业。列车共 6 节车厢，分上等、中等与下等三种座席，上座大洋半元，中座减半，下座再减半。全列载客 164 名，每日往返 6 次。《申报》于次日报道："到下午一点钟，男女老幼，纷至沓来，大半皆愿坐上中两等之车，顷刻之间，车厢已无虚位，竟有买得上中之票仍坐下等车者。迨车已开行，而来人尚如潮涌至，盖皆以从未目睹，欲亲身试之耳。"[34] 许多常往返于城区和江湾之间的客商，以往坐马车费时而辛苦，如今改乘火车既便捷又省钱，故赞不绝口。有人还写了一首《咏火轮车》的诗："轮随铁路与周旋，飞往吴淞客亦仙。他省不知机器巧，艳传陆地可行船。"

但是铁路第一次诞生在中华大地上，也有一些冲突让人哭笑不得。话说有一天，突然来了八九百人，前来阻拦火车运营，运营人员忙问，怎么回事呀？他们说前天的时候，从火车喷出来的火星，把他们家的茅草屋给点着了。运营者连忙安慰大家，并答应稍后派人前去查看，做好后续处理工作。这时火车准备启动出发了，有几个年轻力壮的小伙子，觉得不能就这么让火车开走了，于是撸起袖子，决定拉住火车不让走。众人蜂拥而上，想一起把火车拉住……试了试，发现这铁家伙劲太大了，只好悻悻地放弃了。[35]

8 月 3 日，真出事了。火车压死了一个人。乡民大恐。

---

32. 席涤尘 . 吴淞铁路交涉 [J]. 上海市通志馆期刊，1934(1):111-138.
33.《道宪照会英领事》原文现藏清华大学图书馆。
34. 朱少伟 . 中国第一条投入运营的铁路 [N]. 新民晚报，2011-08-07.
35. 宓汝成 . 中国近代铁路史资料：1863—1911[M]. 北京：中华书局，1963:40.

冯焌光再次照会麦都思，并上报了总理衙门。这时候，马嘉理案件的处理也进入了关键阶段。8 月 24 日，根据威妥玛指示，吴淞铁路暂停运营。从 7 月 3 日开通运营，在不到两个月的时间里，吴淞铁路共发送旅客 16894 人次。

9 月 13 日，马嘉理事件终于解决了，李鸿章与威妥玛在烟台签订了《中英烟台条约》，几乎答应了英方所有条件。这次谈判中，将李鸿章致辞翻译成英文并当众宣读的是唐廷枢[36]，时任轮船招商局总办，在中国工业发展史上他还将书写下浓墨重彩的一笔。

吴淞铁路事件也因此迎来转折，双方在购买一事上达成一致。10 月 24 日，《收买吴淞铁路条款》正式签订，中方花 28.5 万两白银购买吴淞铁路。有关款项从上海关税收入项下拨付，一年内分三期付清。在付清之前，仍允许英方继续运营吴淞铁路，但只能载客不能拉货。

条约签订后，吴淞铁路继续建设，12 月 1 日，14.5 公里的吴淞铁路全线贯通，并重新投入运营。吴淞铁路全线共建设桥涵 35 座，其中木桥 15 座，最长的吴淞蕴藻浜桥全长 50 米；沿途共有平交道口 50 多处。[37] 先导号机车与天朝号机车共同负担运营，全程 35 分钟，每天往返 7 次。

1877 年 10 月 20 日，清政府正式付清吴淞铁路价银，英方交付清政府地契，吴淞铁路开行了最后一趟列车，然后关闭。此时，冯焌光已经告假辞职，他要远去伊犁，运回自己父亲的灵柩。继任者是李鸿章的旧部，从两淮盐运使转过来的刘瑞芬。10 月 21 日，刘瑞芬履行了移交手续。吴淞铁路正式关闭。

吴淞铁路收回后，该如何处置，各方多有争议。有人希望由中国

人继续运营，有人主张关闭拆毁。当地有 145 名商人联名请愿，要求继续开通运营。但是，南洋大臣沈葆桢决意拆除。上海的英国人提出了抗议，美国公使也致函清政府，劝说保留这条“甚为有用”之路。李鸿章也在多个场合表示了不满，他在给友人的信中说：“幼丹以重价购铁路，而意在收回拆毁，实不知其何心。”[38] 沈葆桢不为所动。

泰勒・丹涅特在《美国人在东亚》一书中是这样解释沈葆桢的行为的：“吴淞铁路的拆除，完全因为在政治上有这样做的必要。如果听任它保留在那里不动……又会给类似的侵犯中国领土和她的独立的行为以一种强有力的鼓励。”[39]

于是，1877 年年底，在一片争议、惋惜之中，吴淞铁路被全部拆除。车辆、钢轨都被运往台湾，准备在台湾修建铁路的时候使用。有些资料认为，这些钢轨后来一直在台湾海边晒太阳，直到完全烂掉了……其实，1883 年它们又被运回了上海，然后运去了北方，成功用于中国第一条铁路——唐胥铁路。[40]

---

36. 汪敬虞 . 唐廷枢研究 [M]. 北京：中国社会科学出版社，1983:188.
37. 北来 . 百年火车 [M]. 北京：中国铁道出版社，2014:22.
38. 李鸿章 . 李鸿章全集 [M]. 海口：海南出版社，1997:2711.
39. 泰勒・丹涅特 . 美国人在东亚 [M]. 北京：商务印书馆，1959:504.
40. 宓汝成 . 中国近代铁路史资料：1863—1911[M]. 北京：中华书局，1963:58.

这样，这条命运多舛的铁路，也能获得少许的安慰吧!

它的血脉以另外一种形式,继续在中国铁路网中发挥着它的作用。

———

第二章
历史的道钉

1

1879年10月，入秋的北京，一片肃杀。

紫禁城东华门，红墙黄瓦，飞檐斗拱，煞是威武庄严。此乃清王朝臣子们上朝必经之门。门前下马碑前，文官下轿、武官下马，然后步行入宫朝圣。

晨曦微露，清冷肃杀。赶着上朝的清政府朝臣们，熙来攘往，一如从前。突然有三个异邦人，冲出人群，长跪在地，高声喊冤，痛哭流涕，惹得若干年少的、年老的官员，停下急匆匆上朝的脚步，满是好奇地前来围观问询。[41]

原来，此三人来自清王朝藩属国琉球。几个月前（1879年5月27日），该国王族被日本胁迫到了东京，这个自古奉中华为正朔的太平洋岛国，就此被日本吞并，成为日本的冲绳县。为挽救祖国命运，有三位正在福建公干的琉球志士，[42]立即化装成商贩，一路潜行，赴京求援。[43]10月23日，他们找到了总理衙门，见到了总理衙门领班大臣奕䜣，向其哭诉琉球亡国之悲壮、民众之屈辱，乞求出兵援助复国。但是奕䜣并没有给他们什么有用的答复。此时的清王朝，不敢更无意与日本开启战端。

此后，他们又多次找到总理衙门与礼部。[44]其他时间，他们就经常跑去东华门外，伺大臣入朝之际，长跪在地，痛哭求助。有人为他们赋诗曰：“飞章北渡求援夜，长跪东华请命时。容得包胥连日哭，当年岂不畏吴知？”

此三人当中，有一人名叫林世功，曾经在清王朝留过学，入读京师国子监，写得一手好诗。眼见国破家亡，而宗主国清王朝无意施以援手，他决定以身殉国，唤起人们对故国琉球命运的关注。于是，他写了一封荡气回肠的《誓死请愿书》寄呈总理衙门，然后自杀殉国。身后还留下两句绝命诗："一死犹期存社稷，高堂端赖弟兄贤。"

林世功的死，就像往历史的汪洋中投下一枚石子，终究是没有激起什么大的浪花，除了惹得笔者在此唏嘘凭吊外，并没有对琉球亡国的命运产生多大影响。当然，清政府并非不愿伸出援手，实在也是有心无力。别说这个小小的藩属国琉球已经灭国，就算前几年，面对日本主动找上门来，陈兵宝岛台湾，清政府也没敢跟日本真的打起来。1871 年 9 月，琉球太平山岛一艘 69 人的船舶遭遇风暴靠泊台湾岛，误入牡丹社，被当地人围杀 54 人，溺亡 3 人，仅有 12 人幸存，辗转被送到福建馆驿，候船送回[45]，史称"牡丹社事件"。

这本是清政府治下之民相互之间的治安事件。但是正在谋求吞并琉球的日本却看到了机会。1872 年 10 月 13 日，日本宣布改变日琉关系，把琉球纳入日本藩国之列。又过了两年，1874 年 5 月 6 日，日本以"牡丹社事件"为借口，出兵台湾，号称要找牡丹社民众复仇。[46]

41. 赖正维．清末琉球王国在华的复国运动 [J]. 中国边疆史地研究，2015(1):1–16.
42. 参见冲绳县教育委员会《冲绳县史》，1966 年，第 274 页。
43. 参见冲绳县立图书馆东恩纳宽文库收藏之《福州琉球馆藏北京投禀抄》，蔡大鼎的《北上杂记》。
44. 参见西里喜行《琉球救国请愿书集成》，法政大学冲绳文化研究所，1992 年，第 29–146 页。
45. 徐艺圃，中国第一历史档案馆．清代中琉关系档案选编 [M]. 北京：中华书局，1993:1080.
46. 林庆元，沈葆桢与 1874 年日本侵台事件 [J]. 史学月刊，1995(1):47–55.

然后在台湾岛龟山长期驻扎。清政府一看日本动机不纯，赶紧派沈葆桢前往处理，沈葆桢一面接触谈判，一面积极备战。他认为，就整体军事力量而言，中国在日本面前还是占有优势的，但是日本有个大杀器——两艘铁甲战舰，而中国没有。[47]要知道当年鸦片战争时，几乎横扫清政府全部水军的“复仇女神号”，也还算不上是真正的铁甲战舰，只是橡木船壳外面加了层厚铁皮而已。拥有强大战斗力的铁甲战舰是彼时海上的霸主。那个时间点，正值阿古柏在新疆建独立王国，俄国侵占中国新疆伊犁，所以清政府不愿再开启战端。

而就在此时，刚刚亲政一年多的同治皇帝，又出来捣了个大乱。1874 年 8 月他发布了一份震惊朝堂的上谕——“重修圆明园”。国家多难之际，政府财政拮据，李鸿章因为军饷不够，都主张放弃新疆，集中精力建设沿海防御了，清王朝的主宰同治皇帝竟然发布上谕，要聚集财力重修圆明园！以领班军机大臣兼领班总理衙门大臣、恭亲王奕䜣为首，军机大臣兼总理衙门大臣文祥，后来接替奕䜣执掌帝国权柄的醇亲王奕譞，太子少保、兵部尚书沈桂芬，直隶总督兼北洋大臣李鸿章等朝廷 10 位重臣，均上书表示反对。看到大臣们群起反对，同治帝震怒！下令革去恭亲王奕䜣一切差事，还准备以“朋比为奸，图谋不轨”的罪名革去这 10 位重臣的职务，清政府差点因此瘫痪。后来，还是慈安、慈禧两位太后出面才摆平这事，对恭亲王奕䜣表示：“十年已来，无恭邸何以有今日，皇上少未更事，昨谕着即撤销。”[48]

清政府恢复正常后，正式开始与日本谈判。在 50 多天时间里经过 8 轮谈判，最终清政府在变相承认琉球是日本藩属的同时，又赔偿

↓ 李鸿章

日本50万两白银，算是将此事画了个句号。总理衙门大臣文祥感叹：“夫日本，一东洋小国耳。新习西洋兵法，仅购铁甲船二只，竟敢借端发难……”

受此刺激，清政府决定发力海防。首先是思想洗礼，展开一次海防建设大讨论。恭亲王奕䜣在奏折中记述缘由说：“日本兵扰台湾，正恃铁甲船为自雄之具……自台事就绪，而揣度日本情势未能一日忘我，不能不预之备，于是有海防之议。”

整个大讨论分为三个阶段：第一个阶段是奏议，大家发表议论；第二个阶段是廷议，由皇帝亲自主持；第三个阶段是“决议”。

在奏议阶段，直隶总督兼北洋大臣李鸿章上了一封非常著名的奏折——《筹议海防折》。就是在这封奏折里，他在“筹饷”与“用人”两部分，分别提出了建筑铁路的思想。[49]应该说，到此时，李鸿章思想深处已经开始完全接受铁路，萌生了微弱的铁路“自强”思想，并初步看到了铁路“求富”的意义。这在清政府的朝廷重臣中应该是最早的。李鸿章这封奏折的核心思想就是，清政府完全有必要而且一定要加强海防。但是，钱从哪里来呢？李鸿章认为，一是开源，方法主要是开矿；二是节流，在这里他没有忘记捅他的老对手左宗棠一刀，

———

47. 沈葆桢在奏折中表示：“该国尚有铁甲船二号，虽非完璧，而以摧寻常轮船，则绰绰有余。彼有而我无之，水师气为之夺。”

48. 黄濬. 花随人圣庵摭忆 [M]. 太原：山西古籍出版社，1999:846.

49. 李鸿章. 李鸿章全集 [M]. 海口：海南出版社，1997:830–832.

他建议停止收复新疆的准备，全力以赴建设海防。[50]

奏议阶段结束，准备廷议。正在此时（1875 年 1 月 12 日），同治皇帝又出来捣了个乱——他死了。同治没儿子，选来选去，选择了醇亲王奕𫍽的儿子，也就是光绪帝。光绪时年 4 岁。于是，慈安与慈禧两位太后刚休息了一年多，又不得不再次联手垂帘听政。但是，因为儿子当了皇帝，醇亲王奕𫍽的政治地位开始上升，并直逼曾经的议政王、洋务运动总后台——恭亲王奕䜣。

2

经过廷议，最终的决议就是建设强大海军，命李鸿章与沈葆桢分别负责筹建北洋水师与南洋水师。中国近代化军事力量建设正式起步。尽管北洋水师与南洋水师同步肇建，但是地位待遇却天差地别。北洋水师负责拱卫京师，加上李鸿章神通广大，资源向北洋水师大幅倾斜，一支强大的近代化海军逐渐成形。1875 年 4 月，清政府率先向英国军火商阿姆斯特朗公司订购了 4 艘蚊子船。此后又订购了“扬威号”“超勇号”巡洋舰，一直到“定远”与“镇远”两艘真正的铁甲战船。此后，北洋水师几乎成了中国近代化海军的代名词。1888 年正式成军时，北洋水师实力号称不亚于日本王牌水师。但这个辉煌极其短暂，因为北洋水师从成军之日起，就再也没有添置新的主力舰船，此后数年被日本迅速甩在身后，直至甲午战争中全军覆没。

舰船有了，但是没有能源也不行。那时的舰船是蒸汽机驱动的，

↓ 唐廷枢

能源是煤炭，所以优质煤炭是命脉所在。清政府在委派李鸿章与沈葆桢筹建北洋与南洋海防的同时，也把开采煤铁矿的权力授予了他们。

李鸿章树大根深，动作也快。1876 年 11 月 4 日，《收买吴淞铁路条款》墨迹未干，李鸿章就把刚刚辅佐他完成《烟台条约》谈判的得力干将唐廷枢，派往开平一带去勘察煤矿。出身怡和洋行，执掌过轮船招商局的唐廷枢，是近代中国工业精英。接到命令后，唐廷枢到达天津，乘坐小船从大沽出发，向北塘口进发，11 月 7 日至 9 日间，他在开平一带踏勘，在从东三十里至古冶、从西南十五里至唐山、从北二十里至凤山的地带细细勘察[51]，发现了高质量煤矿，标本化验表明可与英国上等煤相比。唐廷枢大喜，李鸿章亦大喜，中国近代工业即将掀开辉煌灿烂的一页。

11 月 14 日，唐廷枢给李鸿章上了一个报告，讲述了自己勘察煤矿的有关情况，提出尽快建设开平煤矿，并力主修建一条铁路用来运煤。关于唐廷枢修建铁路的主张，应该是受到了英国怡和洋行的影响。唐廷枢到轮船招商局之前，是怡和洋行的著名买办。怡和洋行又是吴淞铁路的实际后台。就在此时，唐廷枢还把吴淞铁路的总工程师、英国人马礼逊（Morrison）介绍给了李鸿章。

---

50. 明立志 . 海防筹议述论 [J]. 山东师范大学学报（人文社会科学版），1984(2):28–36.
51. 汪敬虞 . 唐廷枢研究 [M]. 北京：中国社会科学出版社，1983:189.

当然，唐廷枢主张修建运煤铁路，核心原因是如果没有铁路，开平煤矿的煤炭将没有任何竞争力。他在11月14日给李鸿章的报告中说:

开平煤矿的煤开采出来，经过牛车运到天津港，成本是每吨4两7钱，只能在这里售于民用，如果运到上海出售，成本将达到6两。而当时上海出售的英国煤大约是每吨8两、澳大利亚煤7两、日本煤6两、国产台湾煤4两5钱到5两。如此，则开平煤没有任何竞争优势。而且，也找不到那么多牛车来运煤。怎么办？最好的办法就是修一条开平至涧河口的铁路，这样开平煤运到上海的价格，可以压缩到每吨4两。如此，即便是按照台湾煤4两5钱对外出售，每吨也有5钱的利润。如果每年采煤15万吨，则可获利7万5000两白银。[52]

唐廷枢的建议我们称之为“开平至涧河口铁路计划”。

此时，福建巡抚丁日昌正在台湾基隆建设煤矿，并建成了一条简易铁路。据《关册》1876年分册介绍，煤矿海拔43米，他们决定修一条从煤矿到海岸的轻便轨路，1876年10月26日开始修建，1877年1月18日完成，共计2145米，为了过一条山溪，他们还建了一座桥。煤车可以从矿井直接滑行到海岸，时速约为32公里。[53]应该说这只是一条简单的轨路，没有机车牵引，煤车下行主要靠重力滑行，空车上行则由骡马牵引，所以，并不能算标准意义上的铁路。

与此同时，受丁日昌委托，唐廷枢还赴台湾进行石油勘探。1877年唐廷枢为丁日昌聘请了两位美国工程师，购买了一些设备，在淡水附近勘探石油。7月份，唐廷枢到基隆见识了那条矿区简易轨路。

1877年9月9日，唐廷枢又向李鸿章进言，建议及早开工开平煤矿，并仿效台北基隆煤矿修一条用马拖车的小铁路。[54]

9 月 15 日，李鸿章对唐廷枢的报告做了大段的批复，要求加快开平煤矿有关事项办理，但是对于修铁路一事未置可否。

到 1879 年，唐廷枢的开平至涧河口铁路计划已经被放弃。至于原因，殊难推测。当时的媒体做了一些报道，但也只能算是一家之言。1879 年 2 月 5 日的《新报》载："自开平煤矿至海岸修筑铁路之议业已打消。铁路必经之地大半系旗地。为躲避此等旗地，另筑曲折的路线，则将所费不赀……再者，距矿井二里有小河，若挖深拓宽，则可行水运直达海滨。"[55]

于是，开平至涧河口铁路计划改为煤河。

但是在煤河设计过程中，他们发现煤矿至胥各庄一段路，地势陡峻，没法修建运河。于是，就有了充满历史迷雾的"快车路""硬路"两个概念的诞生。穿越重重历史迷雾，中国现今 14.63 万公里庞大铁路网的零公里桩基即将打下。

1880 年 10 月 10 日，唐廷枢给李鸿章上《禀拟开河运煤》说："开河一道，取名煤河，由芦台向东北直抵丰润属之胥各庄，再由该庄之

---

52. 宓汝成．中国近代铁路史资料：1863—1911[M]. 北京：中华书局，1963:122.
53. 孙毓棠．中国近代工业史资料·第一辑：1840—1895（下册）[M]. 北京：科学出版社，1957:586.
54. 孙毓棠．中国近代工业史资料·第一辑：1840—1895（下册）[M]. 北京：科学出版社，1957:625.
55. 孙毓棠．中国近代工业史资料·第一辑：1840—1895（下册）[M]. 北京：科学出版社，1957:638.

东北，筑快车路一条，直抵煤矿。”[56]

这里的“快车路”具体是指什么？是普通马路，还是铁路的委婉说法？根据推理，应该是铁路的委婉说法。因为直到这条铁路开工之时，唐廷枢与李鸿章仍旧在使用“马路”“硬路”来指代，而且直到这条铁路正式通车，李鸿章都并未向朝廷正式报告它的存在，现存所有奏章中，都找不到任何与这条铁路有关的字眼。显然这是一种障眼法，李鸿章为了避免与保守派之间耗费时日的争议，他用挂羊头卖狗肉的方式，先行先试，偷偷开建了中国铁路网的第一段，打下了中国铁路网的零公里标志。

1881 年 3 月 29 日，唐廷枢给李鸿章奏报：“六年（1880 年）九月禀明宪台批准，于芦台镇东起，至胥各庄东止，挑河一道，约计七十里，为运煤之路。又由河头筑硬路十五里，直抵矿工。共需银十余万两，统归矿局自筹，未领公款分文……经已兴工挑挖，本年四月，可期一律挑成。”[57]

1881 年 5 月 20 日，李鸿章向慈禧、光绪奏报直隶境内开办矿务情况说：“惟煤产出海销路较广，由唐山至天津，必经芦台，陆路转运维艰……因于六年九月议定兴修水利，由芦台镇东起至胥各庄止，挑河一道，约计七十里，为运煤之路。又由河头接筑马路十五里，直抵矿所，共需银十数万两，统归矿局筹捐……本年二月兴工挑挖，五六月可以一律告蒇……”[58]

李鸿章提到的“本年二月”，即 1881 年 3 月份，与 3 月 29 日唐廷枢的奏报能相互印证。李鸿章奏报的时间是 5 月 20 日，此时铁路路基已经完成，并将于6月9日开始铺轨。而此时，李唐二人还分别以“硬路”“马路”来指代，显然这只是一种障眼法。它的建设与3年前刚刚拆毁的淞沪铁路一样，都是未批先建的产物。

也正因如此，关于这条铁路建设的确切资料比较少，可以说是迷雾重重，传说非常多，谬误也非常多，如震动东陵说、马拉铁路说等。民国年间出版的曾鲲化的《中国铁路史》提道：“李鸿章乃奏请修筑铁路，以便运煤，经奉旨依议，并派矿务局工程师金达督修；正筹备间，忽奉旨收回成命，盖为守旧派所阻挠也。修路之议不成，矿务局乃谋开运河，东由胥各庄起，西至芦台。而唐山煤井至胥各庄长约七英里，地势陡峻，不宜于河，遂复请修建轻便铁路，又因朝廷禁驶机车，乃声明以骡马拖载，始得邀准，盖实马车铁路也……不意昧于世势之言官连奏弹劾，谓机车直驶，震动东陵，且喷出黑烟，有伤禾稼。以致行车未久，即奉严旨查办，旋被勒禁。”

曾氏之书出版于1924年，成书早，影响大，相关说法被广泛引用。但是仔细考察，其说法错漏实多。这里提到李鸿章奏请修建唐胥铁路，显然是臆测。现在我们查《李文忠公全集》，找不到任何奏请修建这条铁路的奏折；我们查《清德宗实录》等材料，同样也找不到清廷关

56. 孙毓棠. 中国近代工业史资料·第一辑：1840—1895（下册）[M]. 北京：科学出版社，1957:641.
57. 孙毓棠. 中国近代工业史资料·第一辑：1840—1895（下册）[M]. 北京：科学出版社，1957:643.
58. 杨嘉敏. 李鸿章全集（第三册）：奏稿（光绪三年八月初八日—光绪十年正月二十九日）[M]. 长春：时代文艺出版社，1998:1598.

于这条铁路的任何谕旨。

还有一个关键证据，就在李鸿章1881年5月20日的《直境开办矿务折》中，他说："当夫筹办之始，臣因事端宏大，难遽就绪，未经具奏。今则成效确有可观，转瞬运煤销售，实足与轮船招商、机器、织造各局相为表里……所有直境招商购器、开办矿务、疏通运道缘由，理合恭折具陈，伏乞皇太后、皇上圣鉴。"

也就是说，开平煤矿筹备之初，有关事项并没有向慈禧及光绪报告（慈安太后于1881年4月8日驾崩）；现在事情办得差不多了，很有成绩了，就详细跟两位说说。其实，李鸿章还是没有说实话，因为我们前面已经提到了，他在这份奏折中称呼唐胥铁路，用的是"马路"。此时淞沪铁路已经拆了3年了，李鸿章是不会分不清楚，什么是铁路，什么是马路的。

但是，这条铁路马上要铺轨了，李鸿章却还不打算告诉皇太后与皇上。这是为什么呢？他有几个胆子敢如此欺君罔上？答案是，他已经获得了高层的默许。这个人就是当时的权势人物、皇帝的老爹——醇亲王奕譞。

3

事情要从上一年说起。1880年夏天，清政府与俄国因为归还伊犁一事又起争执，因俄国有派兵封锁辽海之可能，所以紧急宣调晚清名将、前直隶提督刘铭传来京备询。刘铭传到任后，呈请速修铁路以求自强，于12月3日，向朝廷提交了《筹造铁路以求自强折》，掀起了铁路诞生前最后一次大讨论。他从俄国觊觎中华领土谈起，谈到日本一弹丸小国因为自恃有铁路，蔑视中国，遇事与中国为难，强调早修铁路，提出了以北京为中心的铁路网规划。此后，清廷发布上谕，让大臣们就刘铭传的提议展开大的讨论。

李鸿章于1880年12月31日上了《妥议铁路事宜折》，全面阐述了自己的铁路思想以及基本纲领，号称“我朝处数千年未有之奇局，自应建数千年未有之奇业”。

但是，反对声同样巨大。最终一击致命的是，曾经担任清政府驻英副使、驻德大使的刘锡鸿，他以到过西洋、见过世面的身份，以一篇雄文奏折，论述了铁路“势之不可行者八”“无利者八”“有害者九”，断言“火车乃西洋利器，而断非中国所能仿行”。

刘锡鸿拥有如奇葩般的人生，是晚清著名保守人士，反洋务论者。他曾入郭嵩焘（湘军创建者之一）幕僚，成为他的心腹与得力助手，后来郭嵩焘作为中国第一位驻外使节出使英伦时，保举刘锡鸿成为他的副使。但谁知，刘锡鸿在英国与郭嵩焘反目成仇，以怨报德，参奏郭嵩焘十大罪状。参奏内容，现在看来，多奇葩之论。当是之时，主要源于思想保守。如有一次参观炮台中，天气骤变，突然下起雨来，陪同的一位英国人将自己的大衣披在郭嵩焘身上。刘锡鸿认为“即令冻死，亦不当披”。巴西国王访英时，郭嵩焘应邀出席茶会，巴西国王入场时，郭嵩焘随大家一同起立。刘锡鸿说这是大失国体之举，因为“堂堂天朝，何至为小国国主致敬”！中国使馆人员参加英国女王在白金汉宫举行的音乐会时，郭嵩焘曾翻阅音乐单，刘锡鸿也认为这是效仿洋人所为，大不应该，如此等等。加上郭嵩焘有写日记的习惯，把自己在英国的见闻写成《使西纪程》，定期寄回国内。他在其中，盛赞西方文明，他说西方也有两千年文明史，并非蛮夷，“西洋以智力相胜，垂两千年”。这让国内的保守派大为震惊，说他“摇惑天下人心”，上书朝廷要求毁禁《使西纪程》，“庶几于世道人心尚堪补救”。多亏有李鸿章力挺，但郭嵩焘还是去职回国。

刘锡鸿一生最辉煌的两件事，一是干掉了郭嵩焘，二是干掉了刘铭传的铁路建设倡议。刘锡鸿与郭嵩焘之争，因为充满传奇与令人瞠目结舌的故事细节，流传甚广。但是与之相比，其实他的第二件功绩更加夺目。要知道刘铭传的奏折后面站着的，可是李鸿章以及代表当时进步思想的洋务派。

在这次争论中，李鸿章与醇亲王奕譞有书信交流。奕譞是光绪帝的老爹，也是慈禧的妹夫，当年慈安与慈禧发动“辛酉政变”，他也是重要支持力量。所以，在当时的朝廷，奕譞有着极为重要的政治地位，他是慈禧制衡恭亲王奕䜣的重要力量。打个并不十分恰当的比喻，当时的醇亲王算是朝廷的三把手，而且是一把手的心腹。奕譞并不支持李鸿章与刘铭传主张的大建铁路，但是他支了非常实用的一招，他批示说“试行于煤铁之矿、开垦之地以及屯军设防之一二口岸，俾见闻习熟，渐推渐广”。奕譞的话充满了现实主义斗争智慧，总结一句话就是，步子太大不好，悄悄地先修一小段，偷偷地干了再说。在奕譞的眼里，这不算开办铁路，最多也只能算是试办，因为朝廷不参与，而且不商用、不载客，不影响民间挑夫走卒的生意。其实很多大事的办成都是通过这种方式，不争论，不折腾，去实验，去突破，埋头做事，通过渐进的改良试验，慢慢取得民众的认可。

我们现在已经很难考证奕譞的这个建议，在多大程度上启发或者改变了李鸿章的做法。但事实是，李鸿章就这么做了。

在刘锡鸿给出致命一击后，1881 年 2 月 14 日，朝廷对刘铭传的奏折发出了“著无庸议”的上谕，这场大争论也正式画上了句号。

4

历史就是如此有趣，在“著无庸议”的上谕制造的一片肃杀中，中国铁路却迎来了真正的历史性突破。在没有正式向朝廷奏报的情况下，唐胥铁路披着“快车路”“硬路”“马路”等伪装的外衣，正式拉响了历史的汽笛。

1881 年春天，各类物资陆续进场，路基也已经铺筑完成。6 月 9 日，一个铁路行业非常重要的日子，火车之父——乔治・史蒂芬森诞辰一百周年纪念日，中国第一条铁路唐胥铁路的铺轨工作正式开始。作为庄严仪式的一部分，按照古老的铁路传统，开平矿务局总工程师博内特（R.R.Burnett）的夫人象征性地敲下第一枚道钉，标志着一个宏大时代的正式开启。

博内特是开平矿务局的总工程师，实际主导唐胥铁路修建的是英国人克劳德・威廉・金达（Claude William Kinder）。[59]

---

59. 杨磊，张玉清 . 唐廷枢开平矿务局创业团队成员分析 [J]. 河南理工大学学报（社会科学版），2012(1):115–124.

↓ 欧洲工程师与中国官员合影，前排中间为唐廷枢，前排左一为博内特，后排中间为金达

金达是中国铁路史上的传奇人物。他的父亲托马斯·威廉·金达，是一位经历丰富的英国铁道工程师，有过多次失败的创业经历，后来又担任过香港皇家造币局的总领、日本大阪皇家造币局的总监。

克劳德·威廉·金达是老金达的第4个儿子，1852年8月10日出生于爱尔兰，当时老金达正在爱尔兰从事铁路修筑工作。金达的童年是在英国度过的，上学期间成绩平平。14岁时，他随父亲来到香港，在香港生活了3年。1870年3月，在父亲的要求下金达远赴俄国圣彼得堡的一家机车制造厂——涅夫斯基（Nevski）制造厂工作学习，主要学习铁路、工厂、机械和机车车辆设计图的绘制工作。老金达利用与日本大阪共济会的关系，曾帮助过在日本修建铁路的英国籍总工程师，只要小金达能够拿到工程学科的“证书”，父亲的朋友就能帮他谋得日本皇家铁路公司的职位。1872年8月3日，圣彼得堡这家工厂的德国籍总工程师向他签署了“毕业证书”。1872年年底，金达抵达日本，谋得一个助理工程师的职位，从事神户到大阪之间的铁路建设工作，同时勘测九州西部可开发的深海港口。直到1877年2月，由于武士阶层反抗明治政府爆发了西南战争，日本铁路工作停滞，金达被解职。1877年11月，为了寻找新的工作机会，金达离开日本来

↓上图：金达的太太在北戴河别墅前
↓下图：正在路线勘测的金达（左三）

到上海，遇到了准备到唐山开发新矿业项目的两位英国工程师，通过他们，金达认识了唐廷枢，并被聘为开平矿务局的工程师，开创了属于他的辉煌时代。[60] 这期间，金达与日本女孩玛丽·爱莎雅在天津举行了婚礼。1882 年年初博内特被调往南方后，金达继任开平矿务局总工程师。[61] 就在此前后，一个毕业于麻省理工学院的小伙子加入开平矿务局，成为金达的助理，他的名字叫邝孙谋（又名邝景阳）。6 年后，邝孙谋介绍与他一样都是晚清留美幼童、毕业于耶鲁大学土木工程系的同学，加入铁路公司，成为金达手下一名轮机实习生，他的名字叫詹天佑。

金达在中国铁路史上留下了一系列光辉的足迹，主持修建了甲午战争前中国几乎所有重要的铁路，先后担任开平铁路公司、关内外铁路公司、中国铁路总公司的总工程师或顾问近 30 年，直到 1909 年退休。他还倡议加强铁路教育，催生了中国第一所铁路学堂— 山海

60. 徐苏斌 . 从晚清铁路技师看近代欧亚工业技术的传播：以清末关内外铁路英国和日本技师的研究为例 [J]. 城市建筑，2018(1):20–26.
61. 皮特·柯睿思 . 关内外铁路 [M]. 北京：新华出版社，2013.

关北洋铁路官学堂，即现在西南交通大学的前身。1893 年，他在山海关进行铁路测量时，发现北戴河沿海具有优质的沙滩，非常适合夏天避暑度假，于是，他在这里建起一幢别墅，并向京津地区达官显贵推荐，让北戴河成为中国北方重要的旅游景点。今天在北戴河海滨的中心位置，地方政府还为金达竖立了一座雕像。

如此煌煌业绩，但笔者仍旧认为，金达排名第一的贡献还应该是确定了中国铁路 1435 毫米轨距的技术标准。

日本在最初修建铁路时，采用了窄轨技术。尽管可以节省一些成本，但是运能及速度都会受到限制。估计是受淞沪铁路的影响，一开始，唐廷枢主张唐胥铁路采用 762 毫米窄轨技术。但金达坚决反对，强烈主张采用国际上 1866 年确立的 1435 毫米标准轨距。最终唐廷枢接受了金达的建议。此前，金达在日本铁路部门工作，已经目睹了窄轨带来的种种弊端及技术升级的限制。他表示绝对不让中国再蒙受因一时节约却要痛苦百年的短视祸害。[62] 当然他这样做也为英国带来巨大的经济利益，为英国资本以及机车车辆产品开辟了一个巨大的市场。

此外，金达还开启了中国机车车辆修造的历史。大约在 1881 年春天前后，金达建立了用于维修机车车辆的工厂，厂址位于胥各庄，史称胥各庄修车厂，拥有几十名工人。[63] 在这里，金达主持建造了中国第一辆蒸汽机车——“中国火箭号”，也即“龙号”机车。金达在《华北的矿山及铁路》一文中这样记述：“自 1880 年冬季开始，在修车厂车间，一辆经过我特别设计的机车在悄悄地制造……”这辆蒸汽机车的车轮使用的是费城惠特尼公司制造的冷铸铁车轮二手车轮，机车框架利用了唐山矿井的材料，金达用便携式提升机中的锅炉、汽

↓上图：唐胥铁路线上执行唐煤外运任务的火车，机车与车厢均为胥各庄修车厂制造
↓下图：金达与龙号机车合影

缸、槽钢以及其他废料制造了发动机。1881年6月9日，唐胥铁路开始铺轨后，它开始运行在线路上，并为线路建设运送建筑材料，金达将它命名为“中国火箭号”。[64]当时煤矿的工人并不能理解“火箭号”的含义，私下里把这台能喷火、冒着黑烟的小怪物称之为“龙号”。鉴于中国人对于这一名称的喜爱，金达后来又在机车的两侧铭牌旁边加装了一对黄铜龙饰。“龙号”机车一直运营到1905年甚至更久，直到1916年报废后陈列于北京府右街力学胡同的北京交通博物馆。1937年日本侵略者占领北京后，将该馆迁移至和平门内一条

62. 肯德．中国铁路发展史[M]．李抱宏，等译．北京：生活·读书·新知三联书店，1958:25．本书根据英国爱德华·安诺德书店1907年版本译出。
63. 中国北车唐山轨道客车有限公司．辉煌130：唐车大事记（1881—2010）[S].2010．皮特·柯睿思．关内外铁路[M]．北京：新华出版社，2013.
64. 徐苏斌．从晚清铁路技师看近代欧亚工业技术的传播：以清末关内外铁路英国和日本技师的研究为例[J]．城市建筑，2018(1):20-26.

↓龙号机车制造车间外景

胡同，小机车也就此失踪。[65]

据肯德《中国铁路发展史》记载，第二年（1882年）矿务局又从英国罗伯特·史蒂芬森公司购进了两台双水柜机车。[66]据罗伯特·史蒂芬森公司档案记载，两台机车的制造编号分别为2397和2398。该型号机车采用42英寸车轮，10.5英寸×18英寸汽缸，是中国进口的最早的准轨铁路机车。[67]至于运煤使用的货车，由胥各庄修车厂自制的可能性比较大。1882年10月，与两台水柜机车同时运抵中国的，还包括3辆三等客车车厢以及50辆煤车所需要的车架、车轮和传动装置。这些车架、车轮及传动装置应该就是用来组装车辆的配件。据

《中车唐山机车车辆有限公司厂志》记载，1881年胥各庄修车厂制造了货车13辆。1881年11月1日，开平矿务局第10561号至第10570号股票上印着唐胥铁路使用的运煤敞车图像，2009年被评为国家一级文物。[68]

1881年11月8日，全长9.2公里的唐胥铁路正式通车。[69]当时美国的一篇杂志文章对此有很多细节记载："1881年11月8日，这一小段铁路已完成至王家河第一座铁路桥的建造，并用火车载着当地的官员们前往该铁路桥，以庆祝这一大事。当年冬天，该线路全部建设完成。1882年2月26日，开平矿务局的工人们，来了一次庆祝性的火车之旅。1882年4月，来自唐山煤矿的第一批煤被送到了天津市场。从此以后，该条铁路通过运载货物和乘客有了正向收入。"[70]

这就是中国第一条铁路，是中国铁路的零公里，中国铁路无限延伸的起点。此后不断延伸展筑，往北到山海关，到沈阳，往南到天津，到北京，有改造、有升级，但生生不息，茁壮成长，直到形成现在这一张总里程近14万公里的庞大铁路网。

从唐胥铁路修建到甲午战争，是晚清中国铁路发展的第一阶段。这一阶段算是探索阶段，走的是利用外国技术，自主修建之路。投资方面以政府拨款为主，民间投资及外资借债为辅；技术方面，以外国专家为主，

---

65. 金士宣，徐文述．中国铁路发展史（1876—1949）[M]. 北京：中国铁道出版社，1986:20.
66. 肯德．中国铁路发展史 [M]. 李抱宏，等译．北京：生活・读书・新知三联书店，1958:25.
67. 皮特・柯睿思．关内外铁路 [M]. 北京：新华出版社，2013.
68. 北来．百年火车 [M]. 北京：中国铁道出版社，2014.
69. 李占才．中国铁路史 (1876—1949)[M]. 汕头：汕头大学出版社，1994.
关于唐胥铁路的里程，史书记载多有差异。
70. 皮特・柯睿思．关内外铁路 [M]. 北京：新华出版社，2013.

部分中国技术人员崭露头角；路权归属方面，则完全由中国控制。

5

唐胥铁路只能算是“偷办”，最多也只能算“试行”。铁路建设真要铺开，阻力仍旧很大。但是历史大势浩浩荡荡，无可阻挡。新的催化剂马上就来了，那就是中法战争。

中法战争非常有意思，在晚清五大战争中，唯一不算完败的战争，甚至一直伴随着小胜，也是唯一一个签订了没有赔款内容条约的战争，这让号称世界第二大国的法国颜面扫地。起因是法国想占领越南，却发现中国在此有很深的经营，其中就包括神奇的黑旗军。黑旗军原先是太平天国运动期间的农民起义军，太平军失败后，他们跑去了越南。1883 年 5 月 19 日，法国海军上校李维业率军队在河内附近，与黑旗军相遇，爆发了著名的纸桥战役，李维业最后就被黑旗军击毙了。法军还丢下了另外 230 多具尸体，然后逃回了河内。

1883 年 12 月初，法军决定向红河三角洲的中国军队（滇军、桂军）进攻，山西（越南的一个城市）战役打响，中法战争正式爆发。战争第一阶段，战场主要在越南北部，法军尽管损失不小，但是连战连克，在多数战役中占据上风。当然，他们也始终无法取得奠定全局的大胜。中法战争，开局不利，慈禧太后于 1884 年 4 月 8 日趁机发起政治攻势，将以恭亲王奕䜣为首的军机处大臣全部罢免，史称“甲申易枢”。甲申易枢是继辛酉政变后，慈禧太后发动的第二次宫廷政变。慈安太后两年前已死，现在奕䜣又被拿下，在全面掌握朝政方面，慈禧再无障碍。

↓1885年，《中法新约》签订，中国承认法国对越南的保护权，中法两国派人到中越边界共同勘界，从此越南正式脱离了与清朝的宗属国关系。图为勘界委员会委员合影

第一阶段结束后，法国觉得自己很厉害，叫嚷着让清政府割地赔款。清政府告诉他们想都别想。于是，战争又进入了第二阶段。战争第二阶段主要在中国东南沿海进行。1884年8月23日，法军发动马江海战，实力羸弱的福建水师11艘军舰全被击沉，官兵阵亡521人，受伤150人，下落不明者51人。这是整场战争中，中国遭受的最大损失，激起了国人极大的愤慨。8月26日清政府首次公开向法国宣战。此后法国再难有拿得出手的胜果，反而一步步走向失败。10月份，法军又进攻台湾，初期还比较顺利，刘铭传退守淡水后，法军数次发起进攻，却一次次被击退，法军只好放弃进攻，改为封锁海域。1885年2月，镇海之战打响，法军也没有占到什么便宜。3月份，在老将冯子材的率领下，中国在陆战中取得了镇南关大捷，号称毙敌千余名，清政府几乎实现了反败为胜。这就是中法战争的基本风格，整体上法国占优势，但是始终未取得战略性大胜。最后双方打得都没啥意思了，法国也不敢叫嚷让清政府割地赔款，法国议会也不再为中法战争追加拨款了，法国实在撑不下去了，只好坐下来签订了《中法新约》。

这场战争给清政府最大的刺激就是马江海战的惨败。痛定思痛，清政府决定加强海防，于1885年10月仿效欧美海军体制，设立了

↓ 1888 年 10 月 9 日，李鸿章在天津视察铁路。
站在平板车上前排官员左起：伍廷芳、唐廷枢、徐润、李鸿章

总理海军事务衙门，统一指挥海军，并以“铁路开通可为军事上之补救”，由该衙门兼管铁路事务。

海军衙门的设立，以加强军事为由，正式开启了铁路快速发展的大门。1886 年，李鸿章奏请设立开平铁路公司，将唐胥铁路从开平矿务局买过来，然后又将铁路展筑至芦台，称为唐芦铁路，全长 45 公里。开平铁路公司本质上是一家私营企业（学界称官督商办），招商股银 25 万两，是中国第一家独立经营的铁路企业。

为了更好地发展铁路事务，李鸿章很快又对开平铁路公司进行了改组，拟增招股银 100 万两，改名为中国铁路公司。实际上仅募得 10.85

万两，李鸿章动用官款又垫付了 16 万两。中国铁路公司成立后，从英商怡和洋行借款 63.7 万两，从德商华泰银行借款 43.9 万两。路款落实后，中国铁路公司于 1887 年动工，将唐芦铁路继续展筑，先延伸到大沽，然后再延伸到天津。1888 年全线竣工，唐山到天津连为一线，史称津唐铁路。1889 年，中国铁路公司还建设了天津至西沽的支线，共 4.5 公里。

津唐铁路全长超过 130 公里，效益之好，远超预期。从怡和洋行、华泰银行借的款项，第二年就全部还清了。开平煤矿之煤通过津唐铁路源源不断地运往天津。此前天津市场被日本煤所垄断，到 1890 年，开平煤全面占领天津市场，日本煤不复进口。唐山也由一个 18 户人家的小村子，发展成为全国工矿重镇。

借着这种良好的效应，李鸿章本来想再接再厉，开建津通铁路，继续将铁路延伸到北京附近的通州。但是一说要接近京城，保守派又炸了锅。加上张之洞提议修建卢沟桥至汉口的铁路，于是津通铁路被暂时搁置。

6

就在双方争论不休之时，沙皇俄国加紧了算计中国东北的行动，推出西伯利亚大铁路计划。一看自己的龙兴之地要不保，清政府决定上马关东铁路，用铁路线把东北与腹地连为一体。此前，李鸿章已经将津唐铁路延伸到了古冶。关东铁路将从古冶向关外延伸，计划一直到沈阳、营口。1891 年 9 月关东铁路正式开工，全部由清政府投资。这是中国第一条官办铁路，原先计划拨给卢汉铁路的款项改拨关东铁路，一年 200 万两白银。清政府派李鸿章亲自督办关东铁路，设立北洋官铁路局，金达任总工程师。到1894年8月，甲午战争爆发，关东铁路刚刚修到中后所，工程被迫停工。中俄铁路线路争相向中国东北延伸，体现的是对中国东北利益的博弈，背后是俄英两国势力范围的竞争，李鸿章背后站的是大英帝国。但是，看中中国东北利益的，不止他们，还有日本。

到甲午战争前，这是晚清铁路发展的第一阶段，共计修建铁路473.4公里，其中津唐铁路145.1公里为官督商办，其他均为官办。

甲午战争后，晚清铁路发展进入了一个新的阶段。

甲午战争是晚清给中国带来危机最大，也最让中国痛入骨髓的一场战争。一是，彻底打碎了清政府多年来一直苦心经营的伪强国人设，让列强看清了清王朝虚弱的本质。此前的同治中兴，包括对军队硬件进行的一些现代化的改进，特别是中法战争整体的表现，让天朝上国的一些人，感觉还颇为良好，时不时还摆一些大国的架子，觉得自己虽然不能跟列强相比，但是大国的实力还在。甲午战争却让世界彻底看清了清王朝的真实面貌，那就是一个虚弱的𡱁货，此后列强掀起了瓜分中国的高潮。二是，中国的核心领土面临被瓜分的巨大危险，中华民族面临亡国灭种的危机。此前发生的三大战争，鸦片战争、第二次鸦片战争、中法战争，胜利方除了要求赔款外，主要诉求是开放通商口岸，而甲午战争中，日本想要的除了赔款，更重要的是领土——辽东半岛、台湾。毕竟英法都远隔重洋，而日本则在卧榻之侧。真正惦记中国领土的，一个是日本，一个是沙皇俄国。日俄之间的矛盾冲突，让中国暂时保住了辽东半岛。但日本对中国领土的威胁还将持续半个世纪，直到1945年抗日战争胜利，日本无条件投降。

甲午战争本来就是日本设的一个局，在朝鲜挑起事端，引诱中国参与。关键中国还真就参与了。当时的清政府虽然吃过英法的几个败

↓ 甲午战争中，八旗军开赴前线

仗，但是心气还很高，并没有太把日本放到眼里。当时的洋务派相对而言还是比较务实，不愿意与日本开启战端。但是，这是1894年，23岁的光绪帝已经亲政5年了，毫无疑问他还深受迷恋权力的慈禧太后牵制。所以，保皇派把对日战争看成是立威的一个好机会，是加强皇权、削弱后派实力的绝佳时机。所以在甲午战争的决策中，帝后之争，起到了决定性的作用。光绪主战，慈禧主和。

如果真的赢了，光绪帝倒还真是立威了，中国历史可能要走向另外一个方向。可惜保皇派太不自知了，当时的清王朝跟冉冉升起的日本已经不在一个层级上面。最终的经过就是，海战败，然后再败，直至北洋水师全军覆灭；陆战，土崩瓦解，鸭绿江江防之战、金旅之战、辽东之战，日本一路横扫。最终签订了丧权辱国的《马关条约》，放眼晚清时期签订的所有不平等条约，用“丧权辱国”四个字来形容《马关条约》，都觉得程度还不够。

甲午战争深深打疼了清政府，自诩天朝上国的他们怎么也想不明白，“明治维新”后仅20余年的小国日本，竟然打败了地广人众、洋务运动搞了30年的中国。他们反思此前尚不如清王朝的日本（他们觉得），为何竟然能在短短时间内崛起为世界强国，一跃成为几乎与西方列强等

↓英国报纸对甲午战争的报道，左为明治天皇，右为光绪皇帝

量齐观的巨头。深入反思的结论是日本变革更加彻底，于是他们决定更加积极地拥护变法。1895 年 7 月 19 日，《马关条约》签订刚满三个月，清政府颁布上谕决定“力行实政”，其中第一条就是修铁路。于是，晚清铁路正式进入了一个大发展的时期。

到 1912 年中华民国成立时，晚清共修筑铁路 9968.5 公里，其中 21.9 公里被拆毁，剩余的 9946.6 公里铁路，主要有四种类型：第一类是殖民铁路，由外国建设并运营，路权、沿线矿产开发权，甚至警察权、司法权均为外国所有，部分线路还驻扎外国军队。这是名副其实的国中之国。截至清王朝灭亡，帝国主义在中国修建的殖民铁路共计 4277 公里，约占中国铁路总里程的 43%。第二类是国有铁路，由清政府出资或者贷款修建，共计 4955.9 公里，约占总里程的 49.83%。这里面包括由唐胥铁路一步步扩展开来的关内外铁路（后改名京奉铁路）、京汉铁路、津浦铁路（后扩展为京沪铁路）、正太铁路、汴洛铁路（后扩展为陇海铁路）等铁路大干线。第三类是商办铁路，共计 674.5 公里，约占比 6.78%。第四类是地方官办铁路，主要是黑龙江、江苏有两条铁路是地方政府修建的，总里程 39.2 公里，约占比 0.39%。

第三章
乱世之传奇

1

1872年8月11日，一艘日本轮船拉响汽笛，缓缓驶离上海，驶向日本横滨。

来自广东南海的12岁男童詹天佑，与另外29名孩子，带着父母的牵挂，带着对未知前路的好奇与忐忑，在闷热的船舱中，克服了晕船的痛苦，6天后抵达了日本。换船之后，又经过28天的漫长航程，他们横渡了太平洋。陪伴他们的除了蓝天和烈日，有时还会有一跃而起的鲸鱼，以及它喷向空中的水柱。然后他们抵达了旧金山的皇宫大饭店，观光、游玩、住宿，又坐上横贯美洲大陆的火车。6天6夜，他们不仅见到了现代化的美国，还见到了"头上插着鹰羽毛，脸上有不同颜色花纹"的印第安人，一位幼童描述他们说，"像中国评剧中的脸谱，还拿着弓箭"。抵达纽约后，他们又换车，来到了马萨诸塞州的春田市（又称斯普林菲尔德），在这里他们见到了组织他们前来、又提前到这里为他们安排打点的容闳博士。[71]

容闳，中国最早的留美学生。1828年出生于广东省香山县[72]，7岁时随父亲去了澳门，入读马礼逊纪念学校[73]，老师是郭士立[74]的夫人。1846年马礼逊纪念学校的校长布朗因病返美，临行前表示愿意带几名学生赴美留学，最终有3名学生成行，其中一人转学去了苏格兰，一人因病返华，最终获得美国大学毕业证书的只有容闳。[75]

1854年从耶鲁大学毕业后，容闳回国。为了实现"以西方之学术，灌输于中国，使中国日趋文明富强之境"[76]的教育救国理想，他

↓ 1872 年首批留美幼童合影，后排左三为詹天佑

四处奔走，辗转于广州、香港、上海等地。最初他把希望寄托在太平天国运动上。1860 年，他冒险前往天京考察，向洪仁玕提出了 7 条建议，未获成功。他感叹“囊之对于太平军颇抱积极希望，庶几此新政府者能除旧布新，至是顿悟其全不足恃。以予观察所及，太平军之行为，殆无有新造中国之能力，可断言也”。[77] 转而他又寄希望于洋务派，1863 年受曾国藩招徕，他前往安庆拜见。第二年，受曾国藩委托，参与筹建江南制造局。1870 年，曾国藩、丁日昌赴天津处理“天津教案”，容闳担任随行翻译，他趁机游说关于派幼童出国留学的计划，终获曾国藩赞

---

71. 高宗鲁 . 中国留美幼童书信集 [M]. 台北：传记文学出版社，1986.
72. 今广东省珠海市南屏镇人。原香山县今天涉及广东省中山市、珠海市、广州市、佛山市部分地区。
73.1836 年 11 月，为纪念“第一个踏上中华帝国的新教徒”马礼逊，寓居澳门、广州一带的英美等国侨民与传教士募捐筹款成立了马礼逊教育会（Morrison Education Society）。
  1939 年 11 月，马礼逊教育会在澳门创办马礼逊学校，由耶鲁大学毕业生塞缪尔·布朗（Samual Robbins Brown）担任校长兼教师。1842 年，马礼逊学校迁至香港。
74. 英国独立传教士，第一章有提及，鸦片战争中曾做过定海知县。
75. 另外两人，一个是黄宽，后来转至苏格兰读医学，成为中国首位医学博士，近代医学家、教育家；另一个是黄胜，留学期间因水土不服回国，成为香港的学者、传媒工作者、商人及政治家。所以容闳是中国第一个接受美国高等教育并获得学位的留学生。
76. 容闳 . 西学东渐记 [M]. 徐凤石，恽铁樵，译 . 长沙：湖南人民出版社，1981.
77. 容闳 . 西学东渐记 [M]. 徐凤石，恽铁樵，译 . 长沙：湖南人民出版社，1981.

↓ 1872 年，詹天佑（左）与同学潘铭钟合影

许。1871 年 9 月曾国藩、李鸿章联名上奏，派遣幼童留美计划正式获得批准。[78]

应该说，派遣幼童留美计划正式上马后，清政府还是非常重视，拨出了相当于 150 万美元的专款。[79] 当时的 150 万美元是个什么概念呢？ 1900 年 7 月，中国铁路总公司与美国华美合兴公司签订合同，修筑武汉至广州的粤汉铁路，造价大约是 4000 万美元。[80] 要知道这还是 30 年后了。应该说 1871 年的 150 万美元，含金量还要高很多。

容闳先在上海设立了幼童出洋肄业局，又在美国康涅狄格州哈特福特盖了一栋坚固壮丽的楼房，作为中国留学事务所之永久办公地，耗资 7.5 万美元[81]。著名美国作家马克·吐温是他们的街坊邻居。留美幼童共计 120 人，分为 4 批，每批 30 人，1872 年是第一批，后面每年一批。清政府拨给每个人来回川资及衣物费用，共计白银 790 两，留美期间各种费用每年 400 两，后提升至 800 两。

待遇如此之丰厚，容闳以为国人会趋之若骛，没成想，偌大的上海幼童出洋肄业局空空荡荡，竟然没有几个人来报名。虽经地方官劝谕，仍无人报名。如此状况，更多是源于对遥远国度的一种恐惧。乡间有人传说，美国“有野人会生剥人皮，再披上狗皮，使人变成四不像的动物”。[82] 容闳只好南下广东、香港去招生，最后甚至不得不去自己的老家广东香山县游说招人。最终，第一批 30 名幼童，来自广东的就有 25 名，其中来自容闳家乡香山县的共计 13 名。全部 120 名幼童中，

来自广东的有84名，籍属容闳故里香山县的多达37名。更值得注意的是，120名留美幼童中，无一贵胄子弟，最小的10岁，最大的16岁。

广东南海人[83]詹兴洪主要从事代写书信的生意，家庭困苦，与广东香山县人谭伯邨交好，有三女四子。长子天佑，勤奋好学，聪明坚毅。谭伯邨非常喜欢他，就让自己的四女儿跟他结了娃娃亲。谭伯邨往来港澳地区经商，听说清政府正在招收幼童派往美国留学，认为大有出路，就来劝说詹兴洪送子报考。詹兴洪起初不愿意，但经不住谭伯邨三番五次的劝说，最终同意送詹天佑去香港报考出洋留学。

2

詹天佑时年12岁，报考的是留美幼童第一批。出国前，詹兴洪与政府签了生死文书："兹有子天佑，情愿送赴宪局带往花旗国肄业学习机艺，回来之日，听从中国差遣，不得在外国逗留生理，倘有疾

78. 岳婷婷 . 改革开放以来的中国留美教育研究 [D]. 天津：南开大学，2015.
79. 詹同济 . 詹公天佑生平志 [M]. 詹天佑纪念馆，2011:9.
　150万美元是用同期白银数量折算而来，这150万美元也不是一次性拨出，而是多年花费之总和。
80. 金士宣，徐文述 . 中国铁路发展史 (1876—1949)[M]. 北京：中国铁道出版社，1986.
81. 李江伟 . 晚清幼童留美起讫因由及其影响刍论 [J]. 华侨大学学报（哲学社会科学版），2015(6):150–159.
　1874年经清政府批准，容闳在哈特福特柯林斯街主持建造留学事务所永久办公地。该办公楼前后共耗资75000美元，可容纳监督、教员、学生等75人同住。
82. 黄妙珍 . 中国最早的百名官费留美学生 [J]. 上海档案，1994(3):45–48.
83. 今广东省佛山市南海区。

病，生死各安天命，此结是实。”[84]

1872 年 4 月 22 日，詹兴洪签字画押后，容闳就带着詹天佑去香港，然后坐船去上海，5 月 5 日到上海后进行出国前的预科学习。7 月 8 日从上海启程赴美国。

到美国后，他们被分成若干组，每两三人一组，寄居在美国人的家庭中。据说当时主动申请接待中国幼童的美国家庭非常踊跃，报名者超过 122 个家庭。詹天佑与欧阳庚被分到威士哈芬小学校长诺索布家。到 1881 年留美幼童计划提前终结，120 名幼童中修完全部学业、拿到大学毕业证的只有两人，一个是詹天佑，另外一个就是欧阳庚。在他们的启蒙教育中发挥了重要作用的诺索布夫人，一定为此非常骄傲。

1881 年 6 月，詹天佑从耶鲁大学谢菲尔德理工学院土木工程系毕业。这是詹天佑在美学习的第 9 年，正当他欢欣鼓舞地展望未来 6 年考察和实习深造的远景时，不幸的消息传来。当时正值暑期，留美学生正在康涅狄格州半登湖畔露营度假。容闳，这个在一个特殊时期为他们带来不可思议人生的传奇人物，这次带来的是清政府终止留美计划的命令。

学生们失望、愤懑！但最失望的还是容闳，他视之为对其毕生宏愿的大摧残。他也奋力地挣扎过！其实从 1878 年开始，在保守派的攻击下，清政府就已经动了终止留学计划的念头。容闳得知消息之后，多方奔走，希望能够挽救这项事业。

他曾致书美国国务院，希望获得支持。但此时中美关系已经步入

↓上图：詹天佑的父亲詹兴洪与母亲陈娇
↓下图：詹天佑留美时父亲出具的“疾病生死各安天命”的具结文书

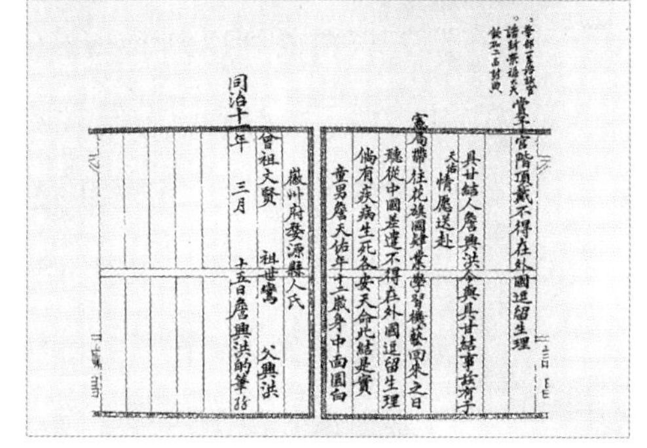
官階頂戴不得在外國逗留生理
具甘結人詹興洪今與具甘結事茲有子
天佑情愿送赴
憲局帶往花旗國肄業學習機藝回來之日
聽從中國差遣不得在外國逗留生理
倘有疾病生死各安天命此結是實
童男詹天佑年十二歲身中面圓白
徽州府婺源縣人氏
曾祖文賢 祖世鸞 父興洪
同治十一年 三月 十五日詹興洪的筆據

低谷，美国国会正在制定臭名昭著的《排华法案》，并于1882年5月6日获正式通过。1879年，美国南北战争时的英雄、卸任总统格兰特计划访华。容闳希望他能发挥作用。容闳通过好友杜吉尔牧师找到了美国著名作家马克·吐温。马克·吐温的房子距离哈特福特中国留学事务所只有两三个街区。格兰特对马克·吐温非常敬重，欣然接受了任务，在访华期间与李鸿章会谈，劝说李鸿章支持留美计划。

但留美计划最终还是被终止了。核心原因在于清政府认为留学计划之目标与实施之效果出现了背离。清政府实施留学计划的主要目的是培养外交人才及现代技术人才，核心原则是“中学为体、西学为用”，他们要求这些留美学生在学习西方先进科学技术的同时，不能脱离传统儒家伦理道德的影响，在政治上要效忠于清政府。对于容闳幼童留美项目的教育方式而言，这个目标注定是不能达成的。

在美学习期间，这批幼童已经逐渐接受了美国式的生活，有人剪了辫子，有人信了基督教。对清政府的保守派而言，这已经触碰了底

84. 詹同济 . 詹公天佑生平志 [M]. 詹天佑纪念馆，2011:12.

线。所以国内对于留美计划的口诛笔伐一直没有停止过。有 9 名幼童因为触犯纪律，先期已经被遣送回国。

1881 年 6 月 8 日，清政府终止留学项目的命令正式发出。此时 120 名留美幼童中，只有 2 人完成大学学业，有 60 多人正在大学或职业学校学习，其余在中学就读。他们当中，有 13 人早年病逝于美国，有 9 人因不守纪律已经被先期遣返，有 2 人拒绝回国，另有 2 人根据现有资料尚难以判断其具体情况，剩余 94 人在留学项目终止命令发出的两三个月后，分三批陆续回国。

詹天佑等 27 名学生是第三批离美归国的，同行者还包括留美肄业局官员及家属，共计 48 人。他们于 8 月下旬从哈特福特启程，月底抵达旧金山。在旧金山候船期间，他们收到了当地奥克兰棒球队的比赛邀请。留美幼童中喜欢棒球的人很多，他们还专门组织了中华棒球队，詹天佑是其中的一员。关于他们跟奥克兰棒球队的邀请赛，温秉忠在《一个留美幼童的回忆》中记述："那时谁又看过东方人玩棒球呢？中国投手之高超，使奥克兰队已感情势不妙，球场观众大哗——中国人打美国的'国球'，且使老美溃不成军，不可思议！全场终局，中国队大胜，幼童及华侨兴高采烈。"[85]

回国后，他们多数进入了电报局、船政局、机器局等新式企业，分散在电报、教育、铁路、矿业、军界、外交、政界等各个领域，诞生了国务总理 1 人、外交部部长 2 人、交通部部长 1 人、大学校长 2 人、铁路局局长 3 人、海军元帅 2 人、工程师数十人，等等。值得一提的是，归国的 94 人中，有 11 人参加了甲午战争，阵亡 3 人；5 人参加

↓图为 1881 年中华棒球队在旧金山与奥克兰棒球队比赛期间的合影，后排右二为詹天佑

了中法之间的马江海战，阵亡 4 人。

詹天佑与另外 15 人被分到福州船政学堂，其中容尚谦、邝永钟、黄季良、杨兆楠、薛有福 5 人参与了马江海战，除容尚谦外其余 4 人均阵亡。容尚谦后来又作为“环泰号”巡洋舰舰长参与了甲午海战。此后，容尚谦又去航运公司担任经理，到京奉铁路局担任经理。1954 年病逝于上海。

马江海战之时，詹天佑的身份是教员，并没有参与前线战争。此后，1884 年 10 月，詹天佑被调往广州，在广东博学馆、水陆师学堂担任外文教师。1887 年詹天佑履行婚约，与谭伯邨的四女儿谭菊珍在澳门结婚，婚后夫妻感情甚笃，育有 5 子 3 女。

3

1888 年，正当唐胥铁路延伸到芦台后，继续向塘沽、天津延伸时，在第三批留美幼童邝景阳的介绍下，詹天佑加入了刚刚由开平铁路公司改组成立的中国铁路公司，任帮工程司（类似于助理工程师），参与了塘沽到天津段铁路的建设工作。此后，邝景阳与詹天佑几乎共事

———

85. 高宗鲁．中国留美幼童书信集 [M]. 台北：传记文学出版社，1986.

一生。

此后，津唐铁路不断延伸，成为连接关内外的京奉铁路。1890年延伸到古冶，1892年到滦县，1894年到山海关。詹天佑初次崭露头角正是在古冶至山海关段建设期间。当时铁路要跨过滦河，需要修建滦河大桥。关内外铁路总工程师正是金达，滦河大桥建设的任务派给了英国著名桥梁专家考克斯。

考克斯把桥址选在了距离滦河入海口50公里处。此处，水面较窄，易于搭桥，但是水流湍急，河底淤沙极深，数次打桩均告失败。考克斯转而找日本工程师，屡建屡塌。考克斯无奈又将工程分包给了德国工程师，他从德国调来帮手，采用了当时比较先进的“空气打桩法”，但是仍旧无法成功打桩建墩。1892年，金达授意考克斯让詹天佑参与此事。詹天佑认真调研此前的施工过程后，一是调整了桥位设计，尽管桥的长度加大了，但是水流稍缓；二是采用了“气压沉箱法”，用渡船载置机器，雇用熟悉水性的德国技术人员，置备下水器具，往河底深挖，剔除浮沙碎石，露出实底，再用俄国长松木，密钉梅花桩，上面铺放长方大石，使用宫廷建造地下陵墓的“万年牢”三合土砌之，历经两年零八个月，滦河大桥始告竣工。[86]

金达对詹天佑的工作给予了高度评价，在金达的推荐下，詹天佑成为享有盛名的英国土木工程师学会的准会员，并于1910年成为正式会员。[87]詹天佑修建的滦河大桥安全使用了40年，直到1943年被其上游的另一座铁路桥代替。

此后甲午战争爆发，中国铁路建设进入新时代。

首先是帝国主义在中国直接修筑铁路，并把铁路沿线变成他们的殖民地。此时的列强已经进入帝国主义阶段，一是在中国划分势力范围，势力范围内不允许他国插手。如长城以北是俄国的势力范围，山东是德国的，长江中下游是英国的，云南及两广是法国的，福建是日本的，等等。二是在中国攫取租借地，如俄国强租大连与旅顺，德国强租胶州湾，法国强租广州湾，英国在此前强租新界与威海卫。

划分势力范围与强占租借地是帝国主义的典型特征，这与殖民主义时期的野蛮屠杀与直接占领有比较大的差别。但势力范围毕竟不是殖民地，租借地才是他们的桥头堡。租借地名义上还属于清政府，但是在这些地盘上帝国主义说了算。为了将租借地与势力范围联系起来，列强就通过各种手段强迫清政府同意他们直接修筑铁路，这些铁路由他们修筑并拥有，甚至包括沿线探矿权以及部分治外法权。当然客观上也为中国留下了一批高质量的铁路干线。到清亡时，帝国主义在中国修建的殖民铁路共计 4277 公里，约占中国铁路总里程的 43%。这里面最重要的有三大干线，一是俄国修建的中东铁路及南满支线，二是德国修建的胶济铁路，三是法国修建的滇越铁路。此外还包括英国修筑的广九铁路九龙段，日本修筑的安奉铁路、新奉铁路、台湾铁路等。

甲午战争后，中日双方签订《马关条约》，日本割占中国辽东半岛。但这是俄国的势力范围。第二次鸦片战争后，俄国割占了中国外兴安岭以南、乌苏里江以东大约 100 万平方公里的土地，此前中国

———

86. 杜盛兰 . 詹天佑与滦河大桥 [J]. 中国有色金属，2019(6):70–71.
87. 皮特 · 柯睿思 . 关内外铁路 [M]. 北京：新华出版社，2013.

↓詹天佑建设的滦河大桥

的两条内河黑龙江与乌苏里江成为中俄的国界线。但沙皇俄国的贪欲并没有止于此，它还死死地盯着中国东北。恰巧刚刚崛起的日本也盯上了中国东北，以朝鲜半岛为跳板，拿下中国东北是日本的既定方针。甲午战争日本割占辽东半岛，让俄国与日本矛盾激化，发生了直接的利益冲突。于是，俄国联合德国、法国，三国施压日本归还辽东半岛，日本被迫放弃永久占领辽东半岛，索要了 3000 万两白银的赔款作为条件。日俄矛盾由此种下。

俄国以干涉还辽有功，于 1896 年 6 月 3 日，迫使李鸿章代表清政府签下了《中俄密约》，其中内容就包括允许俄国在中国修筑中东铁路（中国东北铁路的简称）。有关内容在拙著《高铁风云录》（新版更名为《高铁风云》）中有详述。甲午战争前，清政府视俄国为头号敌人，战争后视日本为头号敌人。清政府此时的策略是借俄国之力防范日本。

1898年俄国强租旅顺、大连两港口，又在中东铁路的基础上增加了南满支线，于是整体呈“T”字形的中东铁路及南满支线，成为中国东北的铁路主骨架。中东铁路西起满洲里，东至绥芬河，干线长1481.2公里。南满支线，直达大连，全长944.3公里。另有其他支线9条，全路总长2595.5公里。

1897年8月28日，中东铁路在中俄边境大小绥芬河合流处的三岔口举行了开工典礼。实际上，当时中东铁路的测量工作还没有完成。到1898年2月，全线测量才正式完工。测量结束后提出了两个方案，一条是北线，从赤塔（俄罗斯后贝加尔边疆区首府）东南进入中国国境，经满洲里、海拉尔、哈尔滨到绥芬河，与乌苏里铁路双城滦河大桥经吉林、宁古塔（今宁安），到达海参崴。

考虑整体费用、技术难度，最终选择了人烟稀少的北线，却因此几乎平地建起了哈尔滨这个国际化的大都市。

1898年4月24日，中东铁路工程局先遣队50人左右，到达一个叫田家烧锅的地方。这是来自山东黄县的一对兄弟在松花江畔创办的一个白酒坊。工程局花8000两银子把酒坊的32间房子买了下来，并修葺一新，作为中东铁路工程局的驻地。1898年6月9日，中东铁路工程局第一批工程人员进驻这里，中东铁路的建设工作从此全面

↓外国摄影师1895年拍摄的中国某车站的照片。小商贩正在向列车上的乘客叫卖商品

铺开，松花江畔的这片沃土也永远地告别了往日的宁静。后来，俄国将1898年6月9日定为中东铁路纪念日，也将这一天当作哈尔滨市的诞生纪念日。

考虑到日俄关系日益紧张，大战一触即发，俄方全力赶工，一刻都不敢懈怠。中东铁路工程浩大，为了加快筑路进程，俄国到内地大量招工，当年直接受雇于工程局的华工高峰期达到17万人之多。铁路拉来的俄国人也达数十万人，他们多数为铁路局工作，也有部分人沿途经商。到1917年首批俄籍移民已在华生育第二代，仅哈尔滨一地，俄国人就增长到15万。于是哈尔滨几乎是以光速跳跃发展，短短几年间，就从村屯跃升为国际大都市。

从1898年6月9日首批工程人员入驻算起，到1903年7月24日宣告全线通车，中东铁路干线与南满支线整体建设历时5年。1898年6月9日，俄国在哈尔滨开始配套建设中东铁路临时总工厂，同年10月26日竣工，即现今的中车哈尔滨车辆有限公司的前身。

1902年，俄国人开始在这里建设中东铁路管理局大楼，也就是今天的哈尔滨铁路局的办公大楼，两年后竣工。当时是哈尔滨最大的一栋建筑。由于外立面由方石贴成，当地老百姓称之为“大石头房子”。大石头房子是当时哈尔滨的中心，它不仅仅是一个铁路管理机构，还拥有警察权、司法权、市政管理权等。

中东铁路是名副其实的国中之国。它采用了俄制 1524 毫米宽轨技术，并不与清王朝内地铁路相衔接。中东铁路管理局拥有铁路两侧 15 公里以内的煤矿开采权，拥有黑龙江、松花江及东北各省铁路沿线各条内河的航行权，设有专门的航运处与海运部。1903 年 7 月他们在哈尔滨设立警察局，1904 年又增设宪兵队，在铁路沿线驻军，高峰期拥有步兵 3 个大队、骑兵 6 个团、炮兵 1 个大队，总计约 7 万人。[88] 他们在旅顺设置了法院，1905 年日俄战争后迁往了哈尔滨。1906 年，铁路管理局又设置了民政处，下辖民政、土地、教育、宗教和报刊发行等科目。

4

1904 年 2 月，日俄战争爆发，在英美的支持下，日本打败了强大的俄国，双方签订《日俄合约》，日本获得了南满支线宽城子（今吉林长春宽城区）到旅顺段的经营权，全长 701.8 公里。为此，日本成立了南满洲铁道株式会社，任命日俄战争时满洲日军总参谋长儿玉源太郎为委员长，他去世后，日本陆军大臣寺内正毅继任，逐渐将满铁打造成为侵华战争前日本最大的情报机构。为了与中国铁路以及朝鲜铁路连通，日本又从英国贷款，把南满支线以及日俄战争期间强行修筑的安奉铁路，统一改建为标准轨。南满铁路后来成为日本铁路技术

88. 金士宣，徐文述 . 中国铁路发展史 (1876—1949)[M]. 北京：中国铁道出版社，1986:50.

的试验田，在南满铁路“亚细亚号”的基础上，日本提出了横跨日本、朝鲜、中国的“弹丸列车计划”，并在战后落地实施成为日本新干线。

与中东铁路情况类似的还有胶济铁路及滇越铁路。

第二次鸦片战争后，就有大批德国天主教传教士进入山东。三国干涉还辽后，德国自认有功，密谋在华势力范围。签订《中俄密约》允许俄国修建中东铁路更是刺激了德国。1896 年 12 月，德国公开向清政府总理衙门索要胶州湾。但是，俄法暗中通知清政府不得应允。1897 年 8 月德皇亲赴圣彼得堡会晤俄皇尼古拉二世。俄皇声称只要德国支持俄国夺取旅顺和大连，就支持德国占领胶州湾。

1897 年 11 月 1 日，两名德国传教士在山东被大刀会所杀，史称曹州教案。以此为契机，德国借口保护侨民，派舰队占领了胶州湾。在俄国的支持下，1898 年 3 月 6 日，德国逼迫清政府签订了《胶澳租界条约》，强租胶州湾 99 年，开甲午战争后列强在华抢占租借地的先河。与此同时，他们还强行获得了建设两条铁路的权利：第一条是胶州湾经潍县（今潍坊市）到济南及山东省界，第二条是胶州湾经沂州（今临沂市）到济南。最终付诸实施的只有青岛到济南的胶济铁路。1899 年 9 月 23 日开工，1904 年 6 月 1 日全线通车，干线全长 394.1 公里，另有两条支线，共计 440.7 公里。1900 年 10 月，德国人在修筑胶济铁路的同时，在青岛四方配套建设了四方机车车辆厂。史料记载，胶济铁路盈利丰厚，自 1905 年至 1913 年德国占领时期，胶济铁路共运送旅客 812.7 万人次，运送货物 556.7 万吨，利润为 1950.6 万银元，而 1914 年至 1922 年日本人经营胶济

↓德国军队在北京天坛火车站上车，该照片拍摄于1902年前后

铁路的8年间，获取的利润竟高达5126.5万银元。[89]

俄德两国在中国先后得逞后，作为三国施压还辽的另外一个主角——法国也不甘寂寞，借口要求“均势”，提出要求：一是云南、广西、广东等省，应参照长江之例，不得让与他国；二是允许法国修筑越南到昆明的滇越铁路；三是租借广州湾99年。虽然英国对法国的要求提出了抗议，但软弱的清政府最终还是满足了法国的要求。滇越铁路全线采用法制1米轨距，共分南北两段，南段在越南，自海防至中越边境的老街，全长389公里；北段在云南境内，从老街跨越红河，经碧色寨到达昆明，全长469.8公里。越南段1901年先行动工，1903年告成；中国段1904年正式动工，至1910年正式告成，是年4月1日，滇越铁路宣告全线通车。滇越铁路中国段南段，沿南溪河谷修筑，天气酷热，沿途卑湿，虫瘴肆虐，疟疾等流行病频发，加之意大利籍包工头对工人的劳动保护不够，筑路工人罹病死亡者甚多。据统计1903年至1910年先后有12000多名筑路工人去世。[90] 所以当地人关于滇越铁路一直有“一根枕木一条命”的说法。滇越铁路中国段

89. 黄默．德国人一占青岛就修胶济铁路，修好后钱却被日本人赚走了[N]．城市信报，2012-08-30(16).
90. 金士宣，徐文述．中国铁路发展史(1876—1949)[M]．北京：中国铁道出版社，1986:77.

在清末铁路中工程最为艰巨，造价也最高。但作为云南第一条铁路，滇越铁路大大便利了滇东南交通，云南矿产丰富（如个旧锡矿），铁路货源充足，整个运营期间盈利颇丰，1921 年至 1923 年三年每年盈利分别为 539 万法郎、708 万法郎、862 万法郎。

前文有述，甲午战争后，中国铁路快速兴起，主要包括三类：第一类就是上面介绍的由帝国主义直接修建的殖民铁路。第二大类则属于官办铁路，路权归清政府所有。

官办铁路中又分两类：第一类主要以北方的关内外铁路、京张铁路、张绥铁路为代表，主要由政府或与政府有关的机构出资，这些线路靠近京师，又通向清室在关外的发祥地，控制这些线路就可以左右晚清政局。这里是北洋大臣的天下，属于袁世凯的势力范围。第二类是从列强那里贷款修路。这种类型的铁路基本都与一人有关，都由一个公司出面来借贷，此人名叫盛宣怀，此公司名叫中国铁路总公司，由盛宣怀 1897 年 1 月 6 日在上海成立。

话说 1895 年 4 月 17 日，李鸿章代表清政府签订《马关条约》后，为千夫所指，“卖国贼”这个名声是实实在在地背在身上了。清政府知道他是“背锅侠”，但是民怨须平。于是，李鸿章刚刚踏上祖国的土地，就接到了免去他直隶总督兼北洋大臣的命令。他的影响尽管还在，但是他的时代已基本过去，在庚子国变被迫出来收拾残局、继续当“背锅侠”之前，他好好地享受了几年清闲时光，还趁机来了一次历时 200 多天、行程 9 万多公里的环球旅行。

此时风头最劲的人物是张之洞。盛宣怀此前是李鸿章的“马仔”，曾经替李鸿章整垮了他的死对头、左宗棠的钱袋子——胡雪岩。此时的盛宣怀适时投靠了张之洞，迎来了自己平步青云的政治生涯。清政府此时肯定不知道，盛宣怀也是他们的掘墓人之一，当年正是他赤胆忠诚的一个建议，弄巧成拙，不小心推倒了第一块多米诺骨牌，引发了武昌城墙上的枪声，清王朝也就稀里哗啦地倒掉了。

盛宣怀投靠张之洞，帮他盘活了一直亏损的汉阳铁厂，深得张之洞信任。于是，在张之洞与接替李鸿章担任直隶总督兼北洋大臣的王文韶的共同举荐下，1897 年 1 月 6 日，盛宣怀在上海成立中国铁路总公司，成为清政府向各国借款修路的运作平台。在中国铁路总公司存在的 1897 年至 1906 年 10 年间，共签订 10 条铁路借款合同，借款总额超过 3 亿元，签约路线超过 4000 公里，大有总揽全国铁路政务之势。这其中比较重要的线路包括：

一、卢汉铁路保定至武汉段。贷款方为比利时，背后实际是法国。1898 年年底开工，1906 年 4 月全线通车，全长 1064.8 公里。在长辛店、郑州、江岸配套建有机车车辆厂。卢汉铁路建设期间赶工现象严重，建设标准整体偏低。这是中国第一条通过贷款修建的干线铁路，贷款合同的具体约定，成为后续贷款合同的重要参照标杆。

二、正太铁路。贷款方为俄国华俄道胜银行，后转让给法国公司。1904 年 5 月动工，1907 年 12 月竣工，全长 243 公里。与滇越铁路一样，正太铁路采用的是法制米轨。正太铁路与卢汉铁路在石家庄交会，催生了一座华北重镇。据说此前石家庄只有十几户人家，所以又称“十家庄”。[91]

三、汴洛铁路。当时被看成是卢汉铁路的支线，所以贷款方仍旧为比利时。1905年6月开工，1909年12月竣工，全长204公里。汴洛铁路与卢汉铁路一样施工标准不高，但汴洛铁路与卢汉铁路交于郑州，促进了中州重镇郑州的崛起，改变了中原城市群的面貌。日后汴洛铁路延伸发展，逐渐发展成为中国的东西大动脉陇海铁路。

四、沪宁铁路。贷款方为英国的中英银公司。1905年4月25日动工，1908年7月竣工。沪宁铁路处于水网密集区域，由于有水运的竞争，货运清淡，沪宁铁路成为晚清少见的亏损铁路，直到民国年间方有盈利。

五、广九铁路。贷款方为英国怡和洋行。该路分为两段，第一段广州至深圳，为清政府贷款修筑，全长142.8公里；第二段，自深圳至九龙海港，为英国殖民铁路，全长35.8公里。两段均于1907年8月动工，分别于1911年3月和9月竣工。值得注意的是，广九铁路收入的划分并不是按照里程计算的，最初是6.5:3.5，到1934年调整为7.2:2.8。

六、道清铁路。贷款方为英国福公司。起点是河南安阳滑县道口镇，终点在河南焦作清化镇，主要服务于焦作煤的外运。线路全长150公里，1902年7月开工，直到1907年1月才修到清化镇。

以上贷款皆由盛宣怀一手操办，当然他的背后站着张之洞，他不能违背张之洞的意志。如卢汉铁路，盛宣怀最初属意的是美国的华美合兴公司，但是张之洞属意比利时，因为他认为比利时国家小，对中华没野心，政治隐患小。盛宣怀只好听从张之洞的。但是盛宣怀施展各种手段，最终还是做成了与华美合兴公司的生意，将粤汉铁路大动脉的贷款权给了它。

除此之外，还有一条不以中国铁路总公司为贷款主体的铁路——津浦铁路，北起天津，南到南京浦镇。直隶山东段使用德国贷款，安徽江苏段使用英国贷款。因为山东是德国的势力范围，而长江流域是英国的势力范围。两国都不愿意让步，只好达成这种妥协方式。津浦铁路全长 1009.5 公里，其中北段 626.1 公里，南段 383.4 公里，单线，标准轨距，分别在天津、济南、浦口配套建设了机车车辆厂。1908 年 7 月北段兴工，1909 年 3 月南段兴工，1911 年两段接轨，至收尾仅 38 个月，其建设速度堪称晚清中国铁路史上的神话。

这里有两个问题需要解释一下。第一个问题，列强为什么愿意贷款给中国铁路总公司，帮其修铁路呢？一是，贷款条件苛刻，获益丰厚。如以卢汉铁路为例，比利时铁路公司放贷 450 万英镑，年息 5 厘，本金 9 折，也就是清政府实际上只能拿到 405 万英镑。二是，贷款期间能拿到铁路控制权，合同规定在贷款期间，铁路由比利时铁路公司代为运营。三是，向中国输出技术标准，并打开巨大市场空间。如使用法国贷款修建的正太铁路就采用与滇越铁路相同的米轨，使用各国贷款修建的铁路线路都会从该国采购大量的物资。四是，铁路盈利丰厚，能够分红。合同规定，比利时公司可以从线路

---

91. 李华胜 . 山西境内修筑窄轨铁路的真相 [J]. 文史会刊，1996(1):125–131.

盈利中提取 20%。所以列强争夺铁路贷款权的行动非常激烈，对于一些线路往往针锋相对，互不相让，通常在自己的势力范围内不允许他国插手。

第二个问题，既然如此，清政府为什么愿意做冤大头，从列强那里贷款呢？这个生意里，清政府其实并不是冤大头，而是实际的受益者。一方面清政府已切身感受到了铁路建设对国力提升的重要作用，贷款修路是快速提升国力的一条捷径。甲午战争中，已经从天津修到中后所的关内外铁路，在运兵、运械、运饷方面发挥了突出作用，让亡国之感日迫的清政府不得不重视铁路。另外一个方面，铁路能为清政府带来巨大的经济利益。当时的铁路是建一条盈利一条（沪宁铁路是个例外，前文已有介绍），不但为铁路公司带来了白花花的银子，而且为清政府带来了大量的税收。以卢汉铁路为例，全路还没有通车，部分先行开通的路段就已经实现盈利。1907 年通车第一年，总营收 890 万银元，盈利高达 221 万银元。清政府也不傻，一看利润这么好，不想白白地把利润与比利时公司分享，第二年，1908 年 12 月 28 日，就把贷款全部还清了。再如正太铁路，短短 243 公里的一条窄轨铁路，盈利多的时候竟达 280 万银元。

我们再来看看盈利能力更强的关内外铁路，这条点燃中国铁路发展星星之火的铁路，是中国铁路的标杆，1905 年至 1909 年每年盈利银元数额分别达到 713 万、594 万、509 万、639 万、579 万，关内外铁路每年的盈利成为清政府一大笔财富。后来修建京张铁路，费用全部来自关内外铁路的盈利，再后来从日本手里购买新奉铁路，费用也是来自这条铁路的盈利。这条铁路简直就是晚清政府的一头大奶牛。

我们都知道关内外铁路起源于9.2公里的唐胥铁路，此后不断延伸，从唐山延伸到天津，又延伸到山海关外。到甲午战争时已经延伸修建到中后所。战争前讨论修到通州，因为威胁运河经济被否。战争后终点由通州改到卢沟桥，改称津卢铁路。1895年，詹天佑率队参与了津卢铁路的测量工作。同年12月6日，清政府又调正在天津小站练兵的胡燏棻为督办大臣，主持津卢铁路建设。这个不经意间的小小调动，最终引发“蝴蝶效应”，改变中国历史的走向。

当初胡燏棻在天津小站练兵，是因为清政府受到了甲午战争的刺激，那真叫一个兵败如山倒啊！清政府决定组建新式军事力量。1894年12月，清政府派广西按察使胡燏棻，到天津马厂编练定武军，聘请德国教官，学习西方军事思想。1895年10月，练兵所移至原淮军驻地小站。但是因为要修筑津卢铁路，清政府思来想去，想到了胡燏棻。于是1895年12月6日，一纸调令把胡燏棻调走了，成为金达、詹天佑等人的顶头上司。接替胡燏棻的正是袁世凯。接手后，袁世凯立刻从他在朝鲜时统率的旧部庆军中挑选了一批宿将，又从北洋武备学堂吸收一批毕业生作为军佐，然后对原编4750人的定武军扩员，增至7300人，改名为新建路军，史称北洋新军。北洋新军是中国陆军近代化的开始，逐渐发展为国民革命前中国最强大的一支军事力量，控制中国超过30年，直到1928年12月张学良“东北易帜”，北洋军才正式退出历史舞台。因为修建津卢铁路的这个小小调动，清王朝为自己培养了一个掘墓人。

1897 年 6 月津卢铁路竣工通车，并从卢沟桥所在的丰台引出支线，通至北京右安门外的马家堡，后又通至正阳门。津卢铁路采用每码 85 磅的重型钢轨，双线铺设，是中国第一条复线铁路。

此时清政府官方设立的北洋官铁路局，收购了原属于商办性质的津唐铁路，于是从卢沟桥到天津，再到唐山，到中后所，一条大动脉连为一体。清政府计划继续向关外延伸，直达奉天（今辽宁沈阳）。经过两轮改组，北洋官铁路局变成了关内外铁路公司。

1897 年 7 月，津卢铁路通车后，关外铁路续建工程正式开始，金达继续担任总工程师，詹天佑、邝景阳均已升任驻段工程师，分别主持锦州段、营口段建设。1900 年，中国农历庚子年，到 6 月份，关外铁路中后所至沟帮子、沟帮子至营口支线均已建成通车，沟帮子至大虎山段开始铺轨。从北京卢沟桥直达奉天的交通大动脉——京奉铁路即将问世。但此时，一场大的变局突然爆发，由英、美、法、俄、德、日、意、奥八国组成联军从大沽登陆，拿下天津后又攻陷北京，史称“庚子国变”。关外铁路的续建工作被迫停止。

事情还要从慈禧太后说起。老佛爷一生发动了三次政变。第一次是 1861 年 11 月的辛酉政变，联手慈安太后、恭亲王奕䜣，拿下了顾命八大臣。第二次是 1884 年 4 月，在慈安去世三年后，以中法战争为借口，拿下恭亲王奕䜣，史称甲申易枢。第三次是 1898 年的戊戌政变。

戊戌变法本就是一个毫无根基的虚无理想。孱弱的光绪，因甲午

↓义和团运动中，铁路破坏严重。1900年9月，英国军方皇家工程师利用从丰台机车库中被毁机车上卸下来的车轮和车架制造了这台奇特的临时机车。士兵们称之为“蚱蜢”，在北京周边铁道使用了3个月。机车左侧的两位英国士官就是机车的建造者

战争之败，痛下决心，锐意变法，但手中无人可用，用李鸿章的话说叫“当政诸臣‘因循衰惫’，才力‘不足襄赞’”，于是只好听信康梁，推行新政，因为推行过急，对群臣控制力又不够，导致反对声浪巨大，被慈禧太后利用，以推行“训政”方式发动政变，被幽禁起来。从1889年3月，慈禧太后正式归政于光绪，搬出皇宫，搬到“颐和园”颐养天年，到1898年9月，慈禧太后又以“训政”的方式回归，属于光绪的九年半时间正式结束。想想这九年半时间，光绪都做了些什么，第一是日本挑衅时主战，打了甲午战争，第二是听信康梁，发动了百日维新。

估计是恨透了这个不争气的小皇帝，慈禧回归后，想的是废掉光绪。她选择了光绪的堂弟爱新觉罗·溥儁，并召集王公大臣会议，立溥儁为“大阿哥（皇储）”，预定1900年光绪禅位，溥儁继位，改元“保庆”。但她没想到自己的决定竟然遭到了洋人的一致反对。这让慈禧大为恼火，认为洋人干涉了她的家事。而此时，义和团运动正处于迅猛发展中,逐步扩展到京津地区。这让两地的外国人非常紧张。1900年4月6日，各国公使发表联合照会，限令清政府在两个月以内，剿灭义和团，否则将代为剿平。慈禧太后拿不定主意，在剿抚之间摇摆不定。这时，大阿哥溥儁的老爸端郡王载漪成为推动历史发展的那个人。大阿哥要当皇帝了，当然首先要让大阿哥的老爸掌权,就像当年立光绪后,拿下恭亲王奕䜣,让醇亲王奕譞上来一样。端郡王载漪掌握了总理衙门，成为推动慈禧太后联合义和团对抗洋人的关键一人。

导火索在东交民巷的各国驻华使馆。义和团运动的扩大让洋人感受到人身威胁。各国要求派军队保护本国使馆，最终清政府同意每个国家可以派出不超过30个人的军事队伍。实际入京的军事人员超过400人。[92]

1900年6月10日使馆区对外通信断绝，联军在英国海军中将西摩尔的率领下登陆向北京进发。很快联军与义和团以及聂士成的武毅军、董福祥的甘军激战。

与此同时，在端郡王载漪的授意下，大批义和团团民拥入北京，总人数达到数万。1900年6月20日，德国公使克林德离开东交民巷，前往总理衙门交涉公使撤离之事，途中遇上端郡王的虎神营官兵巡逻，克林德被清军击毙，这就是著名的“克林德事件”。6月20日下午4时整，清军开始围攻北京东交民巷的外国使馆。6月21日，慈禧下令颁布了《宣战诏书》，清政府正式对列强宣战。

但战争很快就失利了。7月9日，联军与晚清最有战斗力的一支部队——武毅军在八里台大战，聂士成身中数弹阵亡，武毅军被击溃。晚清另外一支具有战斗力的部队——北洋新军，被袁世凯带到了山东，躲过了一劫，历史再次眷顾了袁世凯。7月14日联军占领天津。8月4日，联军从天津开拔进攻北京，8月12日占领通州，8月14日占领北京。被围攻了两个多月的东交民巷被联军解围。慈禧太后仓皇出逃。北京城经历了它历史上的一次劫难。首先是屠杀，然后是公开抢劫，最初联军特许的公开抢劫是3天，后来至少持续了8天。

惹出大事之后，慈禧太后带着其他皇室成员一路奔逃，跑到宣化，又跑到太原，最终到达西安。收拾烂摊子时，她又想起了李鸿章。这次谈判可不容易，李鸿章老命都搭上了。起初，列强要求惩办贼首，其实就是慈禧，但当时状况下，显然难以实现，除非光绪逃回北京；列强要求赔偿的款项竟然达10亿白银，清政府当年一年的财政收入才9000万两白银，实在拿不出来。争来争去，从1900年10月法国率先提出六项要求算起，快一年了，李鸿章身体不行了，直接病倒了。列强一看不能再拖下去，于是最终谈妥4.5亿两白银。列强的意思，

---

92. 具体军事人员数目，不同资料有差异，有资料认为各国军事人员共有1000人左右。

↓上图：胡燏棻站在皇家特等客车车尾的平台上。1902年1月7日，慈禧太后从西安流亡回京后，该客车开始投入使用
↓下图：1909年，詹天佑（车前右三）与同仁在京张铁路验道专车前合影

中国4.5亿人，一人一两。

1901年9月7日，78岁的李鸿章极不情愿地在他这一生谈成的最后一个屈辱条约《辛丑条约》上签上了名字，然后大口吐血，两个月后就驾鹤西去了。毫无疑问，李鸿章不是再造中华之人，但乱世撑危局，生命垂危之际还在为庚子国变收拾残局。甲午战争时，他反战，但战败后，他收拾残局，签了《马关条约》；庚子国变时，他又反战，但战败后又是他收拾残局，签了《辛丑条约》。不管怎么着，签订不平等条约的卖国贼这个骂名是背实了。

《辛丑条约》签订后，1901年12月，慈禧太后及其他皇室成员开始从西安出发回京。1902年1月3日，慈禧一行从正定出发乘坐皇家专用列车回京。眼见山河残破，或许是心中有愧，慈禧决定清明时节拜谒皇陵以感激先祖神灵庇佑并祈求他们的宽宥。1902年4月6日，慈禧一行拜谒了清东陵，并决定第二年清明节拜谒清西陵。清西陵在河北保定易县，路途遥远，慈禧太后命令时任直隶总督兼北洋大臣的袁世凯修建卢汉铁路新城站至易县的铁路，官方的说法是为了

体恤民艰，节省沿途供应。

袁世凯不敢有任何迟疑，他决定让英国人金达负责此事。但法国人不干了，理由是卢汉铁路是用法国人的钱（实际注入资金占五分之四）修建的，而新易铁路是卢汉铁路的支线，所以不能用英国的技术修建，要用也只能用法国人的。英法为新易铁路的修建争执不休。吵来吵去后剩下的时间就不多了，袁世凯决定用中国人。他把任务交给了时任关内外铁路公司总办梁如浩。

梁如浩是第三批留美幼童，1881 年回国后任天津西局兵工厂绘图员。1883 年赴朝鲜筹设海关，1885 年成为驻朝鲜通商事宜大臣袁世凯的幕僚。梁如浩被任命为新易铁路总办后，向袁世凯推荐了此时正在关内外铁路公司工作的詹天佑。

庚子国变，关外铁路续建工作停工。1901 年 7 月，詹天佑将家眷从锦州送回广州，然后去往江西萍乡协助美国铁路工程师李治、马克来修建株萍铁路萍乡至醴陵段。该铁路起点为江西萍乡安源煤矿，终点到湖南株洲，这是江西第一条铁路，也是湖南第一条铁路，日后成为浙赣铁路的重要组成部分。1902 年 8 月，詹天佑又奉调由株萍铁路点返回关内外铁路点。10 月 19 日，被任命为新易铁路总工程师，此时离谒陵的期限不到 6 个月时间了。新易铁路全长 42.5 公里，预算 60 万两白银，工期 6 个月。这是詹天佑作为总工程师修建的第一条铁路，也是中国人独立自主修建的第一条铁路，在詹天佑的职业发展历程中、在中国铁路发展历史中具有独特的地位。

最终，詹天佑只用了 4 个月时间，于 1903 年 2 月就把新易铁路建好了。当然为了赶工，铁轨主要使用了关内外铁路的旧钢轨，桥梁也只是搭建了简易桥梁，满足通车要求。1903年4月6日，慈禧太后乘坐火车到易县谒陵，认为火车行驶迅速平稳，大喜之下，将乘坐的车厢里面的所有物品赏赐给了筑路总工程师詹天佑与司机张美。詹天佑只取一座小钟留作纪念，其余赏赐都分给了筑路同仁。于今，这座小钟收藏在北京八达岭的詹天佑纪念馆中。

清政府为了增加收入，允许士民向国家捐纳钱物以取得爵位官职，也就是捐官。1897年，詹天佑捐了一个候选州同。候选是指有做官的资格，州同是知州的佐官。1902年，詹天佑又捐了一个候选同知，同知相当于知府的佐官。当时梁如浩的级别是候选知府。新易铁路大获成功，梁如浩与詹天佑皆官升一级。梁如浩升为候选道台，加二品衔，詹天佑则升为候选知府。

对于詹天佑以及中国铁路而言，新易铁路只能算是小试牛刀，真正具有标志性意义的则是京张铁路。

张家口自古就是北京通往蒙古的必经之地，乃塞上重镇。在关内外铁路以及卢汉铁路建成之际，修建一条通往西北的铁路刻不容缓。但要修路，第一件要做的就是平衡列强的利益与矛盾。1899年俄国曾胁迫清政府承诺北京至长城以北修筑铁路，如需借款，必须向俄国人贷款，采用俄国技术。京张铁路战略地位重要，清政府不想向俄国贷款，而是想用关内外铁路的盈利。当年修建关内外铁路时，曾经向英国人贷款，所以动关内外铁路盈利必须经英国人同意。英国人要求由金达担任总工程师，俄国人坚决反对。最终英国人划出底线，不能使用外国工程师，主要目的是抵制俄国势力深入华北。

机会总是眷顾有准备的人，经过此前几年的铁路建设实践，特别是新易铁路担任总工程师后，詹天佑已经成长为当时中国最为出色的铁路工程师。英俄两国的利益纠纷给了詹天佑一个新的机会。

1905年5月3日，袁世凯命令詹天佑开始勘测京张铁路路线。当时，袁世凯治所在天津，詹天佑跑到天津回谢之后就准备动工。与此同时，金达也从唐山来到北京，以游猎之名勘查南口镇一带山区，以图选出一条铁路线路。[93] 事实上，金达并不想放弃对这条铁路线的影响与干预。5月20日，他们在居庸关相遇。金达游说詹天佑说，他测算这条线路预计需要白银700万两，部分线路需要开凿山洞，中国人目前还不具备这个技术，他愿意牵线搭桥，联系日本包工，因为日本包工价格最低。詹天佑回复说，袁世凯已经奏明皇上，预算为500万两白银，而且不能使用外国人。金达的预估还是靠谱的，京张铁路最终花费为693.5万两白银。1905年8月14日，京张铁路选线确定后，詹天佑还收到金达的来信，他对通过八达岭这条唯一正确的线路确定而感到高兴。这说明金达对詹天佑还是非常欣赏的。

在勘测的路上，6月5日，詹天佑收到了京张铁路局会办兼总工程师的任命，同时被提升为候选道台。他的职务相当于副总经理兼总工程师，二把手，一把手是京张铁路局总办陈昭常，光绪二十年(1894

———

93. 詹同济．詹天佑日记书信选集 [M]. 珠海：珠海出版社，2008:1.

年）进士，曾于1897年出使英国。

1905年12月12日，丰台至万寿山段开始铺轨，陈昭常与詹天佑一起主持开工仪式，陈昭常打入第三根枕木左轨外侧的道钉，詹天佑打入第三根枕木右轨外侧的道钉。

京张铁路的故事非常多，如登上课本的人字形线路。毫无疑问这是一条争气路，因为不能使用外国工程师，因为这是中国工程师修建的第一条干线铁路，所以无数双眼睛盯着。能不能修成，不仅关系着詹天佑的颜面，还关系着中国工程师的颜面，关系着清王朝的颜面。压力正来自于此！真正的技术难度其实来自四个钻山隧道。

关于詹天佑修建京张铁路时候的心情以及状况，有一封1906年10月24日他写给留美期间对他关怀备至的诺索布夫人的信，反映得最为准确：

我很幸运能得到当前的职务。中国正在觉醒，已感到需要铁路。几乎在中国各地，现在都需要中国工程师，用本国的资金，修筑中国自己的铁路。我好像成了中国为首的工程师，所有的中国人和外国人都在密切注视着我的工作。如果我失败了，那就不仅是我个人的不幸，而且是所有的中国工程师和中国人的不幸。因若如此，中国工程师将失掉大众的信任。

在我任此职务之前，甚至于就任之后，许多外国人公然宣称中国工程师不可能担任如此艰巨的铁路工程。该工程既需要开凿坚硬的岩石，又需修筑极长的山洞。我不顾一切，坚持进行工作，首段工程终于完成。我随信附上一份剪报，供你了解，当年在耶鲁、在威士哈

↓两图均为1909年京张铁路通车典礼现场（当时称为“茶会”）

芬，由你照顾和教导的一名中国幼童（这些欢乐的日子已成为过去），已经做出什么和正在做什么，他确实应该感谢你对他幼年的教育。

1909年10月2日，京张铁路通车典礼在南口盛大举办。

清政府邮传部在验收京张铁路后，评价是：“此路一成，非徒增长吾华工程司莫大之名誉，而后此之从事工程者，亦得以益坚其自信力，而勇于图成！”

詹天佑在通车典礼上发言说：“本路当建筑之初，工程浩大，同事各员，昼夜辛勤经营缔造，常患难齐欧美，鄙人默坐而思，亦复战战兢兢，深虑有志未能，莫敢自信。今幸全路告竣，倘非邮部宪加意筹画，督率提挈，同事各员于工程互相考镜，力求进步，曷克臻此！”

江苏铁路总工程师徐文泂在致辞中说：“宣统元年岁次己酉八月十九日，为吾师南海詹公筑造京张铁路全功告成，举行正式开车礼，盖去经始之日四年矣……吾国铁路在萌芽时代，无所取师，恒借材异国，其能于建筑之学，深造有得，开中国工程司之先者，只吾师一人，此固海内外至今无异词也。当吾师奉派京张时，工程艰巨，几甲全国，朝野中外之人，或不无震疑……我师与我同学诸公，旦夕施工于此，更阅四载，卒底于成，一时中外咸相庆告，颂我师之功……”

京张铁路建成通车当年冬天，1910 年 1 月詹天佑被授予工科进士第一名。

詹天佑对于近代中国的贡献远不止铁路工程建设，他还非常重视青年人才的培养。京张铁路建设期间，他吸纳了一批山海关铁路学堂毕业的学生，把他们培养成了优秀的工程师，后来成为江苏铁路总工程师的徐文洞就是其中之一，所以他在致辞中才一口一个“吾师”。

1912 年中华工程师学会在广州成立，詹天佑当选为首任会长。

———

第四章
王朝的坍塌

1

清王朝之亡，实亡于庚子。

1900 年 6 月 21 日，清王朝向十一国发布《宣战诏书》，甲午战后就基本赋闲、此时刚刚获任两广总督的李鸿章回电曰："此乱命也，粤不奉诏。"

这是一个火星，它点燃的是熊熊烈火。

5 天后，6 月 26 日，在两江总督刘坤一、湖广总督张之洞的支持下，上海道道台余联沅邀请各国驻上海领事会晤，签订条约互保。此后，两广总督李鸿章和闽浙总督许应骙、四川总督奎俊、山东巡抚袁世凯先后加入，他们宣称皇室诏令是义和团胁持下的"矫诏、乱命"，他们联合起来和列强们达成协议，避免了义和团和八国联军战乱的波及，史称东南互保。

经历过鸦片战争、第二次鸦片战争、中法战争、甲午战争等外患，也经历过太平天国运动、捻军起义这样的内忧，清王朝却从来没有经历过像这样的危机。

东南互保是汉族精英集团第一次公然违抗中央命令，同光时期建立的满汉一体的政治格局开始解体，而这是清王朝统治的基石。中央权威开始瓦解、地方独立意识开始增强，清王朝的统治开始摇摇欲坠。直至武汉城墙上的枪声响起，当年背离中央搞互保的南方各省，高举义旗，清王朝的统治才最终土崩瓦解。

当然过程并没有那么简单。

故事要从一家民营铁路公司的成立讲起。

1903 年夏天，刚刚从热河都统调任四川总督的锡良，乘舟由武

↓川汉铁路开工后与会人员合影留念

汉到宜昌，然后上岸沿陆路向成都进发。沿途山高路险，林茂瘴密。锡良是个好官，他舍舟登陆，非为别的，就是要沿路考察，他要为四川修一条出川大通道——川汉铁路。7月，到任不久的锡良正式奏明朝廷，申请设立川汉铁路公司。

此时的清政府正在力推新政。八国联军侵华，慈禧仓皇逃往西安归来后，感受到时代的巨大变迁，也不得不以光绪帝的名义颁布上谕，推行新政。主要内容包括：一是军事上编练新军；二是教育上废除科举，建立现代教育；三是经济上力倡商业，发展实业；四是政治上改革官制；五是建立法律体系；六是改革蒙古地区管理体制。清末新政是晚清中国政治经济现代化的重大事件之一。新政继承了戊戌变法的一些内容，但是比戊戌变法更广更深。历史就是如此有趣。3 年前，自己一条一条废除的政策，3 年后，慈禧太后不得不一条一条地重新捡回来，而且走得更远、推得更深。

锡良上表奏请设立川汉铁路公司之时，1903 年 9 月，作为新政的内容之一，清政府设立了商部，掌管商务以及铁路矿务。商部成立不久，当年 12 月就颁布了《铁路简明章程》，向民间、地方开放了铁路的修筑权。一切顺理成章后，1904 年 1 月，川汉铁路公司在成都岳府街正式成立。

此时的川汉铁路公司尚属地方国有企业。有了川汉铁路的良好开端，东南各省迅速跟进。1903 年 12 月第一家民营铁路公司潮汕铁路有限公司成立。到 1904 年，又有两家铁路公司成立——广东新宁铁路有限公司和江西全省铁路有限公司。1905 年则成立了 5 家——安徽全省铁路有限公司、浙江全省铁路有限公司、福建全省铁路有限公司、同蒲铁路公司、广东粤汉铁路有限总公司。1906 年成立了 7 家——湖南粤汉铁路公司、滇蜀铁路公司、西潼铁路公司、湖北粤汉川汉铁路股份有限公司、江苏省铁路股份有限公司、湖南全省铁路有限公司、广西全省铁路有限公司。1907 年成立了两家——黑龙江省铁路公司、河南铁路公司。这些新设立的铁路公司都是民营公司（商办）。1907 年 3 月，川汉铁路公司也由官办转为商办。

前面我们介绍过，清王朝倒台前共修筑铁路 9968.5 公里，主要包括四大类：第一类是殖民铁路，以中东铁路、胶济铁路为代表，共计 4277 公里；第二类是国有铁路（包括地方国有），以关内外铁路、京汉铁路、津浦铁路为代表，共计 4955.9 公里；第三类是商办铁路，共计 674.5 公里，占比 6.78%；第四类是地方官办铁路，占比很小。第三类铁路就是这些如雨后春笋一样成立的民营铁路公司的功绩了。

这些民营铁路公司心比天高，可惜命比纸薄。他们是东南互保事件后崛起的地方乡绅势力的代表，他们有强烈的逐利意识，也有浓烈的报国情怀。他们是民族资本家的代表，裹挟着地方民意，掀起了一场场风暴，强化了地方分离意识，也唤醒了民众的现代意识（只能说部分吧，大部分还是在沉睡），风吹雨打、日晒雨淋，最终促成了清王朝的轰然倒塌。辛亥革命是个引子，社会政治经济的改变才是动摇清政府统治的根本。

这时，大洋彼岸扇动的蝴蝶翅膀让风暴正式来临。

2

1908 年，美国福特公司推出了一款汽车，命名为“毛豆 T”（Model T，国内一般称 T 型车）。这款车是汽车工业发展史上的里程碑，一经推出，大受欢迎，共售出 1500 多万辆，汽车也开始走入寻常百姓家。“毛豆 T”的热销，带动了橡胶工业的发展，资本市场上的橡胶股票开始起飞。

上海作为中西贸易的桥头堡，从 1882 年上海平准股票公司的设立开始建立股票交易市场，1891 年上海股份公所成立，1905 年更名为上海众业公所，开始允许华人参与股票交易。这是近代中国第一家比较规范的证券交易所。

也是在这一年，1905 年 9 月 3 日，48 岁的四川泸州人施典章被任命为川汉铁路公司驻沪总理。施典章的上一个职务是广州知府。四川人，懂点经济，上海的人头也比较熟，粗略看来，施典章是个非常合适的人选。他的正式任命文件《督宪札委施守典章充驻沪劝办川汉铁路集股总绅文》[94]中，评价施典章说："久寓申江，于该埠市面情形、绅商声气最称谙习。"

施典章在上海的主要工作是为川汉铁路公司采购一些物资，并实现资金的保值增值。到1907年6月川汉铁路转为商办时，他们共筹集资金817.58万两。施典章在上海能够动用的川汉铁路公司的资金约为350万两。[95]这个比例不可谓不高！其中有85.2万两让施典章购买了当时如日中天的兰格志橡胶公司的股票。

福特毛豆T推向市场后，全球橡胶生意开始活跃，橡胶价格开始大涨。1908年，英国进口橡胶总金额约为84万英镑，次年增加到141万英镑；美国1908年进口橡胶总金额约为5700万美元，次年增加到7000万美元。伦敦市场上的橡胶价格，1908年每磅2先令，1909年底猛涨到每磅10先令，1910年4月达到最高峰，每磅12先令5便士。[96]

随着橡胶生意的火爆以及橡胶价格的飞涨，资本市场的橡胶概念也开始腾飞。这其中的代表就是兰格志橡胶公司。1910年3月2日，面值60两白银的兰格志股票价格突破了1000两，到3月29日，价格达到了1675两。橡胶股票价格的暴涨形成了一波炒股风潮，清政府邮传部大臣盛宣怀、上海道道台蔡乃煌都纷纷解囊购股。[97]施典章本来希望借此大赚一笔，没想到灾难即将降临。

1910年7月，美国开始收紧橡胶生意，限制橡胶进口和消费，国际橡胶价格应声下跌，成为刺破橡胶股票泡沫的关键一击。很快，兰格志橡胶公司的股票"飞流直下三千尺"，价格只剩10两，几乎成了废纸。毫无疑问施典章损失惨重，但这还只是第一步。

接下来，受橡胶股灾牵连，上海出现银行（钱庄）倒闭现象。7月21日，正元、谦余钱庄倒闭，金融危机来临，最终共有16家钱庄倒闭。[98]施典章存在这几家钱庄的款项高达140万两之多，几乎血本无归。经查施典章经手的350万两白银，不计算兰格志橡胶公司股票损益情况，亏损挪用已经超过200万两。[99]

川汉铁路资金本来就不足，截至1911年6月共筹集资金1340余万两，而建设预算约为5000万两。此次股灾发生后，川汉铁路公司更是烂账一堆，而全长1300多公里的川汉铁路，仅仅修筑了17.3公里。

"施典章案"震惊全国，舆论哗然。清政府派邮传部赴全国调查，发现各省商办铁路大多数管理不善，腐败丛生，建设进展缓慢。此时官办为主的京奉、京汉、正太等干线铁路均已建成通车，而商办的川汉、粤汉铁路八字没一撇。于是，部分有识之士公开呼吁铁路国有。背后推手是晚清名臣张之洞以及他的"马仔"盛宣怀。撬动这项政策的则是一名叫石长信的给事中（负责弹劾监察等职责）。1911年5月4日，石长信上奏折提出"干路国有、支路商办"的政策。1911

94.《四川官报》1905年"公牍"第13册第38–39页。

95. 宓汝成. 中国近代铁路史资料：1863—1911[M]. 北京：中华书局，1963:1093.

96. 菊池贵晴. 清末经济恐慌与辛亥革命之联系[M]// 国外中国近代史研究：第二辑. 北京：中国社会科学出版社，1987.

97. 卢书锠. 橡胶股票风潮始末[M]// 上海市政协文史资料委员会. 上海文史资料存稿汇编（经济金融卷）. 上海：上海古籍出版社，2001:333.

98. 闵杰. 上海橡胶股票风潮及其对江浙地区民族经济的冲击[J]. 中国经济史研究，1989(1):126–142.

99. 宓汝成. 中国近代铁路史资料：1863—1911[M]. 北京：中华书局，1963:1093.

年5月22日，清政府正式作出干路国有的决定，并任命端方为督办粤汉、川汉铁路大臣。

粤汉、川汉铁路收归国有之后，转为采用国家贷款的方式来修建，资金来源主要是西方列强。这一模式此前在京汉、正太等国有干线铁路上已经取得重大成功，大多数线路通车后实现了巨幅盈利，很快就还清了国际借款。

在对待此前的商股方面，主要有两种处理方式：一是返还现银，二是转为股份。湖北、湖南、广东三省倒还好，关键是四川方面在上海炒股的巨幅亏空成为难题。四川乡绅的意见是，这事应该由国家财政来买单，而盛宣怀的意见是，商业公司自然应该自负盈亏，国家不能背这个锅。

事情逐渐向不好的方向发展。

1911年6月13日，清政府与英、美、德、法四国银团签订的川汉铁路贷款协议传到四川。四川当地乡绅勃然大怒，群起抗争。四川《图报》总编辑邓孝以《卖国邮传部！卖国奴盛宣怀》为题著文，痛骂清政府，煽动民族情绪，对抗政府政策。6月17日，川汉铁路公司组织成立保路同志会，选举蒲殿俊、罗纶为正副会长。成立大会上，革命党人罗纶登坛演讲，开口便说："川汉铁路完了！四川也完了，中国也完了！"[100]然后大哭，哭戏长达二十多分钟。哭罢，罗纶一拳砸在桌子上，大吼一声："我们要誓死反对！"

川汉铁路收归国有核心争议点，本来是老鼠仓是否应该由国家财政买单的问题，但是因为有外国财团贷款的借口，在革命党人的煽动下，逐渐演变成抵御外国资本侵略的民族问题。在民族问题的大旗之下，四川142个州县的工人、农民、学生和市民纷纷投身于保路运动

↓詹天佑勘测的川汉线路线图

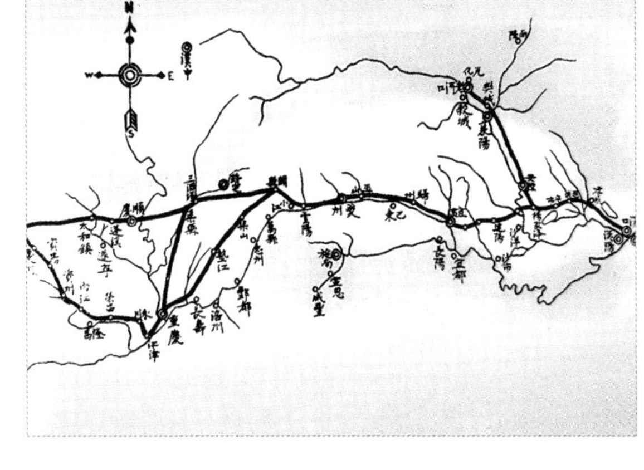

之中，保路同志会的会员在不到 10 天的时间里就发展到 10 万人。正在四处活动的革命党人纷纷潜入四川推波助澜，其中就包括 1911 年 4 月 27 日参加广州黄花岗起义幸存下来的同盟会会员吴玉章。

有一个问题诸位可能比较关心，明明只是一个商业纠纷案件，为什么四川人民群起而响应？铁路是用民族资本来修，还是从列强贷款来修，与四川民众有啥关系？有，有很大的关系。因为川汉铁路公司压根就不是一个纯粹的民营企业，而是一种“二政府”性质的畸形商资。他们能够以政府的名义向老百姓收取租股，实际上就是一种强行摊派。川汉铁路公司的资金中，来自这种强行摊派的租股约有 1175.96 万两，占总筹资的 85% 以上。所以施典章上海老鼠仓引发的 200 多万两亏空，表面上是商业公司自负盈亏，实际上是四川 140 多个厅州县百姓的血汗钱。由于这层关系，全川六七千万老百姓，不论贫富，都和商办川汉铁路公司绑在了一起。

斗争在进一步扩大。8 月 24 日，成都召开数万人参加的保路大会，号召罢工、罢市、罢税，四川保路运动进入第三阶段。按照清政府的指示，新任四川总督赵尔丰决定弹压。1911 年 9 月 7 日，成都南打

———

100. 杨甜子 . 四川保路运动：一条铁路搞倒了一个王朝 [N]. 扬子晚报，2011-09-16(12).

↓保路运动纪念碑

金街失火，赵尔丰认为是蒲殿俊等人背后指使作乱。于是，将蒲殿俊、罗纶、邓孝可、张澜等人诱捕至督署内，同时下令搜查川汉铁路公司。数千人前往督署请愿，赵尔丰下令开枪镇压，是为“成都血案”。此前保路同志会的成员就邀请当地哥老会成立了保路同志军，“成都血案”后，各地掀起了声势浩大的武装反清起义。9 月 25 日，吴玉章在四川荣县宣布独立。

清政府严令镇压。但是四川兵力不够，于是清政府派端方（时任川汉、粤汉铁路督办大臣）从武昌带兵入川镇压。这件事的后果就是武昌兵力空虚。10 月 10 日，武昌城头响起了革命的枪声。经过这么多年的折腾，清王朝的根基早就松了，各地独立意识一直在肆意增长，只等一个合适的时机。武昌城头的枪声，就是这样一个信号。各省纷纷跟进宣布独立。

正如鲁迅先生在《阿 Q 正传》里面描写的那样，那时革命已经成了一种时尚，连阿 Q 也叫嚷几声“造反了！造反了”，赵秀才与假洋鬼子跑到尼姑庵打碎龙牌，顺走一个宣德炉也算是革命了。文学作品进行了夸张，但也有其深刻的一面。辛亥革命时，相当多的人想的是造反，而不是革命。当时的现实是，清政府成为中国走出苦难的最大束缚与障碍，中华要振兴就要将清王朝扫进历史的垃圾堆，这已成为进步人士的共识。革命党人只是想造一个反，但是没有想到清王朝已如此脆弱，不堪一击，谁也没想到清王朝几个月就没了。以至于革命领袖们完全没有做好准备。中华民国临时大总统、革命先行者孙中山尚在国外为革命借钱筹款，副总统黎元洪也是被逼参加革命的。

到1911年12月28日，当时关内18省都发生过武装起义，其中湖北、湖南、陕西、江西、云南、江苏（含上海）、贵州、浙江、安徽、广西、福建、广东、四川共13省宣布独立，山西、山东、甘肃境内宁夏地区曾宣布独立，后被袁世凯军队控制，最终袁世凯实际控制的省份包括直隶、河南、甘肃、山西、山东5省。

这就是辛亥革命。

清王朝土崩瓦解。

辛亥革命之伟大再怎么评价都不为过，两千年的封建帝制因此结束了！民主共和观念深入人心！

3

1912年1月1日，17省代表聚集南京召开全国临时参议会议，选举孙中山为中华民国临时大总统。

一个新的时代来临。

不过此时，宣统皇帝溥仪还在呢。北洋军还控制在袁世凯手里。在当时的中国，从实际战斗力来讲，这支军队还少有对手。为了让落后的清王朝早日结束，于是，袁世凯操纵段祺瑞逼宫。2月12日，清朝廷举行御前会议，决定退位。大家纷纷表功，段祺瑞自然认为他的功劳大大的，他称之为“一造共和”。

没承想，清帝退位后，更乱的中国开始了。

↓袁世凯（前排左三）与中外嘉宾合影

清帝退位后两天，2月14日，孙中山正式辞去临时大总统职务。3月10日，袁世凯在北京宣誓就职。

8月份，湖南常德人宋教仁将孙中山领导的同盟会与蔡锷领导的统一共和党等整合了一下，成立了国民党。在接下来举行的中华民国第一届国会选举中一举成为第一大党。袁世凯一看，宋教仁很危险啊，1913年3月20日，袁世凯派人把他暗杀了。

革命党一看袁世凯不靠谱，在孙中山的策划下，1913年7月12日，江西都督李烈钧举起反袁大旗，史称“二次革命”。黄兴也到了南京领导革命。但是，袁世凯挥军南下，二次革命坚持了1个多月就失败了。因为战争主要在江西与南京进行，所以二次革命又称“赣宁之役”。

袁世凯接着折腾，准备称帝，搞君主立宪。这次第一个跳出来的竟然是自己人——段祺瑞与冯国璋。

革命党更不会同意。1915年12月12日，袁世凯宣布接受帝制，12月25日，滇系军阀唐继尧、蔡锷以及被孙中山派到云南的李烈钧即在云南举起护国战争的大旗。所谓“护国”护的是中华民国。

袁世凯又指挥军队平叛，但是这次并不顺利。袁世凯众叛亲离，只好于1916年3月22日，宣布取消帝制。段祺瑞又出来标榜自己对中华民国的功劳，说他这是“二造共和”。

毫无疑问，袁世凯远不是一个能够拯救时代的人，看看他接任中华民国大总统之后做的那几件事情就知道，刺杀宋教仁、推行君主立宪，全都是昏招，目光短浅、战略混乱。

拯救中华于水火做不到，但是他镇住北洋系统的那群魔头还是没问题的。但是他死了。1916 年 6 月 6 日，57 岁的袁世凯死了。更大的动乱也开始了。原先被袁世凯镇住的那群天罡地煞，挣脱牢笼来到人间，谁也不服谁，就看谁的枪杆子更厉害了。

先是段祺瑞担任总理，操纵北京政府。然后，大总统黎元洪一怒之下把段祺瑞免了。然后，张勋带领他的 5000 辫子军乘机跳出来，开进北京，于 1917 年 7 月 1 日迎接宣统皇帝溥仪复辟了。段祺瑞立即组织“讨逆军”，带兵把张勋赶走，返回北京，重新担任国务总理。段祺瑞称这是他“三造共和”。

段祺瑞重新执政后，拒绝恢复《临时约法》和召集国会。于是，1917 年 8 月 25 日，孙中山又跑到广州召集非常国会（因为到场国会议员人数不足，故称非常国会），成立广东军政府，发起“护法运动”。所谓“护法”护的是《临时约法》。但西南军阀只是想利用孙中山先生的名望，并不是想真的革命，护法战争进行不下去。1918 年 5 月，受西南军阀排挤，孙中山离开广州，护法运动失败。

除了革命党之外，军阀之间也一刻没有消停。1920 年 7 月，段祺瑞为首的皖系军阀与曹锟为首的直系军阀打了一架，皖系败北，基本退出历史舞台；1922 年 4 月 28 日，直系军阀又与张作霖为首的奉系军阀打了一架，史称第一次直奉战争，直系军阀吴佩孚大杀四方，张作霖逃回东北。1924 年 9 月 15 日，第二次直奉战争爆发，西北军阀冯玉祥临阵倒戈，发动北京政变，囚禁了贿选的大总统曹锟，直系军阀吴佩孚大溃败，张作霖控制了北京政府。

总之，他们就这样没有休止地打来打去。

坚持革命的孙中山，1920 年又利用陈炯明驱逐桂系军阀，组建广东国民政府。此后在苏联的帮助下，孙中山改组了国民党，确立了“联俄联共扶助农工”的三大政策，推动实现了国共第一次合作。创建黄埔军校，缔造革命武装，尽管孙中山先生 1925 年 3 月 12 日在北京逝世，但在国共两党的领导下，1926 年 7 月 9 日国民革命军誓师北伐，10 月 10 日拿下武昌，1927 年 3 月 24 日攻占南京，1928 年 6 月 8 日进入北京。奉系军阀张作霖仓皇撤退，行至皇姑屯被日本人炸死。少帅张学良继任东北王，1928 年 12 月 29 日，通电全国，改旗易帜，拥护南京国民政府，南京国民政府完成了形式上的统一。北洋军阀时代正式结束。

北洋军阀时期，准确说应该叫中华民国北京政府时期，从 1912 年开始，到 1928 年结束。时间不长，但是铁路建设还是取得了一定的进展。

一是孙中山先生筹划全国铁路建设，提出了 16 万公里的宏伟蓝图。孙中山 1912 年 2 月 14 日辞任中华民国临时大总统后，前往北京，与袁世凯会谈，接受了袁世凯给予的“筹划全国铁路全权”的头衔，在上海成立中国铁路总公司（1896 年盛宣怀在上海成立的叫中国铁路总公司），四处调研，筹划全国铁路建设。后来，孙中山于 1919 年撰写完成《实业计划》并公开发表，核心部分即是 16 万公里的铁路建设计划。整体而言，孙中山的铁路计划缺乏可执行性，他是在房间里用尺子在地图上画出的铁路，与实际地矿地貌有

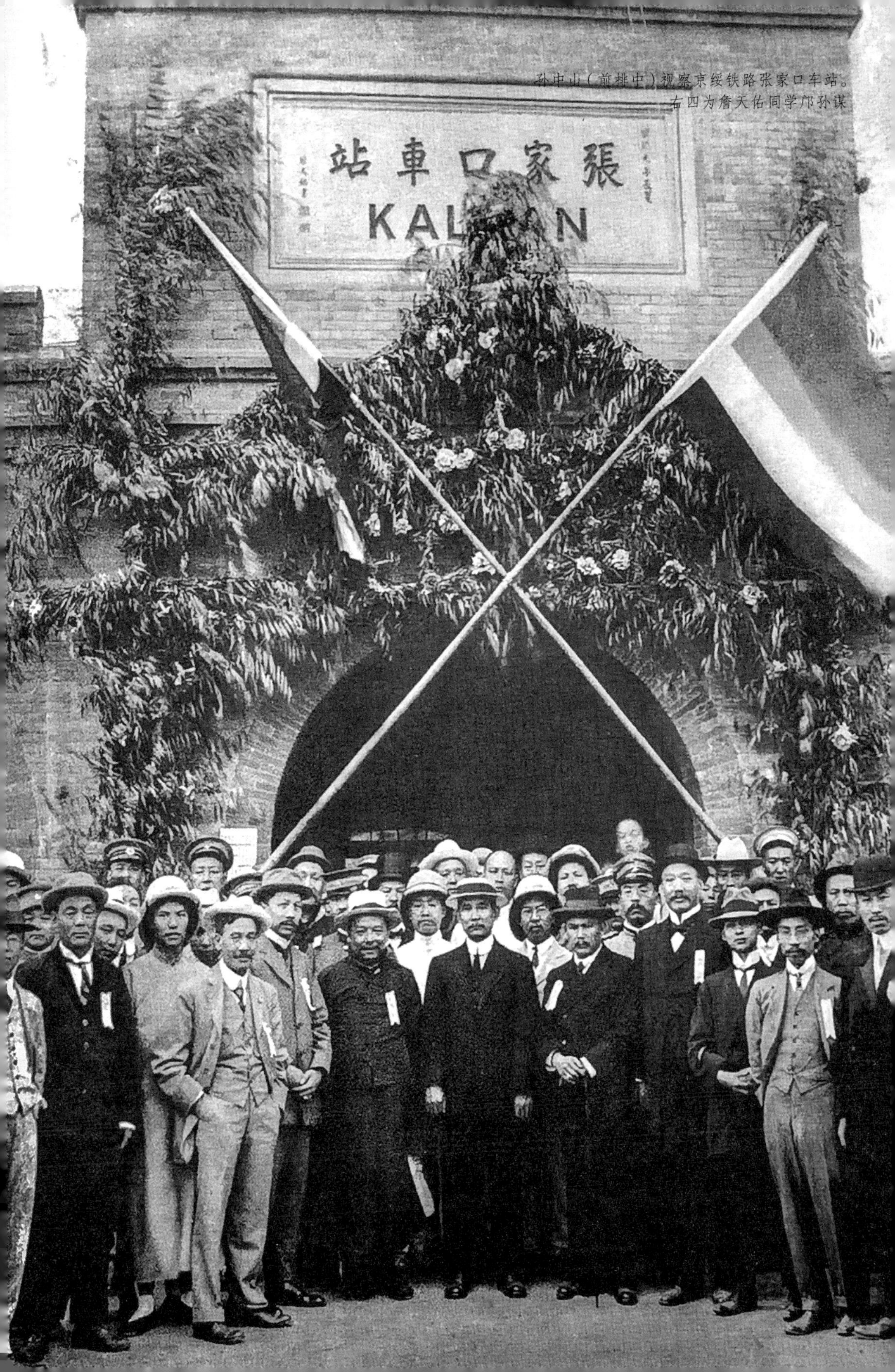

孙中山（前排中）视察京绥铁路张家口车站。
右四为詹天佑同学邝孙谋

↓上图：1912年9月，孙中山在视察正太铁路局和正太铁路石家庄总机厂
↓下图：正太铁路石家庄总机厂内的正太铁路管理局办公楼

很大的差异。[101]但是作为革命领袖，孙中山的铁路规划对我国铁路建设还是起到了正面推动作用。如担任过北洋政府国务总理、袁世凯总统府秘书长、交通银行总理、财政次长、铁路总局局长等职务的梁士诒，就衷心拥护孙中山的修路宏愿，他说："孙中山拟筑20万里铁路，国人每訾为夸大，其实以地域论，我国土地较大于美，而美国有铁路百余万里，则我国20万里铁路，决不为多，即以时间论之，美于1880年至1890年10年间，筑路40余万里，定期亦似不为促，要在运用之能否得法，主权之是否保全耳。"[102]

二是顺利完成了铁路干线国有计划。清政府推行干路国有计划，然后政权就被人推翻了。力推该政策的邮传部大臣盛宣怀也因此被革职，永不叙用。所以《清史稿》中有人骂盛宣怀为"误国首恶"。[103]袁世凯上任后，以枪杆子为后盾，1912年12月顺利收回了四川省川汉铁路，1913年6月又收回湖南、江苏两省铁路，其他湖北、河南、山东、浙江、安徽共八省均被收回。收回时说的是赎买，共应付商股

本息6800万元[104]，但最终实际支付（到1924年）还不到一半。

三是成立了交通部，对铁路管理制度进行了统一。国有铁路设置管理局或者工程局，归交通部统一管理。根据线路长短以及事务繁简，各铁路局分为一、二、三等。

一等局包括：京奉铁路局、京汉铁路局、津浦铁路局。

二等局包括：京绥铁路局、正太铁路局、沪宁铁路局、道清铁路局。

三等局包括：吉长铁路局、株萍铁路局、广九铁路局、沪杭甬铁路局、漳厦铁路局。

陇海铁路与汉粤川铁路，仍保留铁路督办之职。

此外，交通部还统一了铁路财政会计，如结算货币。说起来挺搞笑，当时不同铁路结算竟然用不同的货币。如中东铁路用卢布，胶济铁路用德国马克，滇越铁路用法郎，南满铁路用日元，国有铁路多数用银元，还有一些铁路则用钞票。同样是银元，有的铁路局用大洋，而有的铁路局则用小洋。更大的分裂在于，中国一直实行的是银本位，

———

101. 李占才．中国铁路史(1876—1949)[M]. 汕头：汕头大学出版社，1994:166.

102. 岑学吕．三水梁燕孙（士诒）先生年谱（上）[M]// 近代中国史料丛刊：第七十五辑．台北：文海出版社，1966:155.

梁士诒在这里用的单位是华里，孙中山规划为10万英里，约16万公里。美国铁路最多时约为40万公里，超过80万华里。

103. 误国首恶并非《清史稿》对盛宣怀的最终评价，而是认为别人骂盛宣怀“误国首恶”是有道理的。原话为：“辛亥革命，乱机久伏，特以铁路国有为发端耳。宣怀实创斯议，遂为首恶。”“误国首恶”出自资政院指责盛宣怀的奏折（第一历史档案馆藏录档案号03-7462-030），《清史稿》引用说：“资政院以宣怀侵权违法，罔上欺君，涂附政策，酿成祸乱，实为误国首恶，请罪之，诏夺职，遂归。后五年，卒。”奏折原文为：“臣等诚知今日国事之败坏，不必尽由于一人之咎，而盛宣怀实为误国首恶。去盛宣怀，则公愤可以稍平，大难庶几稍息。若容留姑息，则天下即有以窥朝廷，后患之来，实非臣等所堪设想。”

104. 金士宣，徐文述．中国铁路发展史(1876—1949)[M]. 北京：中国铁道出版社，1986:286.

而列强各国均实行金本位。相互之间汇率波动很大。

四是赎回胶济铁路与中东铁路。胶济铁路1904年由德国人修筑并控制。胶济铁路的赎回源于德国在一战中的溃败。1914年8月15日，日本趁欧战爆发，借口英日同盟，向德国宣战，派遣海陆军强占胶州湾和胶济铁路。1915年5月7日，又强迫袁世凯接受《二十一条》，其中第一条就是承认日本在山东省的一切权利。

但是，中国也是第一次世界大战的战胜国啊！

1919年1月18日，各战胜国齐聚法国，召开战后“巴黎和会”，作为战胜国北洋政府亦派代表出席和会，主张中国权利。中国希望收回战前德国在山东的各项权利。但是在日本的游说下，英法操纵会议，于4月30日作出决定，将战前德国在山东的权利转让给日本。

此时，梁启超也在巴黎，他作为享有国际盛誉的民间代表，在巴黎发挥着民间外交的作用，四处游说欧美巨头，说服他们帮助中国收回德国在山东的权利，包括与美国总统威尔逊的会晤。闻知列强将德国在山东的权利转让给日本的消息后，梁启超立即电告好友林长民。林长民当时任民国总统府外务委员会事务长。林长民立刻写了一篇《外交警报敬告国人》的短文，5月2日在《晨报》头版头条刊登。林文雄劲有力，开头曰：“胶州亡矣！山东亡矣！国不国矣！”收尾曰：“国亡无日，愿合四万万民众誓死图之！”此文一经刊发，立即引爆国人情绪，北京大学学生走向街头抗争，五四运动因此爆发！

此后，为了进一步解决“一战”后利益划分问题，1921年11月，美国又召集九国召开了华盛顿会议，本意是要解决美国与日本争霸远东的问题。山东问题作为巴黎和会上的悬案，在华盛顿会议上被中方代表再次提出，在英美的斡旋下，经过两个月的艰苦谈判，1922年2月4日，正式签订了《中日解决山东悬案条约》28条和附约5条。1923年1月1日，中国政府以4000万元为代价，正式赎回胶济铁路。

中东铁路的赎回也是因为“一战”。1917年11月7日，俄国爆发了十月革命，帝俄时代结束。此后苏俄政府分别在1919年7月25日与1920年9月27日两次发表对华宣言，声称愿意废除1896年以及1901年与中国签订的不平等条约，愿意将中东铁路及一切权益无条件交还给中国。但在此时，英美列强还不承认新诞生的苏维埃政权，受制于英美意见，北洋军阀政府也没敢及时跟苏俄政府接触谈判，错失了收回有关权益的最佳时机。[105]直到1924年5月31日，北洋政府与苏俄政府经过谈判正式签订了《中俄解决悬案大纲协定及声明书》，中俄恢复正常邦交关系。同年9月20日，张作霖又与苏联签订了《奉俄协定》。根据协定规定，苏联承认外蒙古是中华民国之一部分，并确认中东铁路是中苏两国共同经营的商业企业。中东铁路虽然没有像胶济铁路一样完全赎回，但是收回了司法、行政、地亩、航运等主权[106]，取消了原先俄国时代国中之国的地位，成为中苏共管的商业工业，也是一大进步。

五是修建完成了3900多公里铁路，慢是慢了些，但仍还是有一

105.1919年，美、日、英、法、意等协约国曾出兵西伯利亚，企图阻止苏联红军东进。北洋政府时期的中国是协约国的一员，所以很难单独跟苏维埃政权交涉谈判。

106.1919年协约国出兵西伯利亚时，协约国特别委员会决议，中东铁路应完全由中国警卫保护。北洋政府任命吉林督军鲍贵卿为东省铁路护路军总司令。1920年3月，中东铁路工人罢工，鲍贵卿乘机解除了俄国军警的武装，从此收回该路沿线军警权。当年10月，华俄道胜银行在中东铁路的行政处被撤销，行政权正式被收回。中东铁路除用于铁路相关建设之外的地亩，完全收回已经到了1928年。

些突破性进展。

（1）关内各省共修建铁路 2100 公里，代表性铁路包括：

京张铁路继续延伸，到大同，到归绥（呼和浩特），最终到包头，1923 年 1 月 1 日全线贯通，全长 817.9 公里，成为西北一大干线。

陇海铁路继续延伸。1909 年汴洛铁路通车后，东段，1915 年 5 月，开封到徐州段通车，全长 276.8 公里；1925 年，徐州至海州（连云港海州区）段通车，全长 198.3 公里。西段，1915 年 9 月，洛阳至观音堂段通车，全长 29.6 公里；1924 年，观音堂至陕州段通车，全长 50 余公里；1927 年，陕州至灵宝段通车，全长 70 公里。

粤汉铁路部分路段通车。民国成立时，商办粤汉铁路湘鄂段只完成长沙至株洲段，约 50.7 公里；广东段完成了广州黄沙至黎洞（清远市黎洞镇）段，约 105.8 公里。到 1919 年全长 365 公里的武昌至长沙段通车，与长株段接轨。1916 年 6 月，商办粤汉铁路广东段从广州黄沙通到了韶关，全长约 224 公里。

（2）东北三省共建成铁路 1800 公里，最重要的成就是打通了昂昂溪（在黑龙江省齐齐哈尔附近）到大虎山的入关大通道。

东北铁路的主骨架是中东铁路和南满支线，是俄国人修的。日俄战争后，日本从俄国人手里抢走了南满铁路。于是，以长春为界，北部的北满铁路在俄国人手里，南部的南满铁路在日本人手里。中国人修建（借助列强资金与技术）的京奉铁路只到奉天。

1925 年发生了一件事，让“东北王”张作霖下定决心在东北建设一条自己能够掌控的铁路大动脉。当年 11 月 23 日，奉系大将郭松龄与西北军阀、著名的“倒戈将军”冯玉祥密谋，起兵反奉，带兵杀入关内，直逼防务空虚的奉天。此时，黑龙江督军吴俊生闻讯派援军南下救死党张作霖，但是控制中东铁路的苏联局长不让他们使用中东铁路，要求必须先缴现款才能上车，致使吴俊生部队无法按时到达奉天，差点要了张作霖的老命。与此同时，控制南满铁路的日本，却用铁路救了张作霖一把。日本公开宣布，南满铁道两侧各 20 华里内的地带为中立区，不许中国军队通过。这给郭松龄造成了很大的困难，大大迟缓了部队的推进速度，给了张作霖喘息的机会。最终导致郭松龄反奉失败，为张作霖所杀。

郭松龄事件后，张作霖决意打通一条自己能够掌控的东北三省的南北大动脉。此前晚清政府与日本缔约，承诺不修筑与南满铁路平行的竞争线路。所以张作霖这样做，必然会触动日本人的利益。

早在 1917 年，东北就已经修建了四郑铁路，从南满铁路四平街站修到郑家屯（今双辽），全长 88 公里；1921 年 11 月，这条铁路又从郑家屯修到了通辽，全长 115 公里；1923 年 10 月，从郑家屯修了一条分支线到洮南，全长 224 公里。

郭松龄事件后，张作霖又加速推进这条铁路从洮南到昂昂溪路段的建设，1927 年 7 月，全长 220 公里的洮昂段竣工。铁路从昂昂溪经洮南、郑家屯到南满铁路的四平站，这是日本支持的。因为这相当于南满铁路伸出了一条到齐齐哈尔的支线。

但是张作霖还悄悄地做了另外一件事，修建从京奉铁路大虎山站到通辽的铁路，然后就可以从大虎山站经通辽、郑家屯、洮南到齐齐哈尔，形成长达 800 多公里的东北三省南北大动脉。因为这条铁路是分段修建的，日本人最初没有发现张作霖的战略意图。先是从大虎山修到了八道壕，全长29公里；又从八道壕修到了新立屯。从新立屯往通辽方向修筑时，日本人发现了问题，日本驻奉天总领事向张作霖提出了强烈抗议，认为这违反了中日双方1905年达成的不修建与南满铁路平行的铁路的协议。

张作霖很清楚自己要干什么，因此顶住了日本人的抗议，并下令抓紧赶修。1927年10月，全长251公里的大虎山至通辽的铁路终于全线贯通。于是，大东北有了一条从齐齐哈尔，经过洮南、郑家屯、通辽，到大虎山接入京奉铁路的入关大动脉。

北洋军阀时代终于落下了帷幕。

4

1928年12月29日，张学良通电全国，改旗易帜，撤下了象征北洋政府的五色旗，升起青天白日满地红旗，南京国民政府形式上完成了全国统一。

但也仅是形式上的统一。因为蒋介石本质上也是一个军阀。

1925年孙中山在北京逝世后，掌控国民党的大佬是汪精卫、胡汉民与廖仲恺。但是蒋介石以黄埔军校为纽带，打造了一支战斗力很强又忠于自己的军队，也即后来的中央军。蒋介石以军队为资本不断攫取党权、政权，这种行径与军阀并无二致。1927年4月，他成立南京国民政府，本质上也是以军队作后盾分裂国民党。

但国民党中拥有军队的不止他一个。武汉国民政府有唐生智，南京国民政府有李宗仁、白崇禧。1927年8月，在李宗仁、白崇禧等人的逼宫下，蒋介石被迫下野。其间，李宗仁打垮了唐生智。但是，国民党内部因为矛盾摆不平，各派玩不转（其中一个重要原因是指挥不动蒋介石的嫡系部队），只好又请蒋介石复出。复出后，蒋介石地位又上了一个台阶，然后他先与李宗仁打了一架，史称“蒋桂战争”；又与联手了阎锡山、李宗仁的冯玉祥打了一架，史称“中原大战”。至此，蒋介石才算大致摆平了国民党内部军阀，尽管山头未削，但总算没有大的内部战争了。抗日战争一来，国民党同仇敌忾，蒋介石终于定于一尊。但是他高估了自己低估了对手，不顾全国人民反对，发动了内战，在中国共产党的领导下，中国人民解放军把蒋介石打得屁滚尿流，最终落荒而逃。

回顾南京国民政府时期（1928 年至 1949 年），铁路建设大致分为前后两个时期。1928 年到 1937 年为前期，铁路建设取得了较快发展，共新建铁路 4513 公里；1937 年至 1949 年为后期，铁路工作更多是为战争服务，共新建铁路 1973 公里。此外，1932 年至 1945 年期间，日伪在沦陷区共新修铁路 6670.5 公里。

南京国民政府时期铁路建设取得快速发展，得益于管理的规范化。1928 年 10 月 23 日，国民政府铁道部的成立是一个标志。铁道部干了几件大事。首任铁道部部长是孙中山的长子孙科。孙科立志继承父亲铁路建设之遗志，发誓“恪遵遗教，努力铁道之建设”。他提出了“管理统一”“会计独立”两大施政原则，使铁路管理与建设逐步走向规范化。

另外两位铁道部长顾孟余、张嘉璈则干了另外一件重要的事情——整理铁路债务。修铁路哪里来的钱，多数都是借的，清政府和北洋政府与列强先后签订了近百个铁路借款合同。借了钱，准时还吗？有时

↓一位20世纪30年代画家所绘制的尚处于设计阶段的南京—浦口火车轮渡

候是，有时候不是。清末民初，战乱频仍，外债积欠严重，相当多“愆期未付”，导致中国铁路债券信誉扫地。再借新债已是很难。整理旧债是想恢复债权信誉，最终是为了能够借新债，帮助中国铁路加快建设。张嘉璈此前担任中国银行总经理，金融界人脉深厚，他还充分发挥所长为铁路发展作出了巨大贡献，在中国铁路史上拥有崇高地位。

此外部分庚子赔款的返还也发挥了重要作用。庚子赔款总计白银4亿5000万两，从1902年至1940年分39年还清，年息4厘，本息合计共约9.982亿两白银。第一次世界大战爆发后，北洋政府加入协约国集团，最先停付了德国、奥地利的赔款，“一战”后苏联放弃了一部分。最终我们实际支付各国，合计本息6.642亿两白银。[107] 后来有7个国家向中国返还了部分庚子赔款，主要用于中国教育、医疗以及部分基础设施建设。其中英国返还的赔款部分用于了粤汉铁路，比利时返还的赔款用于了陇海铁路建设。

南京国民政府期间比较重要的铁路线路建设包括：

（一）浙赣铁路。

浙赣铁路最初是一条地方铁路。1927年北伐军进入长江流域，攻取浙江省，国民党元老张静江任浙江省主席。张静江追随孙中山多年，十分崇敬孙中山的《实业计划》，决定率先上马杭州至江山

（今衢州市江山市）铁路，经费由浙江省自行筹措。不久蒋介石发动“四一二反革命政变”，张静江支持蒋介石，出任建设委员会委员长，杭江铁路暂时搁置。1928 年秋，张静江再次担任浙江省主席。1929 年 9 月，杭江铁路正式动工，到 1932 年 3 月，完成了杭州至金华段以及金华到兰溪的支线。4 月 25 日，杭兰段正式通车，全长 195.6 公里。沿线人口稠密、经济发达，客货运输需求旺盛。尽管杭兰线由于建设资金匮乏，线路站舍简陋，甚至部分站舍租用民房，甚至还有庙宇，但是服务质量很高，服务职工之勤劳以及态度之和蔼被称颂一时，所以杭兰段通车后迅速实现了盈利。

浙江人尝到修铁路的甜头后，再接再厉，出售了杭州电厂，筹集 100 万元修路资金（真是有魄力啊），又从中国银行贷款 190 万元，从杭州四家银行贷款 220 万元，从英国退还的庚子赔款里借了 20 万英镑（约合 350 万元），然后他们从 1932 年 11 月开工，只用了 13 个月，到 1933 年 11 月，就将铁路从金华修到了玉山（现江西上饶市玉山县），全长 163 公里。至此杭州至玉山铁路全线贯通，成为浙江的一条交通大动脉，对浙江经济发展起到了极大的促进作用。

最初浙江修建杭江铁路，国民政府铁道部是反对的，因为它采用的是轻轨，很多技术标准都达不到铁道部颁布的标准，但是既然修起来了，盈利能力还这么好，铁道部也就认了。这时江西省提议将铁路继续在江西延伸，经过南昌，达到萍乡，然后与株萍铁路相连，到达株洲，与即将通车的粤汉铁路相接。这样杭江铁路就由一条浙江省的地方铁

---

107. 宓汝成 . 庚子赔款的债务化及其清偿、“退还”和总清算 [J]. 近代史研究，1997(5):41–77.
宓汝成 . 庚款“退款”及其管理和利用 [J]. 近代史研究，1999(6):60–100.

路，一跃成为沟通沪杭甬与粤汉两条铁路干线、横跨浙赣两省的东西大干线，使华南重镇广州与华东重镇杭州、上海以及当时的首都南京能通过铁路连在一起，这无论从经济上还是从战略上，都极具诱惑力。

于是浙赣铁路上马。从玉山到萍乡约 550 公里，概算约 3700 万元，时任铁道部部长顾孟余委托中国银行总经理张嘉璈牵头组织了一个四方银团来贷款。玉萍段，第一段从玉山到南昌，1934 年 7 月动工，1936 年 1 月完工，全长 290 公里；第二段从南昌到萍乡，1936 年 1 月 15 日动工，1937 年 9 月完工，至此浙赣铁路全线贯通。

有意思的是，1935 年 12 月顾孟余离职出任国民党中央政治委员会秘书长，接替顾孟余的正是张嘉璈。张嘉璈当时是金融巨擘，蒋介石多方延揽，并请他在交通、铁道、实业三个部门中任选一个，张嘉璈以“国难当头，毫不迟疑，选择铁道部。一则可以贯彻在中行时代所抱辅助铁道建设之志愿，二则希望实行中山先生建筑 10 万里铁路之大计划”。[108]12 月 12 日，张嘉璈正式就任行政院铁道部部长职务。

（二）同蒲铁路。

1932 年正太铁路法国借款还完，收归国营。国民政府计划修建一条纵贯山西南北的大动脉，大同至潼关（陕西渭南潼关县）。阎锡山一看那还了得，这分明是对我大山西独立王国的渗透啊！于是，他紧急动员修筑同蒲铁路，北起大同，南到蒲州（山西永济），这跟国民政府要修的大同至潼关铁路基本重合。国民党中央一看，算了不跟他争了，让他修吧。但是山西没钱啊，怎么办？有办法，第一，阎锡山把自己存在法国的私房钱拿了出来；第二，动用部队来修路，成立了“晋绥兵工筑路指挥部”，自己任总指挥；第三，修窄轨，钢轨采用 32 磅的轻轨，轴重只有 8.5 吨，不但成本低，而且还能跟正太铁路连接。同蒲铁路的车可以上正太铁路，因为轨距相同；但是正太铁路的车，上不了同蒲铁路，因为虽然都是窄轨，但是正太铁路轨重是 55 磅，轴重 14 吨。同蒲铁路南段 1933 年 5 月动工，1936 年元旦全线通车，从蒲州到太原，全长 237 公里。北段到日本兵临山西时，尚未完全通车，到 1939 年 3 月日本强征中国民工才将全线修通。不过日本将同蒲铁路与正太铁路全都改建成了标准轨，接入了中国铁路网。

（三）粤汉铁路贯通。

粤汉铁路从 1901 年开始修筑，武昌至株洲段、广州至韶关段已经通车，但是韶关至株洲段一直不能贯通。英国也一直希望粤汉铁路早日通车，1933 年 7 月国民政府铁道部与中英庚款董事会签约，提取 290 万英镑借给铁道部用于修建粤汉铁路株韶段。1936 年 4 月，粤汉铁路终于全线通车。

（四）陇海铁路的延筑。

到南京国民政府成立时，陇海铁路已经完成东起海州，西到灵宝（河南三门峡灵宝市）的路段，全长 819 公里。此后利用一部分比利时退还庚款，外加政府拨款、发行公债，1932 年 1 月修到潼关，1935 年 1 月修到西安，1936 年 12 月修到宝鸡，1945 年 12 月修到天水。

（五）湘桂铁路与黔桂铁路。

这两条铁路都是为了持久抗战建设大后方建设的。湘桂铁路从粤

---

108. 姚崧龄 . 张公权先生年谱初稿（上册）[M]. 北京：社会科学文献出版社，2014.

汉铁路衡阳站起，经桂林、柳州、南宁到中越边境镇南关——老将冯子材痛殴法国人的地方，全长1000公里，1937年9月动工，最终只完成衡阳到来宾600多公里。黔桂铁路，从广西柳州到贵阳，全长615公里。1939年黔桂铁路动工，到1944年只完成柳州至都匀市清泰坡共461公里。黔桂铁路修建难度极大，先后征召23万人参与建设，筑路期间民夫死伤无数。

其他重要线路也还有很多，如南京轮渡工程。当时津浦到南京浦口、沪宁路到南京下关，但是因为隔着长江无法贯通。南京国民政府想过修桥，经过论证后来因为难度太大放弃。后来决定修建轮渡工程，1933年建设完成，9月份从英国购买的轮船抵达南京，从此津浦、沪宁两条铁路正式打通，从北平开出特快旅客列车可以直达上海。这一阶段东北铁路也继续大发展，如吉林至敦化铁路、奉天至海龙铁路、吉林至海龙铁路、齐齐哈尔至克山铁路、呼伦至海伦铁路、洮安至索伦铁路等。

5

1937年7月7日，卢沟桥事变爆发后，日本全面扩大侵华战争，国共两党领导的军队全力抗击日寇，但是终因实力差距太大，正面战场上的中国守军节节败退，我们的铁路也逐渐落入敌手。到1942年12月，关内铁路先后沦丧于日寇之手的共计12000多公里，占国内铁路总里程的92.1%。

山河破碎、家国飘零，但中华民族英雄儿女，一样斗志昂扬。

1937年12月23日17时，浙江杭州。正是西风残照之时，一队日

↓上图：茅以升（左一）在钱塘江大桥建设现场
↓下图：茅以升关于钱塘江大桥的回忆

钱塘回忆——建桥、炸桥、修桥

茅以升

解放前建成的杭州钱塘江桥，经过当时报刊宣传，中外注目，成为国民党反动统治标榜建设的一个借口。究竟这座桥在政治、经济和技术上，能作哪些标榜呢？究竟这座桥在当时半封建、半殖民地的情况下，是怎样建成的呢？建成以后又是如何被炸的呢？……所有这些，都成往迹，今天看来，事隔三十年，而桥又非最大之桥，似乎不必浪费笔墨，再谈这些旧事了。不过桥的本身虽已有历史记载，但造桥经过却反映了一些历史情况，值得今昔对比，来说明我们社会主义制度的优越性。同时，从技术上说，造桥所经过的困难，也

寇骑兵奔赴而来，远远地已经能够看到马蹄扬起的尘烟。[109] 一位儒雅的江南书生，望着眼前的钱塘江大桥，仿佛看着一位即将远行的游子，满眼的爱恋，满心的不舍。但他牙关一咬，还是下达了关闭桥梁的命令，然后一声令下，一声巨响，1453 米的卧波长龙从六处截断。这是中国第一座现代化铁路大桥，89 天前刚刚建成通车，是书生的心血之作。这位儒雅的江南书生，名叫茅以升。不久前，11 月 12 日，抗日战争中规模最大、战斗最惨烈的一场战役——淞沪会战，以中方战败退却结束。上面下达了炸桥的命令，不炸桥，茅以升数年的心血就会变成资敌之作。真要炸桥，那真是舍不得呀，那是自己的孩子呀！从 1933 年参与设计，到 1935 年开工，1937 年 9 月 26 日凌晨 4 时，第一列火车驶过钱塘江大桥，他的心血之作，他的孩子——钱塘江大桥，在这个世界上还只存活了 89 天。

当晚，茅以升在书桌前写下了“抗战必胜，此桥必复”八个大字，并赋诗一首：“斗地风云突变色，炸桥挥泪断通途。五行缺火真来火，不复

---

109. 丁建飞 . 茅以升 [M]// 李占才 . 中国铁路史 . 汕头：汕头大学出版社，1994.

原桥不丈夫！”

1945 年 9 月 2 日，日本签署无条件投降书，抗日战争正式结束。1946 年春天，茅以升带着技术人员和精心保护下来的 14 箱资料回到杭州。同年 9 月，开始动工修复大桥。1947 年 3 月 1 日，公路桥通车，但因为大桥损毁严重，不但限制火车通行速度，而且汽车、火车不能同时过桥。

新中国成立后，1953 年 9 月，钱塘江大桥彻底修复。

从晚清 1881 年唐胥铁路建成通车起，到 1949 年 10 月 1 日中华人民共和国成立，中华大地上共建设铁路 26240.3 公里，拆除 3625.6 公里，剩余 22614.7 公里，另有台湾省铁路共计 917.8 公里。

这 22614.7 公里铁路中，晚清共建设 8730.9 公里（建成 9137.2 公里，拆除 406.3 公里），民国北洋政府时期共建设 3643 公里（建成 3946.7 公里，拆除 303.7 公里），民国国民党政府时期共建设 10240.8 公里（建成 13156.4 公里，拆除 2915.6 公里）。其中，晚清时期的 8730.9 公里，有 3744.8 公里由俄、法、德、日等四国修筑并拥有；民国国民党政府时期的 10240.8 公里，有 4542.5 公里是日本人修筑的。

———

第五章
鲜红的旗帜

1

十月革命一声炮响，为中国送来了马克思主义。

1919 年 5 月 4 日，北京大学沙滩红楼。

一队群情激昂的青年学子聚集于此，他们高呼“外争主权，内除国贼”的口号，准备前往天安门集会。此前两天，5 月 2 日，《晨报》头版刊发了巴黎和会中国外交失败的消息，给予国人一记重拳。近代以来，中国积贫积弱，国人为之痛心疾首。第一次世界大战期间，1917 年 8 月 14 日，北洋政府对德国、奥地利宣战，成为战胜国之一，派代表参加巴黎和会。此时的国人，满怀“公理战胜强权”的希冀，认为中国这次总算是幸运地站队成功了，国家与民族也有了希望。参加巴黎和会的中国代表提出废除外国在中国的势力范围、撤退外国在中国驻军等要求。但是，国人最终等来的是两记耳光：一记抽在左脸，拒绝中国提出的各项要求；一记抽在右脸，将德国在山东权益转让给日本。

消息传来举国震惊。5 月 3 日晚，北京大学学生在法科礼堂召开大会，约请北京 13 所中等以上学校代表参加，准备第二天到天安门广场请愿，求惩办交通总长曹汝霖、币制局总裁陆宗舆与驻日公使章宗祥。

5 月 4 日下午，3000 多名学生代表云集天安门广场，并逐渐涌向赵家楼胡同的曹汝霖住宅。曹汝霖时任北洋政府交通总长，因担任财政总长期间签署丧权辱国的“二十一条”被视为亲日派。学生们冲到曹宅门口，发现大门紧闭，有学生翻墙进入，从内开门，学生们一

↓长辛店劳动补习学校旧址

拥而入，因为找不到曹汝霖等人，随即放火焚烧曹宅，这就是历史上赫赫有名的“火烧赵家楼”事件[110]。轰轰烈烈的五四运动爆发，成为开启中国现代史的标志事件。

1920年10月，仍旧是北京大学沙滩红楼。

继上海共产主义小组成立后，李大钊、张申府、张国焘在该楼一层东南角的李大钊办公室里，秘密成立了北京共产主义小组。此后，邓中夏、罗章龙、刘仁静等人陆续加入。

北京共产主义小组成立后，1921年1月，邓中夏来到京汉铁路长辛店铁路机厂（现为中国中车集团二七机车公司），组织成立了劳动补习学校。这所学校成为培养北方铁路工人运动骨干的重要组织，此后北方工人运动的一大批领袖都在这里进修过。学校筹办期间，长辛店铁路机厂的史文彬成为骨干带头人，协助租校舍，并从工人家里借桌凳作为学校设备。学校成立后，他被推选为校务委员。

史文彬，山东省淄博市高青县史家庄人，1887年农历十月十五日出生，1912年通过考试进入长辛店铁路机厂，成为一名钳工。

1921年5月1日，长辛店工人举行了纪念国际劳动节大会和示威游行，有1000多名工人参与。这次大会决定成立长辛店工人俱乐部，俱乐部成立后，史文彬被推举担任委员长。

110. 赵家楼原为明代文渊阁大学士赵贞吉的宅邸，后来成为曹汝霖的宅第。

↓上图：长辛店劳动补习学校遗址内景
↓下图：邓中夏等党的早期领导人在长辛店劳动补习学校授课

经过长时间的考察，1921年7月[111]，史文彬在长辛店附近的二仙洞经邓中夏介绍加入了中国共产党。此后，长辛店铁路机厂的王俊、杨宝昆、康景星也陆续加入中国共产党。他们成为我党最早一批产业工人党员。[112]

1921年7月23日晚，中国共产党第一次全国代表大会在上海法租界望志路106号开幕[113]。会场陈设简朴，但气氛庄重。共产国际代表马林首先致辞，随后代表们具体商讨了大会的任务和议程。7月24日，各地代表向大会报告了本地区党、团组织的情况。7月25日和26日休会两天。7月27日至29日，连续三天会议代表对党的纲领和决议做了较为详尽的讨论。

7月30日晚，代表们正在开会时，一名陌生的中年男子突然闯入会场，环视一周后又匆忙离去。具有长期秘密工作经验的共产国际代表马林立即断定此人是敌探，建议马上中止会议。大部分代表迅速转移。十几分钟后，法租界巡捕包围并搜查了会场，结果一无所获。[114]由于代表们的活动已受到监视，会议无法继续在上海举行。

有人提议乘火车去杭州西湖租一条游船，边游湖边开会。李达的夫人王会悟曾经在嘉兴女子师范学校读书，熟悉嘉兴情况，建议去嘉兴南湖[115]，因为那里游人少，好隐蔽。

上海到嘉兴属于沪杭甬铁路的一部分，由商办浙江铁路有限公司与江苏铁路公司联合发起承建。1906 年 7 月 4 日，清政府商部正式授权两家公司承建沪杭甬铁路。沪杭甬铁路以嘉兴枫泾为界，江苏段自上海南站到枫泾，并经联络线与沪宁铁路相连；浙江段先修建从钱塘江闸口到枫泾段。所以最初的沪杭甬铁路实际上只有沪杭段。1909 年 9 月，从上海南站至闸口的沪杭铁路全线通车。1916 年沪宁铁路和沪杭铁路的联络线建成，上海的火车站有了南北之分，北站成为两条铁路的总站。

中共一大代表从上海到嘉兴，走的是沪杭线，上海北站出发，终到嘉兴火车站，100 公里左右的路程，7 点 35 分发车，10 点 25 分到达。[116] 8 月初的一天，在嘉兴南湖的红船上，代表们完成了中共一大的最后

111. 李传仁，杨玉海 . 史文彬家世 [J]. 春秋，2009 (6):22–23.

中共山东省委党史研究室发布的《长辛店铁路机厂的第一个中共党员》记述：“1921 年 7 月，他（指史文彬）由邓中夏、罗章龙介绍，参加中国共产党，成为长辛店铁路机厂的第一个中共党员。”李传仁、杨玉海《史文彬家世》一文记述史文彬入党时间为 1921 年秋，张传华在《工人运动的先驱：史文彬》一文中，明确记述史文彬入党的具体时间地点是 1921 年 7 月，在长辛店附近的二仙洞。

112. 郝英敏，张传华 . 史文彬 [M]// 中共党史人物研究会 . 中共党史人物传：第 24 卷 . 西安：陕西人民出版社，1985:227.

113. 中共中央党史研究室 . 中国共产党历史第一卷 (1921—1949): 上册 [M]. 北京：中共党史出版社，2011:67.

114. 中共中央党史研究室 . 中国共产党历史第一卷 (1921—1949): 上册 [M]. 北京：中共党史出版社，2011:67–68.

115. 李崇寒. 革命声传画舫中，诞生共党庆工农：南湖革命纪念馆的“红船”故事 [J]. 国家人文历史，2021(6):20–23.

116. 李崇寒. 革命声传画舫中，诞生共党庆工农：南湖革命纪念馆的“红船”故事 [J]. 国家人文历史，2021(6):20–23.

几项议程，党的第一次全国代表大会宣告胜利结束。中国诞生了共产党，这是开天辟地的大事，从此中国革命迎来了真正的主心骨。

2

1921 年 10 月，还是在北京大学沙滩红楼。

来自京汉铁路长辛店铁路机厂的几位工人，在这里成立了中共长辛店机车厂支部，长辛店铁路机厂钳工史文彬当选为书记。这是中国铁路史上，也是中国工业系统第一个党小组。（关于长辛店党小组，中共北京市委党史研究室所著的《中国共产党北京历史》记载：1921 年下半年，中共北京地方委员会成立后，建立了“以长辛店工人为主组成的中共长辛店机车厂支部，史文彬为书记”。《中国共产党创建史辞典》则记载，1921 年 8 月中共北京地方委员会成立，史文彬任中共长辛店机车厂支部书记。长辛店机车厂支部成立的具体时间及地点见姜宝君《中国工运始自长辛店》一文。姜文记述：“10 月长辛店党小组在北京大学成立，这个以工人为骨干的党组织，也是我国铁路史上第一个党小组。”）[117]

在这前后，1921 年秋天，京奉铁路制造厂（今中国中车集团唐山公司）邓培加入中国共产党（罗章龙在 1986 年 11 月 10 日给中共唐山市委党史办公室的信说：邓培入党是在 1921 年，是最早的一批工人党员，大约与史文彬同期），成为河北省第一位党员。同年冬天，石家庄正太铁路总机器厂（今中国中车集团石家庄公司）孙云鹏来到

↓上图：1921 年 12 月 28 日，邓培为了更好地传播马列主义思想，主持筹建唐山市工人图书馆，图为中新街 2 号工人图书馆工人阅报室旧址
↓下图：早期浦镇机厂员工在厂房前合影

北京，到长辛店向史文彬学习经验后，又到北京大学见到罗章龙，在北京大学西斋由罗章龙介绍入党，成为石家庄第一位党员。[118]

1922 年 2 月，株洲铁路局（今中国铁路广州局）司机朱少连加入中国共产党。[119] 4 月，中共唐山地方委员会成立，邓培任书记[120]。差不多同一时间，京奉铁路制造厂梁鹏万、阮章、许作彬三人也加入中国共产党。[121] 6 月，津浦铁路浦镇机厂（今中国中车集团浦镇公司）王荷波也经中国劳动组合书记部北方部主任罗章龙介绍入党[122]。（关于王荷波入党时间不同资料有分歧，中共党史出版社出版的《王荷波

117. 中共北京市委党史研究室．中国共产党北京历史 第 1 卷 [M]. 北京：北京出版社，2011:60–61.
倪兴祥．中国共产党创建史辞典 [M]. 上海：上海人民出版社，2006:121.
姜宝君．中国工运始自长辛店 [N]. 北京晚报，2021–02–02（26）.
118. 刘一身．孙云鹏 [M]// 中共党史人物研究会．中共党史人物传：第 2 卷．西安：陕西人民出版社，1984:237–238.
119. 陶宗侃．朱少连 [M]// 中共党史人物研究会．中共党史人物传：第 20 卷．西安：陕西人民出版社，1984.
120. 中共北方区委历史编写组．中共北方区委历史 [M]. 北京：中共党史出版社，2013:75.
121. 王士立．邓培传 [M]. 北京：中国文史出版社，2004.
122. 黄启权．王荷波 [M]// 中共党史人物研究会．中共党史人物传：第 20 卷．西安：陕西人民出版社，1984:44.

纪念图文集》记载王荷波1922年6月加入中国共产党，《中共党史人物传》里面的黄启权《王荷波》一文，则认为王荷波是1921年6月入党的。由中共北京市委党史研究室牵头、12个省市区委党史研究室共同编写的《中共北方区委历史》一书则笼统介绍王荷波是1921年加入中国共产党。据《南京浦镇车辆厂志》记载，1922年6月，王荷波经罗章龙、王仲一介绍在北京加入中国共产党，成为南京地区最早的中共党员之一。）

1922年6月30日，陈独秀给共产国际的报告中统计，当时中国共产党共有195人，其中工人党员21人。[123]这21名工人党员有11名来自铁路系统，其中长辛店铁路机厂4人，津浦铁路浦镇机厂1人，京奉铁路制造厂4人，正太铁路总机厂1人，株洲铁路局1人。

铁路是19世纪工业革命的象征。在中国工业起步发展的阶段，铁路以及铁路工业扮演着至为重要的角色。中国共产党成立后，从中央到地方的各级组织都以主要精力从事工人运动。在党的领导下，以铁路工人为主要参与者的中国工人运动开始由自发走向自觉，成为影响中国革命走向的最重要的力量。中国铁路事业也具有了鲜明的革命特征，以鲜红的底色昭示着它独特的红色基因。

伟大的中国共产党成立以后，中国工人运动迎来了第一个高潮。1922年1月香港海员3万人大罢工是起点，1923年“二七大罢工”是高潮，前后持续13个月之久，大小罢工总计100次以上。

1922年4月9日，长辛店工人俱乐部发起成立了京汉铁路全路总工会筹备委员会。1922年8月10日，总工会筹委会在郑州召开第

↓ 1922 年五一前，长辛店工人俱乐部成立后，工友在蒸汽机车前合影留念

二次会议，决定“由长辛店工会发起全路总同盟罢工，作第一次经济奋斗”。史文彬出席大会，并被选为筹委会副主任委员，接受了率先发起罢工的任务。会后，史文彬和长辛店工会会员，向长辛店铁路机厂厂方和京汉铁路管理局局长赵继贤提出以增加工资、改善劳动条件、革除工头等为主要内容的九条内容，不获答复后，决定 8 月 24 日举行罢工。最终迫使赵继贤在 8 月 26 日与工人代表进行了谈判，开除了工头郭福祥等人，应允从下月 9 日起每人每天增加饷薪一角，两年以上工龄的铁路工人一律改为长牌工人。

123. 陈独秀 . 陈独秀给共产国际的报告 [M]// 中国社会科学院近代史研究所现代史研究室 .“二大”和“三大”：中国共产党第二、三次代表大会资料选编 . 北京：中国社会科学出版社，1985:56.

罢工取得了胜利。

经过这次实践锻炼，史文彬成长为北方工人运动的领袖。长辛店铁路机厂也被外界称为“小莫斯科”。

与代表中国工人运动第一个高潮的“二七大罢工”相比，发生在1922年8月的这次罢工，最多也只能算是一次练手。

3

1922年8月大罢工胜利后，京汉铁路各站段工人俱乐部如雨后春笋般建立起来，到1922年年底，全线各站段工会（或工人俱乐部）已经有16个之多。此时，组建全路总工会的条件已经成熟。

1923年1月5日，京汉铁路全路总工会筹备委员会会议再次在郑州召开。会议决定，2月1日在郑州召开京汉铁路总工会成立大会，并邀请各线铁路工会、团体和各界人士出席。

坐镇洛阳的直系军阀吴佩孚感到了紧张。1月28日，他派郑州警察局局长黄殿辰带队到总工会筹备处宣布他的命令，禁止工人2月1日在郑州举行成立大会。1月30日，吴佩孚派军警封锁了会场，同时邀请工人代表去洛阳谈判，史文彬等5人前往洛阳与他进行了面对面的谈判，最终不欢而散。工人代表坚持总工会成立大会如期举行。

吴佩孚如临大敌，宣布郑州2月1日全城戒严。2月1日上午，京汉铁路各站段代表430多人以及郑州铁路工人1000多人，按照预先计划，抬着各地赠送的匾额，整队向会场进发。部分代表冲破军警阻拦，

↓上图：1922年，邓培等人组织了京奉铁路唐山制造厂大罢工
↓下图：1922年8月，在邓培的带领下，中共唐山地区第一个党支部成立，这是当年秘密发展党员的地方

成功进入主会场——郑州火车站附近、可容纳近千人的普乐园剧场。京汉铁路总工会秘书长、党员李震瀛登上讲台，高声宣布：“京汉铁路总工会成立了！”但是代表们很快就被驱散，京汉铁路总工会和郑州分会会址被封闭，工会文件和物品被抢走，各地工会赠送的匾额被捣毁。

军阀的蛮横行为激怒了工会代表。2月1日当晚，党在京汉铁路的主要领导人及时召集会议，决定把总工会临时办公地迁到汉口江岸（今武汉江岸区），并决定2月4日举行全路大罢工。李震瀛、杨德甫坐镇江岸指挥全局；林祥谦、罗海城、曾玉良具体负责江岸地区指挥；高斌、姜海士、刘文松在郑州指挥；吴汝铭、史文彬、洪尹福在长辛店指挥。此外，信阳、新乡、彰德等地区均有党员领导指挥。

2月4日上午9时20分，京汉铁路江岸分工会委员长、党员林祥谦接到总工会关于罢工的指示后，下达了“罢工令”。随着一声标志性的汽笛拉响，江岸机车厂所有的火车汽笛同步怒吼，响彻武汉三镇。江岸、郑州、长辛店数万名铁路工人相继罢工。至当天中午，1200多公里的京汉铁路全线瘫痪，震惊中外的“二七大罢工”正式开始。

罢工开始后，作为中国共产党公开领导工人运动的总机关，中国

↓上图：京汉铁路总工会成立（油画）
↓下图：1923年2月7日，反动军警在长辛店火神庙前开枪镇压工人，5名工人当场牺牲，30多名工人受伤。图为中央工艺美术学院师生集体创作反映二七斗争的大型油画

劳动组合书记部通电全国各工会，支援京汉铁路工人大罢工。中国共产党劳动组合书记部、民权大同盟、北京学生联合会、北大学生会、全国铁路总工会筹备委员会、社会主义青年团及北京各团体联合会等共同成立了罢工后援会，举行示威游行，发表宣言，筹集捐款。全国各铁路，如道清铁路、京奉铁路、京绥铁路、陇海铁路等工人组织也先后发表宣言，以实际行动支援京汉铁路工人大罢工。道清铁路与粤汉铁路还举行了“同情罢工”。

据马建群《“二七”大罢工：长辛店机车车辆工厂工厂史》[124]记载：

4日天未亮，工人们还照常顶着星星摸着黑到工厂去，可大伙也没有心情干活，开着车干转，单等着罢工的命令。夜里，工会就收到了总工会拍来的密码电报，命令在4日中午12点以前，全路停止工作。上午10点左右，工会派出纠察队队长崔玉春和小队长郭连登等几个人，每人带一面小的白色三角旗到工厂里去了。他们进了车间，把旗一晃，说："大伙都出来开会呀！"盼望罢工信号已久的工人们马上关上车，走出厂房，整队出厂。小白旗到哪儿，哪儿就停止工作，锅炉工友灭火放水，锻工放下大锤，钳工放下锉刀。工头伦奉臣远远看见崔玉春手拿小白旗进了厂，他嘴里念叨着："完了！完了！"连忙叫小工头收拾东西准备走。罢工的工人聚集到娘娘庙附近，史文彬登台演讲，下面山呼海啸。最后发布罢工宣言：民国约法上说，人民有集会结社之自由权，工人亦为人民之一分子，何以我工人无之！语云"不自由，毋宁死"，我们要争我们的自由，争我们的人格。我们要与侵略我们自由的人宣战！一切行动均听总工会的指挥。

这期间全国各铁路、各团体的声援电报源源不断地拍来，工会就把这些电报都编成短小的消息，油印成小传单，不断地在工人中间散发，鼓舞士气。

京汉铁路管理局局长赵继贤软硬兼施，一方面发布通告要求罢工工

---

124. 马建群."二七"大罢工：长辛店机车车辆工厂工厂史 [J]. 人民文学，1960(2):87-100.
梁旭毅.一九二三年长辛店铁路工人大罢工的情况 [J]. 北京党史，1985(27):2.
中华全国总工会工运史研究室.二七大罢工资料选编 [M]. 北京：工人出版社，1983.
中国革命博物馆.北方地区工人运动资料选编（1921—1923）[M]. 北京：北京出版社，1981.

人12小时内复工，如果不复工自动与铁路公司脱离劳动雇佣关系；另一方面，他一轮一轮地派出代表到工会来作沟通。为了瓦解罢工工人的士气，他还派出一队士兵进入工厂，假装成工人，制造工厂重新开工的假象。

军阀们开始调动军队。京汉铁路中段、南段由吴佩孚指挥肖耀南、张福来、靳云鹗部署，北段由京畿卫戍总司令王怀庆与曹锟调动时全盛、葛树屏等人部署。2月5日下午2点钟，王怀庆派出的张国庆游缉队的步兵、骑兵各一个营，曹锟派出的驻扎在保定的第十四混成旅旅长时全盛统率的两个营，以及在琉璃河的六个连（即两个营）先后抵达长辛店，实行全镇戒严。车站上、各道口全都有扛枪的士兵把守。工人演讲团的成员则组成宣传队伍，对着士兵进行演讲，强调工人是在合法争取自己的权益，高呼“穷人不打穷人”的口号。

到2月6日，经过多轮沟通无果后，军阀们决定武力镇压。夜晚，北京刮起了西北风，天气冷得出奇，漆黑的夜就像一口大锅倒扣着。随着一阵狗叫，伴随着嘈杂的人声，23点左右，在一些叛变工人的带领下，军队开始抓人。史文彬、吴汝铭等11位运动领导人被抓，关在了火神庙兵营，后又转移到了保定。崔玉春本有机会逃脱，但是他还惦记着罢工的工人，怕他们群龙无首，又赶去了工会办公地。工会骨干领导被抓后，现场的人已经有点慌神，大家围住了工人纠察队队长崔玉春、副队长葛树贵和旗手杨诗田。

天快亮时，中国共产党劳动组合书记部负责人罗章龙匆匆抵达现场。葛树贵一把拉住罗章龙说：“你看！你看！这可怎么好？”罗章龙一边气喘吁吁，一边说：“知道了，我刚下火车，走到这门口才知道的。这件事真是严重，我们必须把老史他们要回来。”屋里的人也跟着说：“必须要回来！”罗章龙指定葛树贵与杨诗田为负责人，带领大家去火神庙要人。

不大工夫，长辛店的工人就都集合起来了，葛树贵抄起一个大锤（也有说是大锤的锤把），杨诗田打起了“还我工友”的大旗，带领大家去火神庙兵营要人，把火神庙围了个水泄不通。不久，时全盛带领一队士兵到达火神庙。士兵们站在庙前的台阶上，枪上都上了刺刀，用枪口对准了工人。

葛树贵带人往前理论。时全盛指挥刀一挥，大喊一声：“轰他们！”大兵跳下台阶，端着枪朝工人前进，逼着工人们后退。火神庙里也跳出一队警察来，拿着绳子，准备捆人。葛树贵一看急了，举着手里的大锤，向庙门口冲去，一边冲，一边喊：“工友们！往前上啊！他们有枪，咱们有血！”杨诗田打着大旗，招呼工人们一起跟上。地方狭小，挤成一团。士兵们开始鸣枪示警，打得大街两旁的房瓦噼里啪啦地往下掉。葛树贵已经冲到庙门台阶跟前，又高喊一声：“夺他们的枪啊！”就像猛虎一样冲向了大兵。大兵的队伍有点乱。时全盛一看形势不好，后退一步，拔出手枪，朝着葛树贵就打出一梭子子弹。葛树贵与纠察队小队长辛克红中弹倒地。这时崔玉春正向大兵冲去，杨诗田拦腰将他抱住说：“崔大哥，赶快下去，到劳动组合书记部报信去。咱不能都死在这里，留下根，好报仇。”他把大旗一挥，然后往前冲，刚走了两步，时全盛抬手又是一枪，正中前胸，杨诗田倒地身亡，时年39岁。时全盛又调来马队冲击工人队伍，工人队伍被冲散。葛树贵当场并未

↓上图：二七大罢工牺牲的烈士，左为葛树贵，右为辛克红
↓下图：上世纪50年代，二七老工人回忆当年参加二七大罢工时候的情景

牺牲，被工友们救回，送去工厂附近的小诊所，但是军阀发布命令，不准接收受伤的罢工工人。得不到救治的葛树贵在当夜去世，时年31岁。辛克红牺牲时，年仅22岁。这次冲突造成了3人死亡，30多人重伤。此后还有3人死于医院，1人在狱中被刑讯折磨而死。

京汉铁路总工会设在江岸，这里也是军阀屠杀的重点。2月7日17时许，湖北督军肖耀南派两个营包围了总工会，然后下令开枪。当时总工会门前有工人纠察队数百人守候，当场牺牲32人，身受重伤者200多人，鲜血染红了工会门前的场地。江岸分会委员长、中共党员林祥谦被捕后，被捆在车站的电线杆上。晚上，肖耀南的参谋长张厚生亲自逼迫林祥谦下达“复工”的命令。林祥谦拒绝。[125]

张厚生让刽子手先砍了林祥谦一刀，然后又问：“上不上工？”

林祥谦坚决答道：“不上。”

张厚生又让刽子手砍了一刀，并大吼：“到底下不下命令上工？”

林祥谦忍痛高呼：“上工要总工会下令的，但今天既是这样，我的头可断，工是不可上的！”

张厚生恼羞成怒，让刽子手再砍一刀。林祥谦鲜血四溅，晕了过去。

林祥谦醒来后，张厚生问：“现在怎样？”

林祥谦道："现在还有什么话可说？可怜一个好好的中国，就断送在你们这帮混账军阀走狗手里！"

张厚生大怒，下令将林祥谦枭首示众。

形势对工人已经极为不利。为了保存力量，京汉铁路总工会于2月9日下令，劝工友暂时忍痛复工。

最终，京汉铁路大罢工牺牲烈士52人，其中江岸39人，伤残者300多人，被捕者60多人，1000多工人被工厂开除。此后北方铁路工会一律被封闭，各路工人此前争到的改善待遇条件也都被取消了，白色恐怖弥漫于华北、东北和长江流域。

二七大罢工是中国共产党领导的第一次工人运动的高潮，影响力走出了国门。大罢工发生后，国内外众多团体发来声援电。共产国际来电称，这一行动，表明从此"中国工人阶级已经登上了世界的政治舞台"。

二七大罢工虽然失败了，但是它进一步显示了工人阶级的力量，扩大了我党在全国人民中的影响。工人的生命和鲜血进一步唤醒了中国人民。2月27日，《向导》发表《中国共产党为吴佩孚惨杀京汉路工告工人阶级与国民书》，号召全国人民与工人阶级团结起来，为自由而战。

4

二七大罢工的失败，使共产党人进一步认识到，要推翻帝国主义

———

125. 吕慎有．"二七"大罢工 [J]. 北方交通大学学报，1978(2):133–139.

和封建军阀在中国的统治，仅仅依靠工人阶级的力量是不够的。在共产国际的建议下，国共合作成为历史的选择。1923年6月12日至20日，中国共产党第三次全国代表大会在广州召开，出席大会的代表30多人，代表全国420名党员。[126]党的三大决定采取共产党员以个人身份加入国民党的方式实现国共合作。轰轰烈烈的大革命时代开始了。

在这次大会上，浦镇机厂王荷波当选为九名中央委员之一，唐山机厂邓培当选为五名候补委员之一。[127]

王荷波，福建福州人，1882年5月19日生于福州城内府里东廊顶3号[128]，家境清寒，饱尝生活艰辛，当过清军水手，在沙皇俄国统治下的海参崴做过苦力，也在日本人开办的大连铁道工场干过劳工。1916年夏天，王荷波通过考试来到扬子江畔的浦镇机厂，成为一名钳工。五四运动后，王荷波开始接触马克思主义思想。为声援北京进步学生，1919年6月8日，王荷波组织工人在南京浦镇甫门街举行了示威游行。由此他投入了工人运动。

1921年3月14日，浦镇机厂工会成立，王荷波被选为会长。王荷波深受工人们爱戴。1921年5月，在他40岁生日[129]那天，工友们抬着一块写有“品重柱石”4个金色大字的大红漆木匾来到了工会送给他，这是工友们对他最真诚的敬意。

1921年冬季，中国劳动组合书记部北方分部负责人罗章龙为了组织工人运动，由徐州来到浦镇，不幸被北洋军阀政府逮捕。危难之际，王荷波挺身而出，带领工人前去营救。据罗章龙晚年回忆：“1921年末至1922年初，冬春之交，我为开展劳动组合书记部事，经陇海铁路工会介

↓王荷波雕像

绍，由徐州前往浦镇，不料事为当地‘交通系’所闻，几遭毒手，荷波闻讯，挺身而出，率众救我于围困之中，这样，我就结识了荷波，他留我住在他家中，得以日夜促膝恳谈，他热情豪爽，敢作敢为，非常赞同劳动组合书记部事业，很快我们就成为事业上的挚友。就在这年，他率众加入了北方劳动组合书记部，他本人也由我介绍在北京加入了中国共产党，成为津浦路铁路工会中第一个工人党员。”[130]

1922年秋，王荷波、王振翼和王国珍三人在南京浴堂街34号组建了南京地区第一个共产党组织——浦口党小组，王荷波任组长，隶属中共北京地方执行委员会领导。1923年1月31日，王荷波代表津浦铁路总工会筹备组赴郑州，准备参加于2月1日召开的京汉铁路总工会成立大会，由于反动势力过于强大，成立大会被迫终止。京汉铁路党团负责人决定举行全路总同盟罢工。王荷波立刻离开郑州，到津浦铁路沿线的天津、沧州、德州、泰安等站，组织沿线工人响应。2月6日王荷波返回浦口，连夜组织召开党组织秘密会议。他沉痛诉说

---

126. 中共中央党史研究室.中国共产党历史 第一卷(1921—1949):上册[M].北京：中共党史出版社，2011:108.
127. 中共中央党史研究室.中国共产党历史 第一卷(1921—1949):上册[M].北京：中共党史出版社，2011:110.
128. 王飞."品重柱石"励后人：中央监察委员会首任主席王荷波的精神传承[J].福建党史月刊，2018(5):42-43.
129. 中国传统的计龄方式采用虚岁，刚出生时为一岁。
130. 陈晓声.走近王荷波：追忆我党第一个纪律检查机构中央监察委员会首任主席王荷波[EB/OL].[2016-04-07]. http://www.qzcdi.gov.cn/content/2016-04/07/content_5303613.htm.

了吴佩孚破坏京汉铁路总工会成立大会的情况，传达了总同盟罢工的决定。大家一致表示坚决声援京汉铁路的兄弟们。2月7日，罢工正式举行。为了保证这次声援罢工斗争的胜利，在王荷波的指挥下，决定水陆两路工人同时罢工。浦镇机厂停开一列车，堵住机务段的总岔道，拦住机车出库。与此同时，港务所的工人也按计划把所有船只划到北岸，卸下船上的重要零部件。刹那间，浦口水陆交通全部瘫痪。“二七惨案”消息传来后，为了保存实力，王荷波果断地决定复工。

反动军阀十分仇恨王荷波，妄图暗害他。党组织得到消息后，帮他秘密离开浦镇机厂，转入地下斗争。不久他到济南津浦机车厂，帮助那里的工人建立了工会。

1923年6月，王荷波赴广州出席党的第三次全国代表大会，并当选为中央执行委员。7月，中共中央局机关迁回上海。王荷波被增补为中央局委员，经常同陈独秀、毛泽东、蔡和森等一起在三曾里中央办事处工作和学习。据当时在党中央机关工作的沈雁冰（笔名茅盾）同志回忆：“王荷波同志身材高大，说话有煽动力。那时，中央局由陈独秀、毛泽东、罗章龙、蔡和森、王荷波五人组成，王荷波是唯一的工人党员，可见他的德才是很出众的。”[131]

1924年5月，王荷波受党的委派，与李大钊、罗章龙、刘清扬等组成中共代表团，出席共产国际第五次代表大会，并在大会上作了中国工人运动的报告。

1925年1月，王荷波在上海参加了中国共产党第四次全国代表大会，向大会传达了共产国际第五次代表大会的决议。会上邓培、王

↓浴堂街34号，浦镇机厂党组织和工会组织活动地旧址

荷波当选中央候补委员。大会决定，罗章龙与王荷波共同负责全国铁路总工会的工作。[132] 此后他在全国铁路总工会第二次代表大会上，当选为中华全国铁路总工会委员长。

在大革命的洪流中，王荷波也做出了卓越贡献。

为了北伐军顺利入闽，1926年秋，王荷波被派往福州从事革命工作，回到阔别已久的故乡。25年前他离开故乡时，还是一个19岁的毛头小伙，如今已成长为一个成熟的革命家。他的主要任务是策动北洋政府的闽系海军倒戈。

1926年10月，何应钦率东路军入闽，盘踞在福建的军阀周荫人节节败退。11月26日，周部张毅看到福州守军单薄，企图乘虚而入，凭借着万余兵力，从漳州推进到乌龙江边，形势万分危急。

王荷波决定策划海军倒戈，配合北伐军拦截张毅军。

福州马尾是中国近代海军的摇篮，海军中有许多官兵都是福州人，闽系力量在海军中异常强大。作为福州人，王荷波有许多亲友在海军中服役，本人也做过水兵，与海军官兵有天然的亲近感。1926年秋天抵达福州后，王荷波经常出入马尾“海军联欢社”，通过国民党左

131. 陈晓声 . 走近王荷波：追忆我党第一个纪律检查机构中央监察委员会首任主席王荷波[EB/OL].[2016-04-07].http://www.qzcdi.gov.cn/content/2016-04/07/content_5303613.htm.
132. 中共中央党史研究室 . 中国共产党历史 第一卷 (1921—1949)：上册 [M]. 北京：中共党史出版社，2011:127.

↓王荷波（中）与罗章龙（右）

派人士、广东革命政府海军政治部主任林植夫，去做北洋政府海军总司令杨树庄、第一舰队司令兼马江要塞司令陈季良的工作，以取得海军实力派的配合。此外，他还利用四弟王大华、五弟王凯身为海军军人的有利条件，广泛联系下层水兵和马尾造船厂工人，启发他们觉悟，吸收先进分子入党，并进而建立了地下党组织。随着北伐军的节节胜利，闽系海军部分将领也有了随机应变的打算。

11 月 30 日，王荷波以中共中央特派员的身份策划了与国民党、海军的关键会议。他展开政治攻心之战，对马尾系海军当局进行了保卫桑梓的思想动员。最终三方达成一致意见，由杨树庄、陈季良调动海军主力，配合国民革命军，把张毅部队堵截在闽江南岸瓜山一带，并乘胜将他们消灭。[133]

陈季良命令“江元”舰在拂晓前驶入乌龙江，趁张毅军前卫教导团渡江之际予以截击。张毅的后续部队见状只得改向南港流窜。海军陆战队第三团又在鳌头、下洋两处登陆，围歼到达南台岛的敌军。陆战队第二团协同北伐军独立第四师张贞部，向逃至瓜山的张毅军主力发动猛攻。“楚同”舰也奉命赶来参战，给敌军造成重大伤亡。张毅部只好投降，接受北伐军改编。然后，形成掎角之势，迫使省防司令李生春就范，迎接国民革命军进入福州城，很快占领了福建全省。

福建海军的起义，对上海海军官兵产生了巨大冲击。王荷波又利用同乡关系，开始在上海海军军官中发展党的外围组织——新海军社，在海军中进行了大量有效的工作，争取海军支持起义。11 月下旬，中央军委书记周恩来到上海，成为领导上海地区起义的负责人。[134]

到 1927 年 3 月，国民党右派已经蠢蠢欲动。福建形势急转直下，福州弥漫着白色恐怖的气氛。3 月 18 日，王荷波决定前往上海，他刮去长胡子，乔装打扮后成功成行。3 月 21 日，王荷波抵达上海。在周恩来的领导下，他参与组织领导了上海工人第三次武装起义。在领导上海工人第三次武装起义的斗争中，王荷波和周恩来建立了深厚的革命情谊，王荷波比周恩来大 16 岁，周恩来常常亲切地称他为“大哥”。[135]

4 月 12 日，蒋介石指使青洪帮流氓冒充工人，突然袭击工人，然后借口调节工人内讧，收缴了上海总工会武装纠察队的枪支。国民党反动派向革命群众举起了屠刀，“四一二”反革命政变爆发。当天凌晨，枪声大作，王荷波急忙从“新海军社”赶往上海总工会，中途被国民党士兵扣住，幸得遇上他的表弟、海军副营长黄铜藩，被其巧妙释放。王荷波脱险后，立即来到设在半淞园三山会馆的南市区工人纠察队总部，领导工人开展斗争。

第二天，上海总工会在闸北召开工人群众大会，游行队伍走到宝山路，蒋介石命令反动军队用机枪向手无寸铁的工人和革命群众扫射，

---

133. 黄启权．王荷波传 [J]. 党史研究与教学，1983(7):1–17.
134. 陈晓声．直面腥风血雨的猛士：追忆我党第一个纪律检查机构中央监察委员会首任主席王荷波（下）[N]. 中国纪检监察报，2011–06–14(8).
135. 陈晓声．直面腥风血雨的猛士：追忆我党第一个纪律检查机构中央监察委员会首任主席王荷波（下）[N]. 中国纪检监察报，2011–06–14(8).

顿时血染大地，开始了骇人听闻的反革命大屠杀。几天之内，上海陷入一片白色恐怖之中。党中央的许多领导人被迫转移，相继离开上海。4月22日，王荷波扮成鱼行商人，与罗亦农、李立三等同船去汉口。

1927年4月15日，邓培在全国铁路总工会广东办事处不幸被捕，后于6月22日夜间惨遭敌人秘密杀害，时年44岁。

1927年4月27日至5月9日，中国共产党第五次全国代表大会在武汉都府堤小巷20号召开。[136]大会虽然仍选举陈独秀任总书记，但周恩来、任弼时等一批对陈独秀的右倾错误有所认识、有所抵制的同志，也进入了新的中央委员会，这为后来纠正陈独秀的右倾错误提供了组织上的准备。这次大会还选出了中国共产党第一个中央级纪律检查机构——中央监察委员会，王荷波当选中央监察委员会主席。中央监察委员会机构的设立，开了中国共产党历史上纪律检查机构设置的先河，为党内专门监督机构比较独立完整地行使监督权力打下了基础。

党的五大召开前后，武汉地区的形势急剧恶化，反革命活动迅速表面化。7月15日，汪精卫发动了“七一五”反革命政变，轰轰烈烈的大革命走向失败。

1927年8月1日，南昌起义爆发，中共联合国民党左派打响了武装反抗国民党反动派的第一枪，揭开了中国共产党独立领导武装斗争和创建革命军队的序幕。中国革命进入土地革命时期。

8月7日，中共中央在汉口召开紧急会议，史称“八七会议”。会议总结了大革命失败的教训，确立了实行土地革命和武装起义的方针。毛泽东同志在会上提出了“须知政权是由枪杆子中取得的”的著名论断。[137]会议选出了由九位同志组成的中共中央临时政治局，王荷波当选为临时政治局委员。“八七会议”为挽救党和革命做出了巨大贡献。它促成了由大革命失败到土地革命战争兴起的历史性转变。

此时，鉴于北方区领导人李大钊已经牺牲，北方区已撤销，中央为加强对北方工作的领导，决定成立北方局，王荷波、蔡和森分别担任书记和秘书长。北方局所辖区域有直隶、山西、山东、内蒙古等省区。北方局机关设在北京。

9月9日，在毛泽东的领导下，秋收起义在湘赣边界爆发。铁路工人积极参加起义，破坏了岳阳至黄沙街、长沙至株洲两段铁路，切断了敌人的交通运输。

此时，王荷波动身前往华北，来到唐山市玉田县。为配合秋收起义，在王荷波的领导下，10月10日，玉田爆发了农民武装暴动，14000多人参加了武装队伍，但由于敌强我弱，最终失败了。由于叛徒出卖，党的地下组织遭到严重破坏，10月18日，王荷波在北京法政大学被捕，北方局和北京市委十八名领导同志亦相继落入敌手。

1927年11月11日夜，北京城阴云密布。王荷波等十八位革命志士被奉军陆军军法裁判处的刑车运往安定门外箭楼东侧的芦苇深处，秘密处决。王荷波为革命壮烈牺牲，时年45岁。

1949年北京刚解放不久，周恩来同志就想到了王荷波烈士，要求重新安葬他的遗骸，指示北京市副市长吴晗负责查找烈士遗骸工作。

---

136. 中共中央党史研究室. 中国共产党历史 第一卷 (1921—1949): 上册 [M]. 北京：中共党史出版社，2011:210.
137. 中共中央党史研究室. 中国共产党历史 第一卷 (1921—1949): 上册 [M]. 北京：中共党史出版社，2011:239.

经北京市公安局、民政局等有关单位多方探查，人们在安定门外的杂草丛中收敛了烈士的忠骨。[138]

1949年12月11日，中共中央组织部、中华全国总工会、中共北京市委等组成“王荷波同志等十八烈士移葬委员会”，在八宝山革命公墓举行了隆重的移葬仪式。周恩来总理亲临主祭。在庄严的军乐声中，周总理亲自扶柩入穴，亲自覆土。[139]

王荷波被捕之时，中国革命形势继续向前发展。1927年10月，毛泽东率领湘赣边界秋收起义的工农革命军，开始创建以宁冈为中心的井冈山农村革命根据地。

中国革命的星星之火，终呈燎原之势。

5

为了早日结束第二次世界大战，苏联决定出兵中国东北消灭日本法西斯。为了配合苏联红军向东北进军，中国共产党领导下的解放区军队立即向各沦陷区进军，受到了沦陷区广大人民的热烈欢迎。

1945年8月8日，苏联正式对日宣战。11日，朱德总司令发布命令，令李运昌、吕正操、张学思、万毅等部，立即向察哈尔、热河、辽宁、吉林等地进发。

8月13日，冀热辽解放区党委派出1.3万人，组成两个梯队，分头向承德、赤峰和辽宁、吉林地区挺进；山东解放区派出万毅支队，向东北挺进；延安派出1500余名干部，由林枫、张秀山率领，挺进东北。原先在中苏边境开展抗日斗争的抗联干部王明贵、张瑞麟、彭施鲁、刘燕来、李兆麟、陶雨峰和周保中等数百人，和苏联红军一起进入东北。

与此同时，1945 年 8 月 23 日，人民武装解放了察哈尔省会张家口，接管了张家口铁路局。这是人民军队接管的第一个铁路局。

8 月 30 日，冀热辽军区李运昌部与苏军配合攻克山海关。9 月 4 日，李运昌部解放锦州，接管锦州铁路局。这是中国共产党武装力量在东北地区接管的第一个铁路局。9 月 6 日，曾克林率先头部队进驻沈阳。14 日，曾克林与苏军上校卫斯别夫同机抵达延安，向中央汇报进军东北事宜。中央同志一致认为，控制东北是我党我军发展的大好时机。15 日，中央决定调 2 万名干部、10 万大军进军东北。同时决定成立中共中央东北局，彭真为书记，陈云、程子华、林枫、伍修权为委员。彭真等人随苏联飞机于 9 月 18 日抵达沈阳。此后，中央又决定派罗荣桓、李富春、林彪、高岗、张闻天等到东北工作。

9 月 19 日，中共中央发出指示，改变“向南发展”的方针，确定了“向北发展，向南防御”的战略方针，力求完全控制热河与察哈尔两省，并独占东北。

9 月下旬，由山东军区政治部主任肖华统一指挥，从山东抽调部队横渡渤海进军东北，其中吴克华、彭嘉庆部进入营口，万毅部进入盘石、海龙、东丰、西丰一带，杨国夫、刘其人部控制山海关、古北口地区。11 月，山东继续派出部队进入辽阳、鞍山一带。[140] 此时，顺利进入东北地区的中国共产党干部计 2 万余人，人民武装 13 万余

---

138. 刘谨桂 . 品重柱石，千古风范：王荷波烈士传略 [J]. 北京党史研究，1992(6):50.
139. 王荷波等十八位烈士移葬京郊革命公墓 周恩来总理亲临主祭 [N]. 人民日报，1949-12-12.
140. 辛景高：《中国铁路史概要：1949 年—1989 年》，兰州铁道学院，1989 年。
该书系兰州铁道学院非公开发行的教学资料。

人。[141] 随着人民武装力量的不断胜利，许多铁路先后回到人民手里。

与此同时，国民党加紧抢夺抗战胜利的果实。1945 年 11 月，国民党委派杜聿明为东北保安司令，加紧进攻东北。在美国的帮助下，国民党机械化部队对东北进行了疯狂进攻。11 月中下旬，中共中央计划发起“锦州决战”，封住进入东北的大门，实现“独占”东北的战略方针，并派黄克诚部约 4.4 万人前往锦州，与国民党十三军、五十三军进行决战。后来，林彪、黄克诚分别致电中央，认为暂时不具备决战条件，建议放弃“锦州决战”的计划，被中央采纳，避免了我军在劣势条件下同国民党硬拼的情况，保存了力量。此时，苏联红军也改变了对我军的友好态度。11 月 19 日，驻东北苏联红军通知东北局，按照《中苏条约》，苏军将把长春铁路（中苏签订的协约中，“南满铁路”改称“长春铁路”）沿线城市交给国民党政府，要求东北人民自治军撤出已经占领的大城市以及交通要道，甚至不惜以武力相威胁。至此，中共希望依靠苏军实现占领东北的条件已经丧失。11 月 20 日，我党根据东北形势变化，及时调整了战略方针，指示将长春铁路沿线大城市让给国民党军队，速从城市铁路沿线退出，“让开大路，占领两厢”。

11 月 28 日，中央致电林彪、黄克诚、肖华：“近两个月来，我在东北虽有极大发展，但我主力初到，且甚疲劳，不能进行决战，而国民党已乘虚突入，占领锦州，且将进占沈阳等地。又东北问题已引起中美苏严重的外交纠纷，苏联由于条约限制，长春铁路沿线各大城市将交蒋介石接收，我企图独占东北无此可能，但应力争我在东北之一定地位，长春路沿线及东北各大城市我应力求插足之外，东满、南满、北满、西满之广大乡村及中小城市与次要铁路，我应力求控制。”[142] 此后，中央东北局开始执行创建巩固的东北根据地的战略方针，放手发动群众，在东北走上农村包围城市的道路。

1946 年初，苏联与国民党的关系恶化，导致苏联对国民党军队接管东北采取了不合作的态度。1946 年 3 月 11 日，苏军开始沿中东铁路北撤回国。3 月 24 日，中央调整决策，决定控制长春以及哈尔滨两座大城市，保卫北满地区。四五月间，为了阻止国民党军队快速北进，在林彪的率领下，东北民主联军发动了“四平（吉林省四平市）保卫战”。为了避免造成过大损失，5 月 21 日，我军主动撤出四平。22 日，又主动撤出长春及松花江以南的铁路线。6 月 6 日，双方达成休战。此后，长春以北的北满地区始终控制在人民军队手里。

早在 1945 年 11 月，中共中央东北局就接管了齐齐哈尔铁道局。第二年 2 月，东北民主联军西满军区司令部命令在白城子成立西满铁路管理局。4 月 24 日，齐齐哈尔解放，西满铁路管理局迁到了齐齐哈尔。5 月 2 日，西满铁路管理局与齐齐哈尔铁道局合并为西满铁路局管理局，马均任局长。5 月 7 日，哈尔滨铁路局成立，陈大凡任局长。此后又成立了以牡丹江为中心的东满铁路管理局。到 1946 年夏天，人民军队控制了东北地区超过 5000 公里的铁路线。1946 年 6 月，根据新的形势需要，中共中央东北局发出《关于加强铁路工作的决定》，于 7 月 25 日组建东北铁路总局，陈云任局长，吕正操、郭洪涛任副局长，李富春、陈正人任政治委员。不久，改为吕正操任局长，统一领导齐齐哈尔、

---

141. 戴茂林，李波 . 论解放战争初期党在东北战略方针的演变 [J]. 社会科学辑刊，2016(3):5-11.
142. 王双梅，王玉强 . 刘少奇与中共党史重大事件 [M]. 北京：中央文献出版社，2001:193-194.

1946年10月30日，“毛泽东号”机车在哈尔滨正式命名，使用的是大连沙河口工场（大连公司前身）制造的蒸汽机车绥化、牡丹江三个铁路局。总局成立后，整编管理机构，整顿运输秩序，建立规章制度，形成适应战时需要的管理体系，有效地支援解放战争。

东北铁路深受战火创伤，线路及运输设施破坏严重。为了支援解放战争，缓解铁路运输运力不足的问题，哈尔滨机务段工人在中国共产党的领导下，掀起了抢修、抢运活动以及“死机复活”“死车复活”等运动。当时人民铁路仅有机车236台、货车8707列、客车551列，其中能够使用的机车不到100台，货车不足3800列，客车只有100多列。

10月30日，在哈尔滨机务段肇东站，经过27个昼夜的奋战，工人们抢修出一台蒸汽机车，经中共中央东北局批准同意，按照工人们的要求，将这台机车命名为“毛泽东号”。11月30日，朱德总司令60岁寿辰，哈尔滨机务段抢修的另外一台蒸汽机车被命名为“朱德号”。东北铁路局的成立，“毛泽东号”“朱德号”蒸汽机车的出现，标志着人民铁路的诞生。

6

在人民铁路逐步发展壮大的过程中，在东北铁路总局的领导下，铁路的建设与管理卓有成效。

一是建立了组织领导机构。1945年12月20日，也就是人民军队大批进入东北不久，为了保护东北境内铁路运输安全，东北人民自治军以一部分兵力组成东北人民自治军护路军。此后，随着解放战争的发展，东北人民自治军也不断发展壮大。1948年7月，东北人民解放军（原东北人民自治军）以原护路军为基础，补入部分二线部队和铁路技术干部、技术工人，组成东北人民解放军铁道纵队，对外称铁路公司兼工程局，黄逸峰任局长。此外，1948年7月，东北行政委员会决定设置铁道部，同时在哈尔滨组建了铁路总工会；11月，东北行政委员会设置了交通委员会，吕正操任主任委员，陈先舟任副主任委员。

二是思想政治和组织管理工作大大加强。1948年2月，哈尔滨铁路总工会举行了隆重的“二七大罢工”纪念大会，号召铁路工人发扬“二七”革命精神，把人民铁路办得更好。3月，东北行政委员会铁道部提出：“人民解放军打到哪里，我们的铁路就修复到哪里！把火车开到北平去！开到南京去！开到广州去！”与此同时，他们掀起了各种各样的劳动竞赛活动，热情高涨地支援解放战争。

三是修复战争破坏的铁路。为了做好铁路修复工作，特意邀请苏联派来360名工程师、技术人员和熟练工人，从苏联运来了机器设备、筑路材料，到1949年12月，东北地区1万多公里铁路全部修复通车。

1947年6月开始，人民解放军的战略反攻正式拉开序幕，东北民主联军也发动夏季攻势，展开了对国民党管辖的长春、沈阳、鞍山间以及安东、沈阳间铁路线的破击战。10月，发动秋季攻势，收复西丰、梨树、法库、伊通、公主岭、昌图、开原等地，控制了长春至铁岭间铁路，包围了长春。到11月5日，秋季攻势结束，国民党军队在东北地区仅龟缩在吉林、长春、鞍山、锦州等34座城市的狭小地区，面积仅占东北地区的14%，人民军队控制了东北地区的大部分铁路，从而掌握了整个东北的主动权。

1948年9月12日，东北野战军发动了辽沈战役。大规模铁路军运从9月10日开始，部队从梅河口地区登车，粮食、军需在哈尔

↓ 1951 年 5 月毛主席在中南海接见杨连第（后排右四）等铁道兵英模代表

滨、齐齐哈尔装车，组成一列列军车通过西线，运抵前方。9 月下旬，攻打锦州外围战事正酣，部队急需弹药补充时，野战军总部和铁路总局决定组织一列秘密军车，抢在国民党援军赶到之前把军火运到西阜新。这趟由穆成斌带队、范永担任司机长，并配有一班战士随车护送的 3005 次特别列车，于 9 月 28 日从昂昂溪出发，躲过敌机的俯冲扫射，历尽艰险，10 月 2 日抵达终点。这次列车因此荣获“英雄列车”荣誉称号，司机长范永后来在西柏坡受到了中央领导的接见。从 9 月 12 日战役开始，到 10 月 15 日锦州解放，共开行军列 631 列，使用车辆 19561 辆，运送物资 58.7 万吨，有效保障了前方的需要。

后面的故事大家就比较熟悉了，平津战役、淮海战役、渡江战役，国民党军队一溃千里。随着解放战争的节节胜利，铁路网也逐渐回到人民军队手中。

东北地区以外，晋冀鲁豫边区修建了我党在解放区的第一条铁路。1947年1月，在晋冀鲁豫中央局书记邓小平、军区司令员刘伯承的命令下，边区政府成立了工矿局筑路处，开始修建邯（郸）涉（县）铁路，到1948年10月20日建成通车。该铁路全长100.6公里，采用610毫米的轨距，后来成为解放战争中的钢铁生命线。新中国成立后，该铁路被改建为标准轨铁路。

1947年11月12日，晋察冀人民解放军在聂荣臻同志指挥下，解放了京汉（当时称平汉）、正太、石德三条铁路交会的枢纽城市石家庄。石家庄地区铁路工人也立即掀起了保护铁路财产的运动。1948年9月，华北人民政府在石家庄成立，董必武任主席，武竞天任交通部部长，领导平汉、正太、石德三条铁路的修复工作。

1949年1月10日，中共中央发布决定，组建成立中国人民革命军事委员会铁道部（简称“军委铁道部”），由滕代远任部长，统一领导全国铁路修复、建设和管理工作。中国铁路系统一直以纪律性著称，拥有强烈的军事化管理色彩，在各种大的工程以及大的战役中展现出极强的战斗力，其根源就在这里——中华人民共和国铁道部的前身正是军委铁道部。

1月28日至2月7日，军委铁道部在石家庄召开第一次全国铁路工作会议。参加会议的包括各解放区铁路部门负责人，有东北的吕正操、华北的武竞天、华东的徐雪寒、中原的田裕民、西北的贾炽明以及东北野战军铁道纵队的黄逸峰。[143]滕代远在会上传达了军委的电令，阐明了统一全国铁路工作的必要性，强调：首先必须统一铁路的组织与领导，以适应战争和生产的需要；其次要统一材料的调配与使用，统一铁路管理的规章制度与规格标准。

2月20日，军委铁道部由石家庄迁往北平。根据中共中央的决定，军委铁道部临时委员会正式成立，滕代远、吕正操、武竞天组成常委会，由滕代远任书记。不久，吕正操、武竞天被任命为铁道部副部长。

5月10日，根据军委命令，第四野战军（原东北野战军）铁道纵队改编为铁道兵团，归军委铁道部领导，由滕代远兼任兵团司令员，吕正操任副司令员。

1949年10月1日，毛泽东主席在天安门城楼向全世界宣告中华人民共和国成立，中国人民从此站起来了！以军委铁道部为基础，中央人民政府铁道部组建成立，滕代远任部长，吕正操、武竞天、石志仁被任命为副部长。

从新中国成立到“一五”计划前，属于国民经济三年恢复期。在铁道部的领导下，铁路人主要干了三件事。一是，对接管的铁路系统进行了民主改造，让广大工人实现当家做主；二是，修复既有线路并适当进行了新线建设；三是，投入抗美援朝战争。

新线建设主要是针对国民政府时期已经开工但没有完成的项目，主要涉及三条铁路。一是成渝铁路，也就是原川汉铁路的一部分。这条曾经引发大规模保路运动并间接导致清王朝灭亡的铁路，在国民政府时期几经努力，但最终也没有完成。1950年6月，在西南军政委员会的领导下，成立以赵健民为局长的西南铁路工程局，着手修建成渝铁路。人民解放军西南军区抽调了3万人参与施工，四川民众纷纷请愿参加，修路民工多达10万人，最终用两年时间修通全线，并完成铺轨。1952年7月1日，成渝两地同时举行了通车典礼。二是天兰铁路，即陇海铁路的西段。1950年5月1日开工，1952年10月1日正式建成通车。三是湘桂铁路来睦段。湘桂铁路从湖南衡阳起，终点到中越边境镇南关。抗日战争时湘桂铁路修到了广西来宾，距终点镇南关还有416公里。新中国成立后，基于中越两国之间的友谊，“镇南关”改成“睦南关”，后来又改为了“友谊关”。所以“来镇铁路”后来叫“湘桂铁路来睦段”，1950年10月动工，1951年10月基本建成通车。只有凭祥至睦南关14公里，因为中越铁路轨距不同，需要在凭祥设立换装站，延后开通。这三条铁路的修建是新中国铁路建设的实践与尝试，为接下来中国铁路建设的快速发展奠定了坚实的基础。

7

正当铁路人同全国人民一起奋力医治战争创伤，为恢复国民经济而忘我劳动时，朝鲜内战于1950年6月25日爆发，美帝国主义操纵联合国组成所谓“联合国军”入侵朝鲜，并将战火烧到鸭绿江边。中国人民志愿军高举“抗美援朝、保家卫国”旗帜，于10月19日跨过鸭绿江，参加抗美援朝战争。大批铁道职工和铁道兵团指战员加入志愿军行列，恢复与维护朝鲜境内的铁路运输，有力地保障了前方

143. 铁道部档案史志中心．新中国铁路五十年[M]. 北京：中国铁道出版社，1999:25.

↓上图：抗美援朝战争中，铁一师官兵欢庆清川江大桥提前竣工通车
↓下图：为抗美援朝战争制作的模型机车诱导美军轰炸（石家庄公司）

的军事供给，为抗美援朝的胜利写下了光辉的篇章。

铁道部派往朝鲜前线的主要是两支队伍。一是由铁道兵团组成的志愿军铁道兵团和铁路工程部门组成的铁路工程总队，主要担负抢修任务；二是，由铁路运输部门职工组成的志愿援朝大队，深入朝鲜各站段，与朝方共同管理军事运输工作。1951 年 1 月在东北军区召开的志愿军第一届后勤会议上，提出要建设“打不烂、炸不断的钢铁运输线”。

建设钢铁运输线是在美军的疯狂轰炸下完成的。据统计，在近 3 年的时间里，美军共对铁路沿线出动各种飞机 5.9 万架次，投弹 19 万枚，相当于第二次世界大战德军投在英国本土炸弹的 1.5 倍。其中 1951 年 6 月至 1952 年 6 月间，美军集中轰炸铁路交通咽喉地段，包括新安州、西浦、价川“三角地区”。仅 1951 年 11 月，美军就出动飞机 8344 架次，投弹 2.4 万余枚，平均每天出动飞机 278 架次，投弹 812 枚。

在这种艰难的局面下，志愿军铁道兵团和铁路援朝职工创造了无数奇迹。2020 年 10 月 23 日上映的纪念中国人民志愿军抗美援朝出国作战 70 周年的影片《金刚川》，就是以铁道兵“铁三师”为原型

创作的。1951 年 7 月，朝鲜突发数十年不遇的特大洪水，冲走大量抢修材料，以及人行便桥、道路、通信设施等。美军断言这场洪水对中国军队“将意味着巨劫”，称中国军队将“无法再度过一个冬季”。同时，他们对未遭冲击的铁路重点目标进行轮番轰炸。抢修部队以英勇顽强、不怕牺牲的大无畏精神，投入抗洪保桥斗争。“人在铁道在”，铁三师全体战士不畏艰险，众志成城，边抢修边打捞材料，昼夜突击，经常连续劳作 12 小时以上，同时智斗敌军，经过 46 天的艰苦搏斗，最终战胜洪灾，将冲毁和炸毁的铁路建筑物全部修复，兑现了“打不烂、炸不断的钢铁运输线”的诺言。

如果说中国人民志愿军是插入敌人心脏的一柄利刃，那么保障后勤运输的铁道部队，就是支持利刃发挥全部战斗力的刀柄。志愿军司令员彭德怀高度评价铁道兵：“朝鲜战争打胜仗，一半功劳归前方浴血奋战的同志，另一半功劳归负责维护交通、保证供给的同志，他们也是在冒着敌人的狂轰滥炸，天天在拼搏。”美国第 8 集团军军长范弗里特在记者招待会上说：“……中国共产党仍以令人难以置信的顽强毅力，把物资送到前线，创造了惊人的奇迹。”[144]“坦率地讲，我们认为他们是世界上最坚强的建筑铁路的人。”[145]在建设“钢铁运输线”的艰苦斗争中，志愿军铁道兵团和铁路援朝职工涌现出大批英雄模范，先后参加过这一斗争的 10 多万人中，立功者多达 1.8 万人，也有 2100 多人为建设“钢铁运输线”献出宝贵的生命。[146]

144. 陈远谋．昨日铁道兵：陈远谋新闻通讯选集 [M]. 北京：中国书籍出版社，2012:92–94.
145. 蒋殊．重回 1937[M]. 天津：百花文艺出版社，2018:113.
146. 铁道部档案史志中心．新中国铁路五十年 [M]. 北京：中国铁道出版社，1999:35.

1953 年 9 月，中央军委决定组建铁道兵领导机关，志愿军在朝鲜的 6 个铁道工程师，正式划归军委系统，与铁道兵团现有的 4 个师、1 个独立团，统一编为中国人民解放军铁道兵。从此，铁道兵正式作为一个兵种列入中国人民解放军的序列中。直到 1984 年 1 月 1 日，根据国务院、中央军委《关于铁道兵并入铁道部的决定》，原铁道兵 10 个师分别改为铁道部第十一至二十工程局，原两个直属团改为直属建筑工程处、舟桥工程处。14.8 万名铁道兵正式摘下领章帽徽，集体转业，自此，铁道兵这支部队告别了 35 年的军旅生涯。

第六章
初步之蹒跚

1

1961年夏天，一位来自江西上饶的眉清目秀的小伙子，坐着火车经过长时间的奔波，来到湖南株洲。

小伙子叫刘友梅，上海交通大学电力机车专业第三届毕业生。1936年2月8日[147]，刘友梅出生于江西省上饶市沙溪镇，5岁丧母，父亲早年从军，后来成为国民党的军官，去了台湾。6岁起，他与3岁的妹妹开始寄居在外婆家。当年正值日寇侵华时期，硝烟四起，战火连连，百姓生活异常艰辛。他的外婆是一位传统的中国女性，勤劳朴实，善良坚忍，从不怨天尤人，这些品格对刘友梅产生了深刻的影响。

1956年，20岁的刘友梅考上了顶尖的理工名校——交通大学，选择了刚刚设立3年的电力机车专业。此前一年，国家作出决定将交通大学内迁西安，所以刘友梅在西安读完了一年级。1957年，我国重启沿海建设，上海市希望交大迁校后再帮他们建设一所机电大学。中央经过讨论决定，交通大学主体迁往西安的同时，少部分专业，主要包括老的机电专业以及内地不好发展的造船、运输起重等专业学科留在上海，与原上海造船学院及筹办中的南洋工学院合并，作为交通大学的上海部分。两部分为一个学校，统一领导。1959年7月，国务院批复两校区独立建校，分别为西安交通大学与上海交通大学。刘友梅报考的电力机车专业留在了上海，于是从大学二年级开始，他到上海继续进修，直到1961年以上海交通大学学生身份毕业。

1961年的那个夏天，作为天之骄子的刘友梅，带着年轻人的无限憧憬，来到株洲这座“火车拉来的城市”，追寻他的梦想。

↓毕业后被分配到株洲电力机车厂的刘友梅

他要去的地方叫铁道部田心机车车辆工厂，位于距离株洲市中心5公里、一个叫“田心”的小镇。据说很早以前这里是大片农田，中间有一棵生长了很久的参天大樟树，人们围树而居，故起名“田心”。[148] 三年前的1958年，此前定位为修理的“株洲机车车辆修理工厂”，刚刚修转造，更名为“株洲机车车辆工厂”。也是在这一年，在苏联“老大哥”的援助下，他们通过深入研究苏联H60型机车，模仿制造出了我国第一辆电力机车。一年前，1960年3月21日，工厂又改名为“铁道部田心机车车辆工厂”。作为上海交通大学电力机车专业的高才生，当时这家中国唯一在努力研究并制造电力机车的工厂，毫无疑问是他最佳归属地。

与他一起被分配到这座工厂的共有20多位同学。下了火车，他才发现，这座湘江小城与大上海的差距有多大。与他同一年来到株洲的傅志寰在他的自传体回忆录中说：“发觉城市的老街窄窄的，像样的马路似乎仅有新城区的一条，且延伸距离不长。”[149] 从火车站到田心机车车辆工厂，连直达的公共汽车都没有，刘友梅只好把行李用板车拖着，从株洲火车站步行了10多里路才来到工厂。

147. 杨善清 . 开创我国电力机车事业的主将：访中国工程院院士刘友梅 [J]. 老友，2006(7):4–7.
148. 王楠楠 . 火车拖来的城市：风起田心 [J]. 交通建设与管理，2016(10):22–25.
149. 傅志寰 . 我的情结 [M]. 北京：中国铁道出版社，2017:29.

江西湖南，是一衣带水的邻居，一起打造过无数传奇。伟人毛泽东，当年起于湘江，转战湘赣两省，上井冈山，建政权于瑞金，经历苦难辉煌，造就了新中国。刘友梅，这位“江西老表”，上海交大的优秀毕业生，来到湖南株洲，并将一生扎根这里，孜孜以求，也将在他挚爱的电力机车事业中建立自己的不朽功业，成就一段传奇。

2

说起株洲这座火车拉来的城市，其崛起的起点——江西还真发挥了巨大作用。

历史上的株洲，存在感极低。但近代以来，因为有了铁路，株洲一跃成为一个顶级交通枢纽。1949 年 8 月，株洲还只是湘潭县的一个乡镇，1951 年升级为县级市，1956 年 3 月又升格为地级市。蹿升速度之快，令人咋舌。

说起株洲的故事，我们不得不提一个人——晚清洋务运动的领袖之一张之洞。1893 年他创办汉阳铁厂后，一直试图寻找优质煤矿作为铁厂发展的保障。1896 年，他从德国聘请了两个矿师，一个叫马科斯，一个叫赖仑，让他们在湖南、湖北、江西、安徽等省探寻煤矿。1897 年，这哥俩到了江西萍乡，一不小心就发现了一个大煤矿，而且是优质煤，这就是萍乡煤矿，位于江西省萍乡市安源区。这个位于湘赣边界的煤矿，作为当年中国为数不多的产业工人聚集地，曾是中共早期领导人的重要活动地点，毛泽东、李立三、刘少奇曾长期在这里搞工人运动，并于 1922 年 9 月领导了安源路矿大罢工。我们都看过那幅经典油画——《毛主席去安源》，就是这一时期革命活动的艺术反映。1927 年 9 月 1 日，毛泽东在萍乡市安源区张家湾镇召开了军事会议，布置秋收起义具体事项。参加秋收起义的力量被编为三个团，其中第二团就以安源煤矿工人纠察队、矿警队和萍乡等地的农民自卫军为主，团长叫王新亚。

事实上，早在 1892 年左右，张之洞就派人在萍乡设立了专门的机构，用于收购小矿井出产的煤，然后将炼出的焦炭供汉阳铁厂使用。马科斯与赖仑发现优质大煤矿后，1898 年，张之洞下定决心投入资金在萍乡建设一座新式的煤矿。

建煤矿是第一步，如何将煤运出去至为重要。最好的方法当然是通过水路，没有水的地方怎么办？那就要建铁路。萍乡的煤主要在安源，安源往西 7 公里有一条河叫渌水，往东 25 公里也有一条叫袁水的河，显然往西更近。于是，1898 年，萍乡煤矿动工的同时，一条向西的铁路也开始同步修建。1899 年 11 月，铁路修到了渌水旁边的宋家坊，全长 7 公里。但是宋家坊这里不适合建大港口，于是铁路二期工程继续向西延伸，目标是湖南醴陵，1901 年 7 月开工。此时的汉阳铁厂因为亏损多年，早被张之洞卖给了盛宣怀。盛宣怀高度重视这条铁路的建设，专门把詹天佑调来参与建设，但 1902 年 8 月，袁世凯又把詹天佑调走了，好在铁路也建得差不多了，同年 11 月，修到了湖南醴陵的阳三石，全长 38 公里，称“萍醴铁路”。

萍醴铁路建成后，安源的煤运到阳三石，下水路走渌江，然后经过湘江，顺流而下到洞庭湖，最后到达汉口，供汉阳铁厂使用。但是建成后不久，他们发现渌江滩多水浅，运输能力有限。

↓ 1936 年粤汉铁路总机厂初建时筹建处职员合影

于是，他们建议将铁路继续延伸，一直到湘潭县株洲镇以北的湘江边上。从萍乡到株洲的“萍潭铁路”，全长 90 公里，于 1903 年 11 月动工，1905 年 12 月竣工。此后，安源的煤经火车运到株洲后再装船下河。这里有十二个称煤的大磅秤，所以株洲人将这里称为“十二码头”。码头边上建有“汉冶萍公司株洲转运局”。所谓“汉冶萍公司”就是将汉阳铁厂、大冶铁矿、萍乡煤矿整合到一起建立的近代新式钢铁联合公司，1908 年正式成立。

萍潭铁路后改称株萍铁路，是湖南第一条铁路，也是江西第一条铁路，还是中国南方第一条铁路。它的通车让株洲这个湘潭县的小镇开启了百年腾飞历程。从株萍铁路通车到 1937 年全面抗战爆发，短短

30年的时间，株洲人口就由几千增长到10万。[150]据《株洲文史资料》记载："南站后和湾圹一带由荒野之地而兴旺发达了，有客栈、旅馆、油盐店、南货店、面食店、肉店、药店、糕点作坊；兴仁巷有茶馆，快活岭有娼妓，有何义甫鸦片烟馆……由于株萍铁路的通车，转运局的设立，数千工人的生活和消费，就带来了这一地区的繁荣。同时，萍乡煤矿在株洲大量采购坑木，港口街杏花园和港的下侧，出现了好几家大的木号。"[151]

株萍铁路之后，粤汉铁路也开始分段动工。长沙至株洲段1909年动工，1911年通车。1936年8月，粤汉铁路全线正式通车。

而在此前，1935年，株萍铁路经过延展连接，拓展成为东起杭州，西到株洲，全长947公里的东西大干线——浙赣铁路。此后，国民政府还规划了湘黔铁路，从株洲起，到贵阳，后来因为战争而放弃，直到新中国成立后才建成通车。

有了粤汉铁路与浙赣铁路，株洲一跃成为全国顶级的十字交通枢纽，地位与之类似的也仅有郑州与徐州。南来北往的客商汇聚于此，城市开始加速发展。国民政府也高度重视株洲的交通枢纽地位，拟定了株洲工业区的建设计划，涉及钢铁、铸铜、汽车、化工、电工、机车制造和飞机制造等7大工业[152]，设想把这里建成"东方的鲁尔区"[153]。1937年，永利制碱公司的总工程师，著名化学家侯德榜也曾到株洲

150. 张卫东．粤汉铁路与近代湖南城市变迁[J]. 湖北社会科学，2018(1):85-98.
151. 参见中国人民政治协商会议湖南省株洲市委员会文史资料研究委员会《株洲文史资料》第三辑，1983年。
152. 龙碧秋．中国近代商业史话[M]. 北京：中国商业出版社，1991:56.
153. 周红，黄妍．株洲工业遗产历史变迁及现有特征研究[J]. 中国名城，2017(9):61-67.

考察新建制碱厂，选定了地处湘江之畔，又与白石港相邻的贺家土。但是，后来受抗日战争影响而不得不作罢，株洲也失去了作为中国化工中心城市的历史机遇。

粤汉铁路全线通车后，国民政府交通部决定为之配套建设一座机车车辆厂，取名为粤汉铁路总机厂。最初计划建在衡阳，后来考虑株洲优越的地理条件，于1936年2月26日会议讨论后作出最终决定，就建在株洲了。5月份，筹备处正式成立，粤汉铁路局运输处处长程孝刚任筹备处处长，粤汉铁路株韶段工程局机务课长茅以新（茅以升的弟弟，著名铁道专家）任副处长。8月1日，筹备处选址田心塅叶家祠堂，使用英国退回的庚子赔款（15万英镑）建设联合厂房，也打下了第一个桩基。根据与英国人签订的协议，联合厂房工程设计方案由英国提供，钢材也均是从英国凡尔康结构厂定制的。厂房设计体现了英式建筑的特点，两端为凸字形山墙，屋顶呈双脊形，高大挺拔，采光通风良好，为组装大型机车预留了条件。到2021年的今天，85年过去了，经历过漫长岁月的洗礼，也经历过日军的两次轰炸（其中一次造成了几十名建筑工人伤亡），目前该厂房仍在服役中，依旧是中车株机公司最重要、最繁忙的车间——机车事业部总成车间。

工厂建设过程中，国民政府交通部还决定，将原先为广州一个工厂购置的材料交给株洲机厂使用；加上抗战爆发后沿海一些工厂内迁，交通部又将四方、浦镇、戚墅堰等几家工厂的部分机器也交给了株洲机厂。

1938年3月，工厂基本建成，有各种机器设备270多台。同年8月，工厂遭到日军飞机轰炸。1939年年初，战火开始逼近湖南，国民政府筹划长沙会战。国民政府交通部决定将株洲机厂向内搬迁，

↓1938年8月日本战机轰炸了粤汉铁路总机厂，图为被破坏的厂房内景

大部分设备被搬到了广西与贵州，并成立了柳江、黔中、全州三个工厂；部分撤到刘友梅的家乡江西上饶，利用一座旧庙作为办公室，开办了玉山铁路工厂。1944年5月，日本军队发动豫湘桂战役，各机厂撤退转移的大部分机器都被破坏掉了。

抗日战争结束后，国民政府决定重建株洲机厂。1946年5月6日，成立了株洲机厂筹备处，后来任命周励为筹备处处长。又是8月1日，离第一次筹建整整10年后，株洲机厂复建工程正式动工。1947年联合国救济总署拨来厂房钢梁3000吨，日本也赔偿了部分机器。到1948年联合国拨付的机器设备已达643台，日本赔偿的机器设备约200台。但是到1949年7月撤退时，国民党军队又将工厂机器设备全部拆卸，装车运往了广州。

1949年8月3日，株洲解放。8月6日，中国人民解放军接管小组进入工厂。8月23日，以郭维城为首的中南军区铁道运输指挥部在此成立衡阳铁路管理局，决定将工厂更名为株洲铁路工厂，任命周励为厂长，并建立了工厂的第一个党支部。1950年1月，株洲铁路工厂复建工程列入国家计划。5月10日，衡阳铁路管理局指令工厂成立“株洲铁路工厂建厂工程处”。这是工厂第三次筹建。直到1951年1月25日复建完成，工厂举行了竣工庆功大会。国民政府撤退前拆掉运往广州的机械设备全部运回。至此，命运多舛的株洲机厂历经三次筹建（复建），没有造过1台完整的机车车辆，先后只修理

1936 年 8 月 1 日，程孝刚、茅以新等人打下中车株机公司创建的第一根桩基

过6台蒸汽机车，改装过2辆货车，生产过一些配件。[154]

1951年1月25日，株洲铁路工厂正式建成投产，主要从事机车、客车、货车的修理。7月1日，武昌铁路工厂撤销后并入，规模迅速扩大。1952年8月，铁道部对全国的铁路机车车辆工厂进行布局调整，株洲铁路工厂改名为株洲机车车辆修理工厂，并划归铁道部机车车辆修理局管理。

3

前文我们介绍过，1949年1月10日，铁道部的前身军委铁道部在战火中成立，新中国成立后军委铁道部改为中央人民政府铁道部。铁道部成立了厂务局，负责管理全国35家铁路机车车辆工厂。这些工厂大部分都不具备生产制造蒸汽机车的能力。新中国成立前，只有京奉铁路的唐山工厂（中车唐山公司的前身）和日本南满铁路的沙河口工厂（中车大连公司的前身）能少量生产蒸汽机车。经过战争的破坏，到新中国成立时各大机车车辆工厂均已不具备新造蒸汽机车的能力。但是，他们有办法，他们开展了“死车复活”运动，把已经报废了的蒸汽机车进行修理，让它们重新投入使用。新中国成立时，全国拥有蒸汽机车4069台，来自全球8个国家30多家工厂，具体型号达198种之多，有“万国机车博览会”之称。1952年，铁道部把仿制蒸汽机车的任务交给四方工厂（中车青岛四方机车车辆股份有限公司的前身），7月26日，四方工厂仿制的新中国第一台蒸汽机车下线，在建军节前夕被命名为“八一号”，后来统

↓ 1952 年 7 月 26 日，新中国第一台蒸汽机车八一号下线

一定型为“解放型”，并在四方、大连、齐齐哈尔三家工厂生产。到 1952 年底共生产制造了 20 台，开了新中国制造蒸汽机车的先河。

1952 年 8 月，铁道部对全国的铁路机车车辆工厂进行了统一布局调整。此时，35 家铁路工厂经过调整撤并已经只剩下 23 家，其中有 20 家由铁道部直属领导，另外 3 家由铁路局具体管理[155]。1953 年 1 月，铁道部又对 20 家部属工厂进行了调整：确定大连、齐齐哈尔、天津、四方、武昌、萧山（后迁并武昌）6 家工厂为新造工厂，归属刚刚组建的铁道部机车车辆制造局；确定沈阳、牡丹江、哈尔滨、唐山、长辛店、南口、石家庄、太原、济南、浦镇、戚墅堰、江岸、株洲、三桥（中车西安厂前身）14 家工厂为修理工厂，归属铁道部机车车辆修理局。

此后，随着抗美援朝战争的胜利，中国迎来了的第一个五年计划（1953—1958 年），铁路机车车辆行业也迎来了一次大变革。1953 年 8 月，铁道部机车车辆制造局被划归第一机械工业部。在一机部的领导下，大连厂调整为货运蒸汽机车和罐车生产厂，四方厂为客运蒸汽机车和客车厂，齐齐哈尔为货车生产厂，武昌厂为保温车生产厂。为了提高我国蒸汽机车设计水平，一机部决定打造中国蒸汽机车设计

154. 中国铁路机车车辆工业总公司．中国铁路机车车辆工业五十年 [M]. 北京：中国铁道出版社，1999:688.
155. 归铁路局管理的铁路工厂包括柳州机车车辆厂、重庆临时机车厂和昆明机车厂。

中心。1954 年 11 月，一机部将各工厂蒸汽机车设计人才调入大连厂，加上一批大专院校毕业生，组成了一个 100 多人的设计队伍，形成中国蒸汽机车设计中心。1956 年 9 月 18 日，中国第一台自行设计的干线货运蒸汽机车下线，被命名“和平型”。此后，大连厂与四方厂联手，研制出了新型干线客运蒸汽机车，被命名“胜利型”，后在对“和平型”进行改进的基础上推出了“建设型”，在对“胜利型”进行改进的基础上推出了“人民型”，分别投入批量生产。整个“一五”期间，共生产蒸汽机车 511 台。

“一五”期间，铁路建设也迎来了一个小高潮，修建了一批重要铁路干线，共计 4879 公里，主要包括：

宝鸡至成都铁路。1952 年 7 月 1 日从成都开工，1954 年 1 月，从宝鸡开工，1956 年 7 月 12 日南北两段在黄沙河接轨。1958 年 1 月 1 日，全线交付运营。这是新中国修建的第一条高难度铁路，全长 669 公里，穿越中国地理分界线——秦岭，大致与蜀道中的陈仓道走向一致。这是中国第一条铁路出川大通道。宝成铁路在中国铁路史上还有一个重要地位不得不提，它是中国第一条电气化铁路。1958 年 6 月开始进行电气化改造，1960 年 6 月，宝鸡至凤州段电气化改造完成。由于此时中国已经启动电力机车研究，宝凤段就成为中国电力机车研究的试验田。

兰州至乌鲁木齐铁路。1952 年 10 月从兰州动工修建，1953 年 2 月开始铺轨，1956 年 7 月通到玉门，到 1960 年代全线建成通车。

包头至兰州铁路。1954 年开工，1958 年建成，全长 990 公里，线路 3 次跨越黄河，在中卫、干塘间穿越腾格里沙漠南部边缘，工程较为艰巨。

北京丰台至河北沙城铁路。1952 年 9 月开工，1956 年 11 月交付运营。丰沙线不长，106 公里，但是蜿蜒于永定河峡谷之中，桥隧相连，工程复杂艰巨。这条线路是当年詹天佑修建京张铁路时所选的几条线路中比较好的一条，但是因为造价太高被迫放弃。这条铁路成为继京包铁路（京张铁路是其一部分）之后的北京通往西北的第二条通道，也是避开京包铁路关沟段 33‰大坡道通过能力限制的重要选择，成为晋煤外运的主通道之一。

鹰潭至厦门铁路。这条铁路是江西通往福建的大通道，中国早就想修了。新中国成立前，国民政府已经勘察过 3 次了，历时 30 多年也没有实现。1953 年鹰厦铁路勘测设计工作，正式启动。1955 年初，在铁道兵司令员王震将军的指挥下，集中兵力，加上闽赣两省 12 万农民工，展开了全线会战。1956 年铺轨到厦门，1958 年 1 月 1 日交付运营，全长 694 公里。该路沿线地形复杂，在穿越武夷山脉和戴云山脉时，桥隧相连，工程甚为艰巨。朱德元帅亲自题写了“移山填海”的赞词。

1958 年夏天，中共八大二次会议提出了“鼓足干劲，力争上游，多快好省地建设社会主义”的总路线，随即在全国掀起了“大跃进”运动。7 月 1 日，国务院决定将一机部所属的机车车辆制造局及 5 个所属工厂和新建的 3 个工厂重新划归铁道部。

1958 年至 1960 年，中国铁路又经历了重大调整。一是铁道部的集中统一领导机制发生了重大变化。铁路局大扩军，每个省都成立了一个铁路局，1958 年 9 月起，他们在向铁道部申报计划的同时，

↓ 1958 年 12 月 28 日，我国第一台干线电力机车研制成功

报送所属省市区，由地方综合平衡后再报国家计委，实际上形成了以“块块”领导为主的体制，削弱了全路运输组织的统一调度指挥。二是铁路机车车辆工厂纷纷“修转造”，新造能力大幅度提升。1958 年 9 月铁道部提出，要新造机车 4200 台。最终 3 年时间，共制造机车 1678 台！虽然没有完成目标，但进步还是不小。其间，铁道部还外购机车 1378 台，相当于 3 年时间新增机车 3056 台。这个数据还是相当可观的。

1961 年中央又提出了“调整、巩固、充实、提高”八字方针，国民经济进入调整期。铁路重新回归集中统一领导体制，一省一铁路局的做法被撤销。1964 年三线建设展开，中央提出“备战、备荒、为人民”的号召。铁路建设方面主要是西南铁路大会战，重点突破三条铁路——成昆铁路、川黔铁路、贵昆铁路。1964 年 9 月 10 日，西南铁路建设总指挥部在成都成立，中共中央西南局第一书记李井泉任总指挥，铁道部副部长吕正操、刘建章，铁道兵副司令员郭维城等人任副总指挥。筑路主力以铁道部第二工程局以及铁道兵为主，整个筑路大军超过 30 万人。

大会战以成昆铁路为中心，约占会战全部工作量的 80%，它是中国自己修建、用自己的技术力量装备起来的第一条内燃化铁路。成昆铁路北起成都站，南至昆明站，全长 1096 公里，沿线山高川大坡陡流急，地势险峻，地质复杂，建设规模之宏大，工程之艰巨，技术难度之高，攻克难度之险，都是筑路史上罕见的。成昆铁路建成后成

为中国的骄傲，中国政府曾把“成昆铁路”牙雕作为礼品赠送给联合国。川黔铁路，起于成渝铁路小南海站，终到贵阳站，全长 423.6 公里，1965 年 7 月 8 日修通。贵昆铁路，起自贵阳南站，终到昆明西站，全长 639 公里，1966 年 3 月 4 日修通。成昆铁路，因为工程艰巨，直到 1970 年才最终建成通车。

1966 年到 1976 年 10 年间，铁路事业遭受了巨大损失。一是铁路基础管理工作受到严重破坏。二是行车事故剧增，机车每百万公里重大事故数量增长了 5 倍，全路行车事故经济损失增长了 8 倍，是新中国铁路行车事故数量最多、安全性最差的时期。[156] 三是货运量和经济效益增速大幅下降，货运量年均仅增长 6.27%，上缴利税年均仅增长 3.63%，是新中国成立以来增长最慢的时期。

但这 10 年也并非一片黑暗，铁路行业还是取得了一定的发展。一是完成铁路建设 9055 公里，年均 905 公里；二是铁路运输技术装备有了较大改善，内燃机车由 1965 年的 66 台，增加到 1976 年的 1478 台，电力机车由 1965 年的 39 台，增加到 1976 年的 191 台，1976 年货车、客车数量比 1965 年分别增加了 64.6% 和 29.6%。

4

这里之所以特意提到内燃机车与电力机车数量的增长，是因为它们代表着中国铁路的未来。中国铁路装备要进行牵引动力的革命，就

156. 铁道部档案史志中心 . 新中国铁路五十年 [M]. 北京：中国铁道出版社，1999:133.

↓ 1966 年，铁道部资阳内燃机车工厂成立，按照“靠山、分散、隐蔽”（即“山、散、洞”）建厂方针，在资阳远郊蜿蜒 11.5 公里两坝十三沟的浅丘之中，开展基本建设。图为大王山下的机车分厂，已初具规模

是要从蒸汽机车迈向内燃机车与电力机车。

铁道部早就想做这件事了，在 1956 年的《十二年科学技术发展规划》中就已经明确提出要造内燃机车与电力机车。1958 年，对于铁路新造工厂而言，以研制内燃机车与电力机车的方式响应了“大跃进”的号召。1958 年 2 月，国家技术委员会下达了试制干线内燃机车的任务。

8 月 13 日[157]，长辛店机车车辆厂仿照匈牙利 ND1 型内燃机车，率先制造出中国第一台电力传动内燃调车机车。9 月 9 日，举行了下线仪式。以 9 月 9 日的下线仪式计算，该车比大连公司制造的“巨龙型”早 15 天，所以说是我国内燃机车零的突破。该车牵动功率 600 马力，属于调车机车，被命名为“建设型”。试产了两台，在沪宁线上试运行时，最高时速达到 85 公里。后来因为技术不成熟，没有投入批量生产。

9 月 24 日，大连厂仿照苏联内燃机车，试制出巨龙型电力传动干线货运内燃机车。应该说在试制内燃机车方面，大连厂是准备最充分的。早在 1956 年 10 月与 1957 年 12 月，他们就先后派出两批技术人员到苏联去学习，1957 年正式成立内燃机车设计组，开始了新型内

燃机车的研制工作。但真要做起来，困难还是超乎想象的大。特别是1958年8月13日，二七厂（长辛店机车车辆）成功试制出“建设型”内燃机车后，他们争先的压力更大，终于在9月24日试制出两台干线内燃机车。当时他们还不能生产机车用柴油机，巨龙型内燃机车上使用的两台柴油机是从苏联进口的废旧潜艇上拆下来的。1960年3月，巨龙型在沈大铁路大连至大石桥间进行了牵引试验。由于国产的柴油机技术不过关，也不能再去苏联的旧潜艇上拆柴油机，所以巨龙型内燃机车也没有批量生产。但是经过不断的提升改造与重新设计，巨龙型最终定型为东风型内燃机车，成为一个时代的象征。

12月30日，戚墅堰厂仿照苏联内燃机车，试制出双节4000马力干线客货通用型内燃机车，被命名为“先行型”，试产了1台，做过5次运行试验，最终未能批量生产。

1959年4月10日，四方厂研制出中国第一台液力传动干线客运内燃机车，被命名为“卫星型”，1961年至1965年间连续试制了4台，不断地进行提升革新，最终定型为“东方红型”内燃机车。

1962年铁道部正式确立了“内燃、电力并重，以内燃为主”的方针，并明确大连、四方、戚墅堰三个工厂为主力，加强内燃机车研制。1964年三线建设启动后，经国家经委批准，铁道部组织了内燃机车大会战，共试制出4种类型9台内燃机车，并在此后陆续定型，投入批量生产，这就是我国第一代内燃机车。

第一代内燃机车代表性车型包括东风型干线货运内燃机车，前身

157. 中国铁路机车车辆工业总公司．中国铁路机车车辆工业五十年[M]. 北京：中国铁道出版社，1999.

是大连厂的巨龙型，单机牵引功率2000马力，1964年投入批量生产，1973年停产，生命周期共生产706台。东方红1型干线客运内燃机车，前身是卫星型，1966年投入批量生产，1973年停产，生命周期共生产106台。东风3型干线客运内燃机车，1972年至1974年间共生产225台。

1974年东风4型内燃机车投入批量生产，这是我国第二代内燃机车的首款车型，此后又推出了升级版的东风4B型内燃机车，最终成为中国铁路史上生产数量最多、运用最广泛的内燃机车型号。第二代内燃机车中，干线货运机车方面还包括东风7型内燃机车系列、东风8型内燃机车、东方红4型内燃机车等；干线客运机车方面则包括东方红3型内燃机车、北京型内燃机车。北京型由二七机车工厂研制，1975年开始投入批量生产，是我国最成功的液力传动内燃机车型号之一，生命周期共生产374台。

5

现在，我们来重点说说电力机车，因为这是我们起步时离世界先进技术最近的一次，其经历之曲折、过程之艰辛，也是超乎寻常，足见创新之难。1952年“八一号”蒸汽机车问世时，我们落后世界100多年；1964年我国商业运行的第一代内燃机车投入运营时，我们落后世界约40年；而1958年12月28日，中国试制的第一台电力机车下线时，我们在电气化铁路以及电力机车研制方面却几乎与世界同步。法国、日本、苏联都是在20世纪50年代建造第一条电气化铁路的。

故事要从1957年10月说起。当年苏联要组织十月革命胜利40周年纪念活动，毛主席率领一个庞大的中国党政代表团参加。在代表团50多名科学技术人员中，曾担任过株洲厂复建筹备处处长，时任铁科院（中国铁道科学研究院）机车车辆研究所所长的周励也在其中。他积极建议中国从苏联引进电气化铁路及电力机车技术。代表团采纳了他的建议，并将有关要求写入《中苏技术合作协议》。于是，苏联就将他们刚刚研制成功的H60型电力机车技术转让给了中国。为了尽快落实电力机车引进事宜，当年12月中国政府就组建了一个技术考察团，实际就是到苏联去把技术拿回来。正式团员26人，其中一机部15人、铁道部8人、高等教育部2人、翻译1人。除翻译外的25人被分为6个专业组，分别是总成、机械、电机、控制、电气、工艺与引燃管及高压开关。

此时，铁道部机车车辆制造局早已经划归一机部，所以这次电力机车技术引进及研发以一机部为主，铁道部为辅。一机部指定当时赫赫有名的湘潭电机厂牵头负责。通常情况下，作为一机部所属企业的湘潭电机厂，在组建电力机车研发团队的时候应该优先选择一机部所属企业，如大连厂或者四方厂。但是，一个偶然的机会，把铁道部所属的株洲厂拉了进来。此前，湘潭电机厂研发了一款工矿用的小型电力机车，就是与株洲机车车辆工厂合作的，二者合作甚是愉快，加上两家工厂距离不远，十几年前株洲也不过就是湘潭的一个小乡镇而已，所以这次湘潭电机厂又把株洲厂拉进来了。考察团中铁道部8人就包括株洲厂的蒋之骥与胡栋。

考察团于1958年1月15日离京。考察团到达莫斯科后，除西安开关整流器厂、沈阳变压器厂、沈阳高压开关厂考察人员因须考察引燃管、空气断路器和变压器而留在莫斯科外，其他团员于31日抵达诺伏契尔克斯克机车制造厂，正式进行考察和设计工作。他们在这里一待就是4个月，直到完成所有任务后于6月份回国。

回国后，他们马不停蹄地投入电力机车的设计生产中。1958年7月，迅速组成了一个技术审查委员会[158]，评估了湘潭电机厂牵头拿出的电力机车国有化方案，并对后续工作作出安排：一是组建国产电力机车联合设计处[159]，办公地点设在湘潭电机厂；二是确定分工，湘潭电机厂负责总成以及电机、电器，株洲厂负责车体和转向架，上海电器科学院研究院负责引燃管，沈阳变压器厂负责变压器、平波电抗器等；三是确定时间节点，1958年底前完成。

尽管目标定得高，时间给得短，但是各家工厂热情高涨，全都不讲条件，全力以赴。株洲厂为了按时完成车体与转向架的研制工作，决定将全厂5级以上的电焊工、铆工全部集中起来，集中攻克车体及转向架焊接技术难关。11月18日，由株洲厂负责的车体及转向架等机械部分终于完成试制工作，并在厂内通过了3小时运营试验，全部符合设计要求，当晚送往湘潭电机厂。湘潭电机厂也不敢含糊，立即启动总装工作，经过40天的紧张奋斗，12月28日终于完成全部组装工作。

12月30日，中国第一台电力机车下线庆祝大会在湘潭电机厂举行，湖南省委、国家计委、一机部、铁道部有关领导出席庆祝大会。株洲厂党委书记程志远、厂长许世勤以及工厂新车设计负责人蒋之骥、

↓ 1962 年傅志寰在北京环形铁道参加韶山型电力机车试验

胡栋等 10 余人也应邀出席了庆祝大会。新车型被命名为“6Y1 型”电力机车，“6”代表机车是 6 轴的，“Y”代表采用的是引燃管整流器，“1”代表是该类型机车中的第 1 种型号。此次下线的是“6Y1 型”电力机车的第 1 台试制车，所以被称为“6Y1-001 号”机车（简称“一号车”）。

12 月 31 日，6Y1-001 号机车由湘潭电机厂出发，于 1959 年初运抵北京，拟在铁科院环行试验线做运行试验。5 月 16 日，铁科院环形试验线具备实验条件后，试制样车正式开始首次试验，发现列车上的两组引燃管不能工作，组合开关、牵引电机也发生了故障，试验被迫中断。8 月，6Y1-001 号机车返回湘潭电机厂，更换了牵引电机及上海电器科学院改进的引燃管，然后再次返回北京，并参加了 10 月份的新中国成立 10 周年庆祝典礼。一同参加庆典的还包括下线不久的“巨龙型”内燃机车、“卫星型”内燃机车以及“先行型”内燃机车。

10 月 19 日，6Y1-001 号机车首次用 25 千伏接触网电源启动。此后因为引燃管依旧故障频繁，改用西安开关整流器厂的产品。1960 年 3 月，因为 1 台牵引电机故障，即 6Y1-001 号机车被迫再

---

158. 技术审查组共 16 人，以国家技委装备局局长邓裕民、铁道部机务局代局长宋力刚、一机部技术司副司长褚应璜等人为首，包括有关工厂党、政负责人以及部分高等院校教授。

159. 联合设计处由考察团成员、湘潭电机厂、湘潭牵引电器设备研究所、株洲机车车辆工厂、铁道部机务局、铁道部机车车辆工厂管理总局、铁道科学研究院、上海交通大学、唐山铁道学院等单位组成。

↓上图：蒋之骥
↓下图：1959 年苏联电力机车技术专家与株洲厂技术专家在一起讨论问题

次返回湘潭电机厂，然后再次返回北京试验。

由于设计仓促、紧急上马，6Y1-001 号机车边试验边改进，跌跌撞撞一路上走得并不顺利。以蒋之骥为代表的株洲厂人对它牵肠挂肚，心心念念，他们都知道这台机车要想投入商业运营还有很长的路要走，但是他们没有想到这条路竟然这么长！从 1958 年下线，到 1968 年定型，整整 10 年时间！中间试产了 8 台车，即从 6Y1-001 到 6Y1-008，才具备批量生产条件。

对于电力机车的研制，湘潭电机厂急，株洲厂也急，铁道部更急！1958 年 1 月 1 日，宝成铁路开通后，铁道部在欢庆“蜀道难”正式“作古”的同时，发现这条铁路竟然存在着先天的不足。不足之处正在宝鸡北的杨家湾站至秦岭段，这条直线距离只有 9 公里路段，高度差竟达 680 米。为了保证机车爬坡能力，采用展线的形式，铁路总长竟然达到了 27 公里之多。尽管如此，列车经过这个区段时仍然面临巨大困难，通常需要同时使用 3 台蒸汽机车才能完成这段爬坡工作。

为了解决这段“卡脖子”路线，国家决定实施宝成铁路电气化工程。1958 年 6 月 15 日，刚刚通车不到半年的宝成铁路正式启动电气化改造工程。1960 年 6 月，全长 93 公里的宝成铁路宝凤段电气化改造完成。这一年的5月，6Y1-001号机车抵达宝凤段开始牵引运行试验。1961年8月15日，宝成线的宝鸡至凤州电气化区段正式通车，6Y1-001号机车参加了通车典礼，并正式投入牵引运行工作。

就在株洲厂与湘潭电机厂紧张地试产6Y1-001号机车时，中共中央、国务院批准，1958年机车车辆制造局回归铁道部。所以从1959年开始，干线电力机车的研制改由铁道部自行组织。因为有6Y1-001号机车的存在，株洲厂被确定为国产干线电力机车的定点研制厂家。历经三次筹备，命运多舛、多灾多难的株洲厂终于获得了命运女神的垂青，在那一刻他们站上一条代表中国铁路机车车辆未来的赛道。而与湘潭电机厂这一次偶然的合作，最终成为撬动株洲厂命运转折的重要支点。

1959年5月6日，铁道部对所属机车车辆研究机构进行了调整，将大连所车辆部分迁到青岛成立四方车辆研究所，将大连所热加工部分以及大同冷加工研究所迁往常州戚墅堰，组建戚墅堰机车车辆工艺研究所，在株洲建立电力机车研究所，调整后的大连所改名为大连热力机车研究所[160]。

6

这次调整成为影响中国铁路未来发展的一次重要决策。新设立的株洲电力机车研究所定编100到150人，所里的直属干部由铁道部

160. 1978年，大连热力机车研究所更名为大连内燃机车研究所。

机车车辆工厂管理总局领导，委托株洲厂进行管理，研究业务受铁道部科学研究院指导。株洲厂厂长许世勤兼任所长，蒋之骥任副总工程师。因为没有设立“总工程师”的职位，所以很大程度上蒋之骥就成为研究所的主导者，在后来株洲所的发展中打上了深深的烙印。

1959 年 10 月，铁道部下达计划，决定株洲厂按照 6Y1-001 号机车的设计图纸，试制 6Y1-002 号机车。12 月，株洲厂成立电力机车生产指挥部，生产科长陈国栋任办公室主任。深度参与 6Y1-001 号机车设计的蒋之骥、胡栋负责技术设计、工艺服务和外协件的采购。

6Y1-002号机车1960年1月底开工，历时45天，3月14日完工。与 6Y1-001 号机车使用同一张图纸的试制，决定了 6Y1-002 号机车同样失败的结局。

为了总结经验继续提升，1960 年 3 月，株洲厂联合株洲所、大同厂、湘潭电机厂组成联合设计组，完成了对 6Y1-003 号机车的设计。除了对 6Y1-001 号机车、6Y1-002 号机车在试验中发现的缺点进行相应改进外，最大的改变就是将引燃管数量由 8 个增至 12 个。质量不行，想着用数量来凑。不幸的是，质量不行的时候，数量再多都没用。6Y1-003 号机车确实比前面两个车型有了很大改进，但是引燃管的可靠性问题仍旧是它的死穴。

事实上，1960 年第三季度，与 6Y1-003 号机车同时开工的还有 6Y1-004 号机车。前者是 1961 年 4 月组装完成的，后者是 1962 年第一季度完成的。这时株洲所副总工程师蒋之骥提出了一个大胆的想法，抛弃引燃管整流路线，改用硅半导体整流。这就是中国电力机车发展史上著名的“改硅”事件。

1961 年春，蒋之骥参加国家科委组织的一次赴德国和英国的考察，了解到国外已生产出一批硅整流器机车并成功投入运营的情况。回国后，他开始倡导采用硅整流器取代引燃管改造机车。6Y1-003 号机车、6Y1-004 号机车引燃管问题迟迟得不到解决，让株洲厂也站到了“改硅”的阵营中。经请示铁道部后，株洲厂联合株洲所、北京变压器厂成立“改硅攻关组”，共同拟定“改硅”方案。

这期间 6Y1-005 号机车、6Y1-006 号机车也先后试制成功。6Y1-005 号机车完成于 1962 年 8 月，6Y1-006 号机车完成于 1966 年 3 月。这两款车都是三号车（6Y1-003 号机车）的小修小补版。引燃管整流的脆弱性始终是它们的死穴。

这时候，经过两年努力，1966 年 5 月，株洲所联合北京变压器厂，终于设计并试制出包含 960 个硅元件的中国第一台电力机车用硅整流装置，并成功安装在四号车（6Y1-004 号机车）上。经过高电压、大电流试验，表现良好。6Y1-004 号机车改硅大获成功。

引燃管整流问题解决后，“6Y1 型”电力机车仍旧不能稳定运行，原因是牵引电机出现环火现象，简单说就是换向器正负电刷之间产生电弧而导致短路。

这时铁道部从法国购买的“6Y2 型”电力机车给了宝凤机务段很多启发。1960 年宝成铁路宝凤段电气化改造即将完成之际，因为国产的“6Y1 型”电力机车存在引燃管逆弧、调压开关烧损和牵引电机环火三大质量问题，难当大用，铁道部不得不从法国购买了 25 台电力机车，命名为 6Y2 型，配属宝凤机务段，1960 年 11 月投入使用。1962 年 12 月，6Y2 型一号车首次架修。宝凤机务段发现法国生产的这批电力机车电气系统质量良好，牵引电机甚少发生严重故障。

1966 年 6Y1-004 改硅成功后，株洲厂联合株洲所、湘潭电机厂决定结合对前面六台试验车实验数据的全面分析，通过对宝凤机务段的深入走访，在广泛征求意见的基础上设计 6Y1-007 号机车，希望能够将它作为 6Y1 型电力机车的鉴定车。6Y1-007 号机车的核心改变是牵引电机的改进，株洲所与湘潭电机厂联手设计了功率 700 千瓦的 ZQ650-1 型四极脉流牵引电机。1967 年 1 月，6Y1-007 正式下线。

这时候，当年进入厂所的那批大学生经过锻炼，已经成长为企业的技术骨干。1961 年差不多与刘友梅同一时期来到株洲，进入株洲所的留苏大学生傅志寰，此时已经担任了所里的研究室副主任。

刘友梅因为父亲是国民党军官，开始时在株洲厂作为“内控使用”对象被安排在基层车间。刘友梅没有埋怨命运的不公，而是坦然面对挫折，以积极的心态直面艰辛。他很快就适应了车间的环境，一边与工人们打成一片，一边埋头看书钻研技术。逐渐地，他被工友们称为“电力机车的活字典”，终日在车间里琢磨各种技术难题。由于他深得工友们的信任，当单位决定将所有知识分子下放到条件最差的蒸汽机车修理车间劳动改造时，工友们硬是以车间技术离不开“活字典”为由，破例把他留在了电力机车车间，刘友梅因此没有脱离自己的专业，为以后取得成就奠定了坚实的基础。当一些老领导和总工程师被“靠边站”，电力机车研制又急需技术力量时，一直蓄势待发的刘友梅在这个科研人才青黄不接的时候得到了显山露水的机会。

七号车（6Y1-007 号机车）研制成功后，株洲厂决定总结经验，

韶山型电力机车在宝鸡—秦岭线上运行

再接再厉研制八号车（6Y1-008号机车）。1967年，还不到30岁的刘友梅被任命为6Y1-008号机车总体设计师。八号车对牵引电机做了进一步完善。1968年3月，6Y1-008正式下线，并较快地完成了各项性能试验。这是中国电力机车发展历史上具有里程碑意义的事件，标志着我国电力机车技术质量水平达到了一个新高度。

1968年4月27日，经铁道部军管会决定，批准自6Y1-008号机车开始，“6Y1型”电力机车正式定名为“韶山1型”，并于1969年开始小批量生产。1975年7月1日，宝成铁路全线电气化改造完成，通车典礼上披红挂彩的电力机车，正是6Y1-008号机车。

第七章
内功之修炼

1

1978年，十一届三中全会召开，春回大地。

伟大的改革开放时代到来了！

事实上，拨乱反正的春风最早是从科教战线吹起的。

1977年8月，邓小平主持召开了科学和教育工作座谈会并发表重要讲话。此后，“落实党的知识分子政策”“恢复技术职称，建立考核制度”“保证科学研究人员每周至少必须有六分之五的业务工作时间”等政策逐渐实施。

1978年3月，春回神州，万物复苏，全国科学大会在北京人民大会堂胜利召开。“四个现代化关键是科学技术的现代化”“知识分子已经是工人阶级的一部分”等著名论断被提出来，马克思关于“科学技术是生产力”的论断被重申。

这次大会的召开，犹如一声惊雷，响彻中华大地，激荡亿万人心。会议释放出了党中央“尊重知识、尊重人才”“解放思想、发展科教”的强烈信号，也为百废待兴的科研院所发展提供了指南。

在湖南株洲，春风也逐渐吹开了人们冰冻的内心。

“‘日出江花红胜火，春来江水绿如蓝’。这是革命的春天，这是人民的春天，这是科学的春天！让我们张开双臂，热烈地拥抱这个春天吧！”株洲厂的广播里播放着郭沫若在全国科学大会上发言的声音。[161]

一股创新的动能在全社会奔涌着！

就是在1978年3月，株洲电力机车研究所的体制发生了变化，逐

↓ 20 世纪 80 年代株洲所搬迁后茅塘坳鸟瞰图

渐由原来的“厂管所”模式，慢慢变成一个部属专业研究所，成为能够参与社会竞争的独立个体。[162] 与此同时，知识分子政策在这里被逐步落实。丁爱国、傅志寰都在这一年被任命为株洲所的副所长。

破茧成蝶，也该找一个更大的舞台了。彼时的株洲所仍旧在株洲厂的科研实验楼里。很快他们就作出了异地选址建设新的科研基地的决策，并正式给铁道部打了报告。此后，一到周末，时任株洲所所长的丁爱国就带人在田心四周的山野中转悠。田心地方不大，空间有限；但是，离田心太远又不利于科研与生产相结合，选址要找到一个恰到好处的结合点。

于是，他们找到了一个离田心不远、名叫“茅塘坳”的苗圃用地。

茅塘坳？消息一出，株洲所上下一片反对之声。很多人认为，在田心厂区内上班，有利于科研、试制、试验的协调，生活附属设施齐全，出入方便。而当时的茅塘坳，只有农舍、水田和荒芜的山头，从现有的驻地到新址，走路需要半小时。所以，这个选择，连当时所里的一些领导、骨干，也表达出了不同的意见。甚至有人攻击说“把科

161. 赵小刚 . 与速度同行 [M]. 北京：中信出版社，2014:9.
162. 这个过程不是一步完成的，而是先变成了铁科院管理的研究所，后来又重新回归机车车辆工业。

研基地建得离工厂那么远，是破坏科研与生产结合”“现有科研大楼足够用，还搞什么扩建工程，完全是浪费国家钱财”“盖大楼，建厂房，完全是为自己树碑立传”等话语。

但丁爱国认为，原有研究所的基础条件已经适应不了科研生产发展的形势，未来将会成为株洲所发展的束缚。目前是选址扩建的大好机遇。新址离田心的株洲厂不远，空间还很大，未来发展也有余地，还能建生活配套设施，是非常好的选择。

改革总是会遇到阻力，但是勇者义无反顾。

1979 年 11 月，铁道部正式批复同意株洲所选址茅塘坳。1980 年 3 月，湖南省也正式批准株洲所扩建试验试制区。1980 年新址开始平整场地，1981 年 11 月主体工程施工，1985 年全面竣工。株洲所的新址占地面积和建筑面积分别比原来扩大了 10 倍和 3 倍，这为株洲所后来成长为参天大树赢得了充裕的空间。

选一个新厂址只是牛刀小试，他们还在酝酿一个更大的计划！

1983 年初，株洲所成立了一个由所长丁爱国、党委书记廖勤生、副所长傅志寰、办公室主任赵挺文和科研科科长胡月昌 5 人组成的改革领导小组。此时的株洲所因为科研与生产结合得好，在业内已经有了很大的名气。他们几个琢磨着如何让株洲所更上一层楼，最终由傅志寰起草了《株洲电力机车研究所几项改革设想》，得到了大家的一致认同，并获得了株洲所党委的批复。

酝酿的大招叫“自断皇粮”！一次性全部取消事业拨款，换取灵活的、有一定自主权的科研、生产、经营和分配政策，他们称为“科

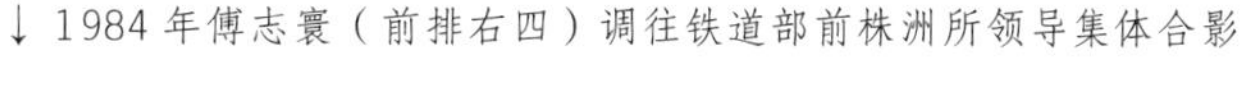

↓ 1984 年傅志寰（前排右四）调往铁道部前株洲所领导集体合影

研一生产一科研”的良性循环发展道路。自断皇粮？老丁的脑子不会有病吧？在“文革”刚刚结束的年代，如此大胆的想法，还是遭到了很多人的质疑。不但所里的人质疑，铁道部也不解。

1983 年 1 月，丁爱国到北京向铁道部领导汇报了改革的基本想法。不久，傅志寰又去北京做了一次汇报。汇报过程中，铁道部领导当面都表示了赞赏，但是此后却一直没有消息。

但，谁都阻挡不了株洲所改革的决心。1984 年年初，丁爱国作了一个决定，将政府拨付给株洲所的研究经费全部退了回去。赵小刚在《与速度同行》一书中回忆说：“很多人认为丁爱国犯傻，其实他一点也不傻，这是他的大智慧：一来向全所职工表达了坚持改革、破釜沉舟、奋力一搏的决心；二来退回小的利益，可以要来大的优惠政策。”

丁爱国“曲线救国”，他找到株洲市委、市政府说明情况，希望地方政府对株洲所的改革给予大力支持。不久株洲市政府正式批准了株洲所的改革方案。丁爱国又跑到铁道部去汇报，他的这次汇报终于引起了铁道部的高度重视。1984 年 7 月，株洲市召开全市科研体制改革经验交流会，邀请铁道部领导参加，铁道部派了一位处长参会，算是表达了对株洲所改革的支持。8 月份，铁道部终于正式批复了株洲所的改革方案。

1983 年铁道部还做了另外一件重要的事情，让喜欢尝鲜的株洲所获益匪浅，奠定了他们扎实的电传动技术，甚至间接地影响了未来高铁时代核心技术的攻关。

1983 年 10 月 1 日，铁道部采用技贸结合的方式，从美国 GE 公司引进了 220 台“ND5 型”电传动内燃机车，并签订了技术转让合同。这次引进以大连厂为主，永济厂也受益匪浅。丁爱国听闻风声后，也跑到铁道部主动请缨，要求承担“ND5 型”内燃机车电子装置的技术引进项目。以此为起点，株洲所逐步进入内燃机车微机控制领域，并将微机技术和产品应用到后期我国自主开发的产品中，使我国的内燃机车控制技术达到了国际先进水平。

1985 年 3 月 27 日，铁道部又与以法国阿尔斯通公司为代表的欧洲五十赫兹集团签订协议，以技贸结合方式引进 150 台 8K 型电力机车。该电力机车功率达到 6400 马力，最高时速 100 公里，是当时世界上最高水准的交直传动电力机车。由于株洲所在引进“ND5 型”电传动内燃机车和消化、合作生产电子产品方面表现出色，顺理成章

↓ 1985年6月，株洲所与欧洲五十赫兹集团签订8K型电力机车技术转让和合作生产电子部件协议。体制松绑后的株洲所，瞄准市场前沿，精准科研立项，加速推进科研成果的商品化转换

地争取到了全部8K型机车的技术引进和合作生产任务。

根据合作协议，8K型机车订单共有150台，其中148台由法国整车出口，2台由五十赫兹集团提供散件，然后由株洲厂与株洲所共同完成组装工作。五十赫兹集团负责无偿转让产品的全套图纸资料、机车零部件、制造工艺和检验方法，并负责培训机车试制验证和派遣专家来华指导。这次技术引进，电力机车的转向架、牵引电机、主变压器、受电弓、反向器、空气断路器及总成由株洲厂负责；主整流器、辅助变流器、电子控制装置由株洲所完成。

作为当时世界最高水平的电力机车，8K型机车的引进让株洲厂与株洲所受益匪浅，相关技术的消化吸收对后来“韶山4型”“韶山5型”“韶山6型”电力机车产生了很大的推动作用。通过引进、消化、吸收，株洲厂和株洲所将相关技术应用到了新产品的开发中，并沉积成为自己深厚技术底蕴的一部分。

2

改革开放时代，创新的动能像野火一样奔涌着，这股动能仿佛亟待破土的新芽，虽然稚嫩，但是足以顶破束缚它的桎梏与牢笼。铁路

建设也不例外。顺应时代潮流，这里也涌动着一股强烈的创新欲望。

1983 年，铁道部主动举起了改革的大旗。

随着经济快速发展，铁路客货运输需求急剧膨胀，中国开始进入铁路运能紧张时代，到后来逐渐发展成为制约中国经济发展的重要瓶颈。[163] 为了突破这种运能紧张，铁道部也在尝试着突破。

他们把突破口选在了广东。这里是改革开放的前沿。他们要打破既有模式，将公司制引入这个当时已显古老的行业。1983 年 6 月 14 日，铁道部开始筹建铁路系统第一家运输经济实体——广深铁路公司。之所以选择广深铁路，主要原因是它紧靠香港。改革开放后，进出口香港的物资急剧增长，导致广深铁路运能极度紧张。于是，广州铁路局就向铁道部申请广深铁路的改造资金，增建复线。但是，当时国家铁路建设资金非常紧张，铁道部并没有钱。因此，铁道部支持广州铁路局改革，成立公司，可以自筹资金用于建设。于是，1983 年 12 月 15 日，铁道部将广深铁路从原广州铁路局分拆出来，被誉为中国铁路改革“第一号种子”的广深铁路公司正式在深圳成立。1984 年 1 月 1 日，广深铁路公司开始正式运营。

既然是改革，当然就要给政策。

第一个政策就是实行特殊运价。改革的主要手段是涨价。市场经济嘛，赚钱才是核心，各国的铁路改革莫不如是。不管在哪里，铁路往往都有很强的公益性，通常实行价格管制，这是铁路难以实现盈利的重要原因。既然让广深铁路公司试点，自然不能让它一直亏损下去，要给一定的政策。最具实质性意义的政策自然就是价格政策。于是，经国家有关部委批准，广深铁路公司改革后实行特殊运价，可以比全国统一运价高 50%。自此以后，一直到现在，在火车迷中间，都流传着一个不是很好听的绰号“抢铁”，意思是抢钱的铁路局。

二是赋予广深铁路公司独立的设计施工审核权、客货运输经营权、行车调度指挥权、对外业务洽谈权和外汇留成使用权。这是经营机制转变的基础保证。

三是以路养路。既然给了特殊运价政策，国家肯定就不可能再投入改造资金，以后铁路提升改造就要自筹资金了。铁道部要求广深铁路公司在 5 年时间内完成投资额预计为 7 亿元的广深铁路复线建设工程。

这一改还真的挺好使。到 1985 年底，广深铁路提前完成了全长 147 公里的复线建设工程，综合运输能力提升了 70%。

广深铁路公司的改革让铁道部看到了发展铁路的出路。

3

1986 年铁道部又开始推行力度更大的经济承包责任制改革，当时称为“大包干”，实际上是试水全行业的市场化。这是起于小岗村的家庭联产承包责任制在工业系统的延伸。此前铁路实行的是收支两

163. 吴昌元 .1993 中国铁路改革与发展重要文稿 [S]. 北京：中国铁道出版社，1994.

1982 年 9 月中共十二大报告中就提出：“当前能源和交通的紧张是制约我国经济发展的一个重要因素。”到 20 世纪 90 年代初，铁路运输的瓶颈问题已经引起了全社会的关注，媒体掀起了一场大讨论。时任国务院副总理朱镕基 1993 年 4 月份在湖南农村考察期间感叹铁路运输的“瓶颈”制约问题太严重了。同年,《人民日报》发表文章《中国铁路何日走出“瓶颈”》，《瞭望》周刊发表《铁路，能走出“瓶颈”吗》等一系列文章。

条线，铁路自身经营好坏，与铁路的发展没有直接关系，属于“挣钱都上交，花钱伸手要”的状态。根据“大包干”方案，铁路不再将全部运营收入上缴中央，而是以承包责任制的方式每年上缴 5% 的营业收入，其余全部收入归铁路系统。然后铁道部再对铁路局实行大包干，将原本收归于铁道部的财务、劳资、人事等权力直接下放到各铁路局，试行铁路行业的经济责任大包干。改革的试点还是广东。1987 年 3 月 14 日，铁道部正式批复了《广州铁路局（1987—1990）经济承包责任制实施方案》。紧随广州铁路局跟进的则是中国铁路机车车辆工业总公司与中国铁路物资总公司。

再到后来，广州铁路局直接改制成了广铁集团（1992 年），从而诞生了中国铁路运输行业的第一家企业集团。而广深铁路公司更是进行了股份制改造，直接上市了。

20 世纪 80 年代，除了改革，铁路建设与改造也没有停下。因为建设资金不充裕，新线建设不算突出，铁道部集中力量重点做两件事：

第一，修复线。新中国成立前我们建设的很多铁路都是单线铁路，只能解决有无的问题，来回两趟车要找地方避让，是运能提升的根本性束缚。改革开放后，铁路客货运输需求急剧膨胀，核心路段运能“卡脖子”问题十分突出。与在相对边远一些的地方修建新线相比，显然核心干线铁路的复线建设更加紧急，也更加重要。要知道，在此时的中国，京沪铁路、陇海铁路东段、京广铁路南段、胶济铁路、石德铁路都还是单线呢！

第二，电气化改造。根本原因还是运能不足，电气化铁路最大的好处就是多拉快跑。1975 年 7 月 1 日，全长 676 公里的宝成铁路电气化改造完成后，1977 年 6 月 27 日，我国又建成了 365.5 公里的阳安铁路。阳安铁路起于宝成铁路阳平关站，与宝成铁路连在一起，往东一直到陕西南部重镇安康。这两条铁路构成了中国最早的电气化铁路网络。20 世纪 80 年代，铁道部完成了 5907 公里铁路的电气化改造工程，到 1996 年中国电气化铁路里程突破 1 万公里，2005 年突破 2 万公里，到 2012 年突破 4.8 万公里，最终超过俄罗斯，跃居世界第一。

因为精力与财力都放在修复线和电气化改造上，相对而言新路建设就少了些。当时铁路行业有个顺口溜:“‘一五’‘二五’，修路高潮；‘五五’‘六五’，小打小闹。”“一五”“二五”期间，我国年均修建铁路 1000 公里左右，“五五”期间下降到 500 公里，“六五”期间下降到 300 多公里。“七五”期间（1986—1990 年）年均新建铁路里程也只有 318 公里。20 世纪 80 年代，中国新建铁路线路之所以少，一是因为资金有限，且大部分都被投入旧线改造了；二是改革开放打开国门后，大家发现西方国家公路运输与航空运输蓬勃发展，而铁路运输相对而言已经落伍了，所以很多人鼓吹“铁路夕阳论”，预言随着公路和航空业的快速发展，铁路运输将被淘汰，中国的许多铁路将像西方一样被拆除。既然将来要拆，现在何必建呢？现在听来，你可能觉得这种论调很可笑，但是对当时的中国人而言，很多人把西方发达国家的言行奉为圭臬。这种甚嚣尘上的“铁路夕阳论”，不但影响了铁道部一些领导的看法，而且还影响了国家有关部门的决策。

结果就是，在综合交通的投资中，铁路受到了冷落。

当然，新线建设少是少了些，但也还是修了一些。其中最重要的一条线就是大秦铁路。直到今天，大秦铁路仍旧是中国最先进、最具标志性意义的重载货运铁路，被誉为“中国重载第一路”。

改革开放后，经济火热发展，用电量猛增，电煤极度紧张。20世纪 80 年代，全国电煤一直处于紧绷状态。1988 年 8 月，江苏发电用煤极度匮乏，因缺煤停机的发电机组高达 180 万千瓦，占统配机组装机容量的 40%；四川省六大电厂，库存煤仅有 13.5 万吨，只能维持 4 天使用；上海发电用煤更是只能维持 4 小时，发电厂常常要看煤船到达情况安排组织发电。到 1989 年 1 月，北京竟然也出现了拉闸限电的情况。[164] 山西是我国煤炭储量最丰富的省份，晋煤外运一直是中国铁路工作的重中之重。晋煤外运主要有三个通道。北路，从大同沿京包铁路（包括丰沙铁路）运送到京津地区，供京津地区当地使用或从港口装船下海南运。中路主要走石太铁路（石家庄到太原），再转石德铁路（石家庄到德州），然后经京沪铁路、胶济铁路到达青岛。南路主要是太焦铁路（太原至焦作）、新菏铁路（新乡至菏泽）、兖石铁路（兖州到日照港石臼港区），然后从日照港下水。晋煤外运一旦受阻，全国电力供应就要出问题，全国工业的发展就会被“卡脖子”。确保晋煤外运是国家战略任务，为此铁道部对晋煤外运的三条通道都加修了复线，并进行了电气化改造。但是运能紧张问题依旧解决不了。于是，大秦铁路就应运而生了。

客运高速、货运重载是世界铁路发展的趋势。重载运输是国际上公认的铁路运输尖端技术之一，代表着铁路货物运输领域的先进生产力。目前世界上开行重载铁路的国家并不多，美国、澳大利亚都是世界上顶尖的重载运输大国，能够代表中国铁路重载运输水平的正是大秦铁路。

大秦铁路，西起北同蒲铁路大同枢纽的韩家岭站，东至秦皇岛的煤码头，全长 653 公里，1983 年勘察设计，1985 年动工建设，1992 年全线竣工运营，通车后实现了 5000—6000 吨列车常态化开行。作为一条运煤专线，从大同到秦皇岛往往是满载而行，但是从秦皇岛回大同往往放空而归。这似乎是一种巨大的浪费啊，这么浪费，它还能赚钱吗？实际上，它不但能赚钱，而且还赚得盆满钵满！为什么？因为它的独特性，也因为技术的先进性。大秦铁路从大同韩家岭站到秦皇岛，满载的时候是一路大下坡；回程上坡的时候，又是空载。加上现在电力机车先进的动能回收，大秦铁路的节能水平非常优秀。

后来经过技术改造，2003 年 9 月 1 日开始，大秦铁路实现万吨重载列车常态化开行；2006 年 3 月首次开行 2 万吨列车，由 4 台机车共同牵引 210 节车厢，列车总长度达到 2.7 公里。

2.7 公里！由 4 台电力机车牵引，204 节“C80 型”80 吨煤运专用敞车组成的列车，穿越雁北高原、桑干河谷，顺着燕山山脉南麓，奔驰在崇山峻岭之间。有人可能觉得，2 万吨，这牵引能力实在是太震撼了！其实，与牵引能力相比，制动才是大秦铁路运输的最大挑战！

164. 朱海燕 . 当惊世界殊 [M]. 北京：中国铁道出版社，2018:42.

↓大秦铁路上的运煤专列

大秦铁路60%的线路处在山区，其中最具挑战性的线路集中在湖东到茶坞之间。这里有两个大下坡，总长100公里。下坡自然免不了制动！重载司机最清楚，不怕开不动，就怕停不住！4台机车，204节80吨的货车，全长2.7公里，制动的时候，同步性如果不能做到完美，会出现什么情况？可能车毁人亡！可能中间的车被挤成了铁饼！我国在大秦铁路上应用的LOCOTROL机车无线同步操纵系统，能够做到主控机车对从控机车进行同步控制，第一台主控机车乘务员的每一个操纵动作成为一道指令，通过无线传输，只需0.2秒，第二台机车即可自动完成同一动作。以此类推，从第一台机车发出指令到第四台机车完成同一动作，间隔不过0.6秒。这就有效减少了列车编组的纵向冲动，确保2万吨重载列车的平稳运行。这套控制系统是世界重载铁路运输系统中最先进的一套。

大秦铁路不仅是我们铁路运输先进技术的试验场，还是效率的佼佼者。在山西大同韩家岭，有一处2万吨重载列车的装车点——塔山装车点。在这里，电力机车以每小时0.8公里的速度通过储煤仓，一节节车厢像接受检阅般依次通过筒仓，仓口自动喷出煤炭，边走边装，走过装完，装一节80吨“C80型”车皮仅用30秒钟，装满一列204节车厢的万吨列车只需1小时46分。一边装煤的同时，还一边喷洒抑尘液，干燥后结成硬膜，犹如苫盖篷布，能有效防止重载列车高速运行或大风天气产生扬尘。人们将这个工作形象地称为“喷发胶”。

当然，大秦铁路上使用的货车也是专门设计的。在港口卸煤时，列车并不停下，而是在慢速行进过程中，由翻车机自动进行卸煤。现代化的翻车机稳稳接入满载煤炭的货车，缓缓转动180度，3节240吨煤炭翻江倒海般流入地下煤仓。几秒钟后，卸空的车厢稳稳落地，列车随即通过环形线鱼贯而出，返回大同方向。港口地下煤仓的煤炭，通过传送带源源不断地输往选煤厂，登上泊在码头的货轮。

装车不停车，卸车不解体，这就是现代化大秦铁路的效率。然后2.7公里的2万吨重载货运列车，满载乌金，在这条铁路上奔跑，日夜不息。整条铁路就像一条滚滚的煤河，从黄土高原边缘的大同奔流到海，为中国经济蓬勃发展源源不断地输送着动力血液！

2014年4月2日，4台HXD1型大功率交流传动电力机车牵引满载3万吨煤炭的试验列车在大秦铁路成功开行，列车总编组320辆，总长度达到3.97公里，大秦铁路重载运输又实现了从2万吨到3万吨的跨越。2018年，这条当年设计运输能力远期目标要达到1亿吨的重载铁路，全年完成货运量4.51亿吨，创下历史最高纪录，也用实际行动不断书写着属于自己的传奇。

和谐

HXD1 型八轴 9600 千瓦机车在大秦线
牵引 2 万吨重载列车运行

大秦铁路作为20世纪80年代到90年代初铁路建设的一个骄傲，我们先谈到这里。

让我们先重新回到90年代初。

4

经过改革开放初期的发展，虽然新建铁路少了些，但是通过修建复线以及电气化改造，铁路的运能还是有了大幅度提升。到1990年，全国铁路营业里程53378公里，其中电气化铁路6941公里，电气化率达到13%。与1949年相比，1990年铁路里程增加了1倍左右，但是铁路的运输量却增加了16倍。

1990年这一年，铁路建设的投资预算是107.16亿元。

铁道部开始谋划更大的发展。

高速铁路，这个当时世界铁路行业最时髦的概念，开始进入铁道部的规划中。

此时世界上拥有高速铁路的国家只有3个：

高铁线路最长的是日本，1990年已经开通4条线路，总里程超过2000公里。日本运营速度最高的是东北新干线，最高运营时速240公里。日本是世界上最早建设高铁的国家。新干线系列高速列车都采用动力分散技术，非常有特点，特别是300系新干线列车，创新性地采用交流传动异步电机，展现了前所未有的竞争力。

运营速度最高的是法国。大西洋线运营时速达到300公里。此

↓ 1988 年 12 月 20 日，全球最后一台蒸汽机车在大同机车厂下线，也标志着亚洲最大的蒸汽机车制造工厂，为适应我国铁路牵引动力革命性变化，转产内燃和电力机车

时法国已经开通了 2 条高铁，总里程 700 多公里。法国高速动车组采用动力集中技术，不但能在新建高铁线路上运营，还能通达既有铁路线。法国高铁建设虽然晚于日本，但是亮相即巅峰，是世界高铁的标杆，是众人效仿的对象。世界各国在引进高铁技术时，法国是首先考虑的对象。90 年代，中国刚刚开始研究高速铁路时，也是以法国有砟轨道配上动力集中型的动车组为模板的。

还有一个国家是德国，建成通车的线路只有 87 公里。这时德国高铁刚从混乱中走出来，还处在追赶阶段，与法国类似，走的也是动力集中型的技术路线。

此外还有两个国家，虽然还没有高铁，但是已经开工建设了。一个是意大利，一个是西班牙。

所以 1990 年铁道部冒出建设高速铁路的念头时，还是非常时髦的。这一年针对高速铁路他们做了两件事：一是完成了《京沪高速铁路线路方案构想报告》；二是心动不如行动，批复了广深准高速铁路的改造项目。

《京沪高速铁路线路方案构想报告》是 1990 年 12 月完成的。那时候的铁道部对于高速铁路这种新鲜玩意，实际上还没有做好充分的准备，也没有切实可行的路线图，就是先向国家反映反映，希望在国家的引导和推动下，把高铁建设的想法逐渐变为现实。这与2003年之后铁道部建设高速铁路网络的决心不可同日而语。时隔13年后，铁道部已经筹划出了完整的、具有极强执行性的路线图，从规划到资金，从战略到战术，从技术到路径，一切都已经井然有序。而铁道部向中央汇报并不是为了获取资源来支持自己计划的实施，实际需要的只是中央的同意。所以《京沪高速铁路线路方案构想报告》完成之后，京沪高铁的建设一直处于讨论阶段，各种争论，纷纷扰扰，但是一直无法落地。

尽管高铁建设的路线图尚不成熟，但是广深准高速铁路改造项目却是扎扎实实地走出了第一步。磨刀不误砍柴工，这些工作为中国高铁时代的到来做了很好的准备。

5

广深铁路公司是铁道部改革的产物，1984年1月1日正式运营。因为有特殊的政策保驾护航，所以发展得一直不错，资金实力雄厚，靠自己的实力已经完成了复线建设。现在要做的就是再进一步，提高速度。1990年3月，铁道部正式下达《关于进行广深铁路提高旅客列车高速可行性研究的通知》；12月6日，国家计委正式批准改造项目立项。第二年，广深准高速铁路建设领导小组正式成立，时任铁道部部长的李森茂任组长，时任广东省副省长的张高丽、铁道部副部长屠由瑞任副组长。广州铁路局也成立了准高速铁路建设指挥部，铁道部第四勘察设计院担任总体设计工作，整体建设大幕正式拉开。[165]

这个项目具有很强的实验性质，它是在为中国将来的高铁建设探路。有人总结说，这个项目是在边科研、边设计、边施工、边运营、边完善。铁道部不仅要把广深铁路改造成时速160公里的准高速铁路，而且还想在这里建一段时速200公里的试验段。最终广深铁路经过改造后，全线少部分路段（广州东至下元段、深圳至平湖段）为常规路线，设计时速90公里；大部分路段（下元至平湖段共计98.5公里）为准高速路线，设计时速160公里，其中新塘至石龙段约25公里设置了时速200公里的试验段。这个试验段在未来中国高铁发展过程中发挥了不可替代的重要作用，中国自主研制的动车组项目，如“大白鲨”“蓝箭”“中华之星”都在这里做过高速试验。

在这个项目具体实施过程中，一个最大的难点是在抢时间建设的同时还不能影响广深铁路的正常客货运输。施工期间，每天通过5对广九直通车、23对广深客车和10多对货车。所以，多数项目是在下半夜和晚上货车运营间隙完成的。[166]尽管如此，经过3年的奋斗，广深准高速铁路改造项目还是圆满完成了。到1994年9月21日，广深准高速铁路全线竣工，并开始在夜间进行综合试验，至同年12月8日实验项目全部完成。

广深准高速铁路改造项目，不但在线路建设上进行了探索，还引

165. 杨东晋.广深准高速铁路建设工程：中国高速铁路的起步[J].中国铁路，1992(10):20-21.
166. 曾军敏.铁路建设的里程碑：广深准高速铁路建设侧记[J].中外房地产导报，1995(4):22-23.

领中国铁路信息系统进行了革新。为了配合广深准高速铁路改造项目，90年代初，中国引进了法国阿尔斯通公司的计算机联锁系统。该系统于1991年11月19日率先在广深铁路红海站开通使用，红海站也成为中国铁路干线上的第一个计算机联锁车站。

有了线路，还得有在线路上奔跑的车辆。根据铁道部的统一安排，戚墅堰厂为广深准高速铁路研发了“东风11型”内燃机车。这款机车因为大气的外表设计，被火车迷们亲切地称为“狮子”。这是我国设计的第一款时速160公里的准高速客运内燃机车。“狮子”在下线的第一次试验中就跑出了时速167公里的纪录。1994年4月11日，0001号“狮子”在铁科院环形试验线牵引着7辆铁路客车跑出了183公里时速，创下了当时的中国铁路第一速纪录。

1994年12月22日，广深准高速铁路胜利通车。开通仪式定在下午2点钟举行。除了来自内地的大批新闻记者外，还有很多来自香港的记者。从上午9时开始，香港记者开始从罗湖口岸陆续入关，参加广深准高速铁路的报道活动。时任国务院副总理邹家华出席仪式。为庆祝一条100多公里的铁路改造项目完成，国务院副总理亲自出席开通仪式，也算是超高规格了。铁道部去了4位领导——部长韩杼滨，副部长孙永福、傅志寰，原铁道部部长李森茂。傅志寰主持开通仪式，韩杼滨发表重要讲话，对广深准高速铁路改造项目给予了高度评价。[167]

“狮子”牵引的准高速列车被命名为“春光号”。14时20分，春光号以160公里时速离开深圳向前飞驰，15时27分，列车抵达广州站，用时1小时7分，比原来的时间缩短1小时。春光号不但速度提起来了，而且舒适度也有很大改善，明亮的车窗、高背式座椅、鲜艳的地毯、舒适的空调，让它一下成为中国铁路的门面，大受欢迎。尽管广深铁路执行上浮 50% 的票价，但是春光号全年的上座率竟然突破了 90%。

时速 160 公里的线路，今天看来似乎稀松平常，但对当时的中国铁路而言，却是历史性的跨越。朱海燕先生在他的《当惊世界殊》一书中曾经记述过这样一个故事：

1981 年铁道部在北京组织铁路运行图编制会议。在铁道部三楼的会议室里，主管运输的副部长主持会议。他说：中国 5 万公里铁路，还没有一段大干线能够跑 100 公里时速，我们能否解放一下思想，在某个直线通道上试行时速 100 公里运营？当然，我说的不是整条线路，是希望在优质线路区段中挑选出某一个小区段，看看能不能达到这样的速度。

这位副部长发言完之后，全场鸦雀无声。

场面随着一位副局长的发言而变得更加尴尬！

这位副局长说：部长，您的意见非常好，但是如果列车提速到 100 公里时速，翻了车，死了人，究竟是您去坐牢，还是我去坐牢？如果您今天表示，出了事，您去坐牢，我们就把您的意见写到运行图上；如果说，出了事，让我去坐牢，那我就投反对票。

会场再次陷入了沉默。

---

167. 鞠家星 . 提速，世纪之交的宏伟篇章——铁路提速历程的回顾 [J]. 中国铁路，2002 (11): 14–23.

5 分钟后，那位副部长说：为了安全起见，我看提速到 100 公里时速的问题，就暂时放一放吧。

大家可以从中读出，对中国铁路而言，速度是何其敏感。

1994 年广深准高速铁路通车之时，实际上正是中国铁路最困难的时候。此时，高速公路已经找到了“贷款修路，收费还贷”的模式。以极快的速度迎风生长，成为综合交通运输体系中的大明星，铁路客货运输面临着来自高速公路客货运输的激烈竞争。从 1995 年开始，中国铁路客运量竟然开始了连续 3 年的同比负增长。[168] 关于铁路客运量同比下降一事的原因，原铁道部总工程师华茂崑认为，虽然有管理等多方面的原因，但是速度却是最根本的问题所在，没有速度上的优势，就会失去竞争的基础。1949 年新中国成立时，我国铁路客运平均时速约为 28.2 公里，1965 年增长到 38.5 公里，1980 年达到 43.4 公里，到 1995 年也不过 48 公里。在灵活性方面比不过高速公路，速度方面再不行，偶尔还摆一下“铁老大”的臭架子，不被旅客抛弃才是怪事！

怎么办？一边是广深铁路提速改造之后，竞争力大增，一边是全国铁路客运量连续下滑，难道铁路真的已经是夕阳产业？但是与中国隔洋相望的日本新干线却一直红红火火，甚至与它们直面竞争的民航业都被逼得节节败退。是坐以待毙，还是奋起努力，有所作为？最终，铁道部作出决定，将广深铁路提速经验向全国主要干线铁路推行，中国铁路迎来了荡气回肠的大提速时代。

广深铁路毕竟只有 147 公里，处于中国铁路网的末梢，做起来相对简单。如果对庞大的中国铁路干线网络进行改造，这个工程就太浩大了。工程浩大尚在其次，技术与安全风险却是悬在头顶之上的“达摩克利斯之剑”！无疑，铁道部作出全国主要干线铁路提速的决定，需要非比寻常的担当精神！

6

当时的铁道部部长韩杼滨，决定撸起袖子干一场。1995 年 6 月 28 日，他主持召开部长办公会，拍板定下了这件事。铁道部成立了专门的提速领导小组，韩杼滨亲自挂帅，主管运输的副部长靠前指挥。这是中国高铁时代到来前最热血澎湃的一段时期。

大提速必然要伴随着一定程度的技术改造。铁道部确定的原则是，客运争取达到时速 140 公里到 160 公里，货运达到时速 85 公里到 90 公里。客运关系着铁路的口碑，但是货运关系着铁道部的钱袋子。所以铁道部确定，客运提速的情况下，不能影响货运。中国铁路干线坚持客货共线。线路桥梁原则上不做大的改造，线路的平纵面也不动，小曲线半径改造后能够使大段线路提高速度，个别的可以改造，个别老龄桥采取一定的加固措施。

正式实施提速前，先做了 4 次试验。

第一次提速试验选择在沪宁线，具体实施者是铁科院。他们要测

---

168. 参见历年中华人民共和国国家统计局《中国统计年鉴》。

试的内容包括：线路情况如何？路基怎么样？桥梁是不是能够承受？轨道能不能够经受住高速度的冲击？当时用来测试的设备还比较原始，不像现在有了综合检测车，开着车一切数据就有了。他们经常需要背着大大小小的设备到处跑。这里面有测轨道的，有测速度的，有测通信信号的，有测弓网状况的，也有测车辆空气动力学的，测脱轨系数的。现在，这些仪器都布置在综合检测车里面了，但那时候没有，只能把各种仪器临时在不同的列车上搬来搬去，有时候他们还不得不在铁路沿线搭建帐篷做测试工作。

1995 年 9 月 16 日至 22 日期间，他们重点测试了沪宁铁路的货运情况。具体由“东风 4E 型”货运内燃机车与“东风 8 型”货运内燃机车分别牵引 4200 吨货物进行试验。试验大获成功。10 月 8 日至 20 日，他们又在沪宁线上进行客运试验。由广深铁路上面的“春光号”参与试验，最高试验时速达到了 173 公里。1996 年 4 月 1 日，上海铁路局正式在沪宁线开行了“先行号”快速列车。牵引机车由 0006 号“狮子”——“东风 11 型”内燃机车担当，旅客列车由浦镇公司生产的“25T 型”双层旅客列车担当。“先行号”列车在上海到南京区间运行，最高时速 140 公里。

第二次试验他们选在了京秦线。1995 年 11 月 2 日—4 日，北京铁路局在北京至北戴河区间进行提速试验。由“狮子”牵引 12 辆“25T 型”双层旅客列车进行，最高试验时速 175.7 公里。试验结束后，1996 年 7 月 1 日，北京铁路局在京秦线正式开行了“北戴河号”快速列车，最高运营时速 140 公里。

↓上图：1996 年 4 月 1 日，上海铁路局在沪宁线开行提速列车先行号
↓下图：有“狮子”之称的东风 11 型内燃机车

第三次提速试验选在了沈山线。1996 年 6 月 30 日—7 月 30 日，沈阳铁路局先后在沈山线组织了 3 次大规模的针对性提速试验。沈山线提速试验是这几次提速试验中内容最丰富、组织最复杂、取得的试验数据最全面的一次。试验结束后，1996 年 10 月 8 日，北京到大连快速客运列车开通运营。这是我国第一条跨区域、长距离铁路线上的快速旅客列车，线路全长 1138 公里，列车最高时速 140 公里，旅行时间由此前的 16 小时 15 分压缩到 11 小时 58 分。从这趟快速客运列车上已经能够看到未来第一次大提速的影子了。

第四次提速试验选在了郑武线。这是 4 条参与提速试验的线路中唯一一条电气化铁路。担当此次提速试验牵引动力的，是中国高速客运机车的代表——韶山 8 型电力机车，被火车迷们亲切地称为“小八”。1996 年 11 月 10 日—21 日，“小八”牵引 25T 型客车、双层客车、准高速客车进行了一系列试验，最高试验时速竟然达到了 185 公里。郑武线的试验为今后电气化区段提速改造奠定了基础。

在郑武线进行了时速 185 公里的试验后，铁道部觉得还不过瘾，

副部长傅志寰主张在北京铁科院环形线做一次冲击时速200公里的试验。铁科院环形试验线1958年建成投产，是中国最重要的铁路试验基地之一。中国最新研制的机车车辆往往首先要在这里进行试验测试。该试验线全长约47公里，其中电气化线路约35公里。

1997年1月5日的北京，刚刚下了一场小雪，朔风吹在脸上，像刀割一样。但寒风吹不走志士的豪情！在北京东北郊的铁科院环形试验线上，韶山8型电力机车的冲高试验马上就要开始了。据傅志寰回忆，试验开始后，机车不断加速，列车掀起地面的积雪，立即旋卷成一条气势磅礴的白龙，极为壮观。加速，再加速，试验列车的时速指针不断攀升，最终冲到了212.6公里。这是中国铁路试验历史上首次突破了200公里时速大关。试验结束后，很少沾酒的傅志寰也难以抑制内心的激动，在食堂里和大家聚餐时连干了几杯。

这段时间的试验表明，中国自己开发的技术是可靠的，行车的安全也是有保证的，技术改造花钱也不算多，每公里约100万元左右[169]。在经过充分的线路试验之后，1997年4月1日，中国铁路第一次大提速终于来临。大提速的决策者是铁道部部长韩杼滨，具体执行者是主管运输的副部长以及总工程师华茂崑。这次提速主攻对象是京沪、京广、京哈三条南北大干线。这三条铁路总里程5046公里，约占全国铁路网的十分之一，但是当时完成的客货周转量却分别占全国铁路客货周转量的39.4%和34.4%。

中国铁路第一次大面积提速是一次历史性的突破，在中国铁路发展史上具有不可撼动的历史地位。主要突破在以下两点：

↓ 1996 年，东风 4D 型内燃机车研制成功并大批投放到铁路市场，成为我国铁路前 5 次客运大提速的主力机型。图为东风 4D 型内燃机车

第一，中国铁路历史上最受欢迎的客运产品——“夕发朝至”列车正式上线，共推出了 78 列，被称为“移动宾馆”。这是中国铁路客运产品的重大创新，一经推出，立刻大受市场欢迎，几乎趟趟满员，成为中国铁路客运的招牌产品，是中国高铁诞生之前最成功的铁路客运产品。

第二，三大南北干线铁路标杆列车提速到时速 140 公里。此次提速共推出标杆列车 40 对。经过第一次大提速，全国铁路平均运营时速由 48.1 公里提高到了 54.9 公里。

第一次大提速的成功，超出了所有人的意料。旅客十分喜欢，众人一致的好评令铁道部喜出望外，不但收获了价值连城的社会效益，而且还让中国铁路扭转了客运量同比下滑的趋势，当年就实现了大幅增长，客运周转量增长 7%，客运收入增长 10%。从此之后，除了 2003 年“非典”疫情、2020 年“新冠”疫情导致大家出行大幅减少的特殊情况外，中国铁路客运量再也没有出现过同比下降的情况。

169. 傅志寰 . 我的情结 [M]. 北京：中国铁道出版社，2017:155.

7

第一次大提速不久，1997 年 7 月，中央决定由傅志寰担任铁道部党组书记，这也意味着他要在第二年接任铁道部部长。傅志寰在自己的回忆录中说，这有点出乎意料，此时已经 59 岁的他已经做好了退休的打算。1998 年 3 月，傅志寰接替韩杼滨成为新一任铁道部部长。不久，他主持召开部长办公会，决定在当年 10 月 1 日实行中国铁路既有线第二次大面积提速。

在第二次大提速之前，铁道部又在郑武线进行了一次冲高试验。铁科院环形线曲线半径毕竟太小，不利于“小八”的发挥。铁道部还想找个条件更好的线路，看看还能不能冲得更高一些。最终选择了郑武线，因为这条铁路有一段 53 公里的区段条件非常好，其中有一段长达 23.8 公里的大直线，非常有利于高速实验。冲高之前，铁道部投入 8068.5 万元，对郑武线进行了技术改造；又投入 1080 万元，对“小八”也进行了特殊的改造。1998 年 6 月 24 日，“小八”牵引 2 辆旅客列车在这里创造了 239.7 公里的中国电力机车最高试验时速！这一纪录迄今未被打破。

这次试验期间还发生了一次小意外。6 月 16 日，试验列车由许昌站下行开往小商桥站，试验列车以时速 160 公里运行着，迎面驶来了由南宁开往西安的上行列车 K316 次，该列车由一辆电力机车牵引着 18 节“22 型”客车，时速 115 公里。上午 9 时 23 分，试验列车与 K316 次列车交会。意外发生，K316 次列车的一块玻璃被巨大的

↓广深铁路上运行的 X2000 摆式动车组

交会压力波吸走，另外两块玻璃被气流打碎。被吸走的玻璃，连续打在了试验列车不同的部位，先是打在了侧墙上，接着又打在了侧门的两个铁扶手上，直接将铁扶手打弯，后面又连续打掉了扶手拉环的橡胶护层，最后击碎了试验列车的玻璃。这次意外中的“交会试验”，试验列车时速是 160 公里，普通旅客列车时速是 115 公里，两车相对时速只有 275 公里，竟然产生了如此强大的交会压力波。

联想到 2016 年 7 月 15 日两列中国标准动车组在郑徐高铁试验线上分别以 420 公里的时速进行交会试验，两车相对时速超过 840 公里，平均每秒 233 米，却安然无恙地成功交会，试验取得巨大成功，各项参数符合设计标准，让人不得不感叹中国高铁取得的巨大进步，真是“萧瑟秋风今又是，换了人间”！

1998 年 10 月 1 日，第二次大提速终于来临。这次大提速仍旧围绕京沪、京广、京哈三大铁路干线，主要是对第一次大提速的补充与完善，有以下几个方面的突破：

第一，三大干线快速列车最高运营时速由 140 公里提高到 160 公里；非提速区段快速列车最高运营时速提高到 120 公里。

第二，广深准高速铁路通过租用瑞典摆式列车 X2000，开行了最高运营时速达 200 公里的旅客列车。按照国际铁路联盟的定义，

韶山8型电力机车，是四轴准高速干线客运电力机车，机车最大运行时速为170公里，最高试验时速达到240公里

既有线改造，时速达到 200 公里即为高速铁路。虽然只有一个班次，算是一个特例，信号系统还是老式的，但某种意义上，1998 年 10 月 1 日之后的广深铁路已经算是高速铁路了。

第三，快速列车在第一次大提速 40 对的基础上增加了一倍，达到 80 对；“夕发朝至”列车因为大受欢迎，由 78 列增加到 228 列。

2000 年 10 月 21 日，中国铁路又进行了第三次大提速。与前两次大提速主要在京沪、京广、京哈三大南北干线上进行不同，这次大提速主要针对陇海、兰新、浙赣等东西向铁路，同时也包括京九这条南北大通道。这一年，中国实施西部大开发战略，东西部之间人员、物资的交流迅速增加。铁路第三次大提速正是在这样的背景下实施的。经过这次提速，北京到乌鲁木齐的 T69/70 次列车旅行时间比 1997 年压缩了 19 小时 36 分；上海到乌鲁木齐的 T53/54 次列车旅行时间比 1997 年压缩了 22 小时 58 分。经过这三次奋力改造，中国铁路提速线路总里程已经接近 1 万公里，初步形成了覆盖全国主要地区的“四纵两横”提速网络。

第三次大提速除了硬件上的突破外，在管理上也有一个表面上看起来不起眼，但是对乘客出行体验有重大影响的突破，就是全国铁路首次实现联网售票，首次有 400 个较大车站获得了异地售票资格。

为了总结前三次提速的经验，2001 年 7 月 2 日，铁道部还专门在北京组织召开了座谈会，并根据座谈会的精神制定了一个既有线提速的纲领性文件——《铁路“十五”提速计划及实施意见》。应该说这份文件对速度的认识非常到位，文件开篇就说：“速度是交通运输发展的重要标志，世界交通运输发展的历史，就是一部速度不断提高的历史。提速不仅仅是提高了列车速度，更主要的是推动了铁路运输质量的提高和科技进步。”

这份文件还抛出了一个雄心勃勃的计划，提出要在2001年、2003年和2005年分别进行3次大规模提速，形成覆盖全国主要城市的1.6万公里的提速铁路网。文件为中国铁路描绘了一个美好的未来，提出客运专线旅客列车最高时速要达到200公里，繁忙干线旅客列车要达到时速160公里，部分干线旅客列车时速要达到120公里。主要干线城市，距离500公里以内要实现“朝发夕至”，距离在1200公里左右的要实现“夕发朝至”，距离在2000公里左右的要实现“一日到达”。

根据这份文件描绘的路线图，第三次大提速一年后，2001年10月21日铁道部又组织了第四次大提速。这次大提速主要是对前几次大提速的进一步延伸和完善，铁路提速线路延展里程拓展到1.3万公里。

时间来到2004年4月18日，3个月前《中长期铁路网规划》刚刚获得国务院批准，“四纵四横”客运专线网络尘埃落定；半个月前国务院刚刚召开了铁路机车车辆装备问题专题会议，确定了“引进先进技术，联合设计生产，打造中国品牌”的总方针，以“引进消化吸收再创新”为核心内容的高速动车组技术引进工作即将展开。此时正处在中国高铁时代的前夜，轰轰烈烈的中国高铁大建设时代即将到来。就在这一天，铁道部开启了中国铁路第五次大提速。

第五次大提速也有很多亮点、很多突破，概括起来包括以下几点：

第一，首次开行了“Z”字头的直达特快列车，共开行了19对，主要在京沪、京广、京哈等干线铁路上运营，其中上海局有11趟，被火车迷们称为“大动局”的上海铁路局，这个时代同样是引领者。直达特快列车平均运行时速达到了119.2公里，特快列车的平均运营时速也达到了92.8公里。有意思的是，这19趟直达特快列车中，竟然没有一趟从全国第一大铁路局郑州铁路局的郑州始发或者经停，打破了郑州火车站建站百年以来，列车进站必停的历史。为了开行直达特快列车，铁道部专门要求戚墅堰公司研制了被火车迷们亲切地称为“猪头”的“东风11G型”客运内燃机车。之所以被称为“猪头”，一是因为它的外形圆润酷似一只小猪；二是因为它牵引的运输列车是直达特快列车，简称“直特”，拼音简称是“ZT”，与猪头的拼音简称一致。很多人也许会问，戚墅堰公司不是已经有“狮子”——“东风11型”客运内燃机车了，为什么还要研制新型内燃机车？原因是直达特快列车对牵引机车提出了更高的要求。一是长交路，一站直达。长交路是指机车运行交路突破1000公里，例如北京至杭州的交路超过1600公里，中途不更换机车。二是单司机操纵，不再配备副司机，仅由一个司机完成全程运行。所以，铁道部对“猪头”的要求是“三个一”，即：以时速160公里的最高速度一次运行超过1600公里，由一个司机进行操作控制，一次装车试验成功。对于这“三个一”，优秀的“猪头”都做到了。“猪头”深得铁道部欢心，被命名为“跨越号”，截至2010年10月停产共生产了184台（92组）。

↓上图：“猪头”东风11G型内燃机车在中国铁路第五次大提速中担纲一站直达和特快列车的牵引
↓下图：在1997年—2004年五次铁路大提速中，25K、25T型系列高档客车闪亮登场，成为大提速主力军，助力中国铁路客运装备升级换代

第二，京沪、京广、京哈少部分路段最高运营时速能够达到200公里，实际上已经符合国际铁路联盟对高速铁路的定义了。

第三，“25T型”铁路客车上线运营。“25T型”铁路客车，能够满足以时速160公里持续运行20小时不停站，主要部件满足200万公里内无须换修的要求。“25T型”铁路客车构造时速为210公里，最高运营时速为160公里。这是截至目前中国普速铁路上最高端的铁路客车型号，采用蓝白相间涂装，与红白相间涂装的“25G型”铁路客车及墨绿色涂装的“22型”或“25B型”铁路客车相区分，备受火车迷及广大乘客喜爱。2013年后，包括“25T型”列车在内的大部分铁路旅客列车被统一换成墨绿色涂装。

第五次大提速是非高铁范围内既有线铁路提速挖潜的登峰造极之作，部分区段时速200公里的测试已经摸到了高速铁路门槛。虽然第五次大提速后面还有一个名叫“第六次大提速”的事件发生，但是它与前面的五次大提速已经有了本质意义上的区别。在那次大提速中，一种名叫“和谐号”的白色精灵开始在中华大地穿行，并俘获了中国

人的心，它们就是CRH中国高速动车组，正式开启了中国高铁时代的大门，标志着中国从此迈入高铁时代。

中国铁路大提速就像一篇行业史诗，其规模之大、持续时间之长，开中国铁路发展历史之先河。它是中国铁路人在充分发挥主观能动性的情况下，在资源有限的前提下，演绎的气壮山河的华丽诗篇。它不仅提升了中国铁路客货运输的速度，而且还带动了铁路技术的创新与管理的创新，为中国高铁时代的开启打下了坚实的基础。

高铁时代的到来离不开一代代铁路人技术与实践的累积，有三点最为关键：一是运输组织的经验积累——铁路大提速就是这样一种实践；二是固定设备，主要是“路”；三是移动装备，主要是“车”。

后面我们第八章说说“路”，第九章我们就来说说“车”。

第八章
宏伟的蓝图

—

1

中国共产党领导军民修建的第一条铁路是邯郸至涉县铁路。

涉县地处太行山深处，今属河北省邯郸市，在邯郸以西约100公里处。1938年起，刘邓大军以涉县为中心，创建了太行抗日根据地。太行抗日根据地面积达60余万平方公里，人口2500多万，是当时全国最大的根据地之一。这里盛产棉粮，还有磁山铁矿、峰峰煤矿和六河沟煤厂等。

邯郸是平汉铁路（即京汉铁路）上的重要城市。日本侵华期间，为了掠夺涉县境内的各种矿产资源，修筑了邯郸到磁山的铁路。磁山位居邯郸与涉县之间。

抗日战争结束后，涉县又成为晋冀鲁豫中央局和边区政府驻地。1945年9月，国共重庆谈判进行期间，国民党十万大军集聚于郑州和新乡，准备打通平汉铁路侵占华北。10月份邯郸战役爆发，解放战争拉开序幕。为阻止国民党军队沿平汉铁路进攻，时任中共晋冀鲁豫中央局常委兼经济部部长的杨立三，奉命拆除平汉铁路安阳至邢台段以及邯郸至磁山、峰峰至马头等矿山铁路，将机车、铁轨、枕木、夹板、螺栓等拆下来的物资运到了太行山深处，一时来不及运走的多数被埋在地下。

但是，没想到国民党军队竟然这么经不起打！

刘邓大军以微小代价就取得了歼敌3万余人的战绩，邯郸战役大获全胜。1945年10月4日，解放军进入平汉铁路重镇邯郸。10月10日，

↓磁涉铁路修建时情景

中共冀南区党委决定以邯郸县为基础，设置邯郸市，邯郸成为全国第一个解放的城市。

如此，邯郸至磁山的铁路似乎白拆了。

此后，邯郸成为解放军战略物资重要转运中心，而以涉县为中心的太行山深处是解放军重要的兵工厂及军需物资供应中心。黄崖洞、西达、梁沟等兵工厂都隐蔽于此。这些兵工厂生产炮弹、枪械等大量军工产品，仅涉县西达兵工厂就月产“七五”山炮炮弹6000发。根据地征购的军粮、生产的军鞋和被服，也急需运往部队。涉县到邯郸之间的路成为解放军重要的战略物资运输通道。两地100公里的距离，使用人力与毛驴，最快也要3天时间。

如果有一条铁路，那就大大节省了时间。

于是，刘邓首长决策，决定修建邯郸至涉县铁路。这是一个历史性的时刻，也是一个伟大的转折。我军由破拆铁路保卫人民政权，到修建铁路解放全中国，这一拆一建的转换，共和国的脚步就近了。

1946年11月，在刘邓首长的主持下，晋冀鲁豫边区政府正式批准修建邯涉铁路，成立了邯涉战备铁路领导小组，具体由杨立三负责；组建了邯涉铁路筑路处，具体由王晓彬负责。其中邯郸到磁山一段，因为当年日本人修筑的路基还在，修起来相对比较简单；难的是磁山到涉县这一段，全长50多公里。筑路材料就从民间征集，多数是此前拆下来的成品；筑路工人主要是来自周边各县的民工，据史料记载，邯涉铁路修筑高峰时，仅涉县附近出动的民工就有15万人之多。[170]

这些都好说，难的是寻找技术人员。边区政府责成边区公安总局对域内人口进行排查，发现一个叫刘文阁的中学老师竟然学过铁路工程，于是把他选调过来负责技术指导。然后又从在押犯中发现了一个工程师叫李芝圃，竟然是詹天佑的学生，是当地著名的乡绅，日本侵华期间他还差点被日本人活埋。1946年找到他时，他已经被边区政府以恶霸地主之名判处了有期徒刑10年。政府把他从监狱中弄出来，让他戴罪立功。这样，刘文阁、李芝圃等人就组成了邯涉铁路的技术骨干力量。

1947年2月6日，邯涉铁路开始分段动工。修筑过程中，刘伯承曾经亲自在筑路工地拉着石碾子压路基，共产党人热火朝天搞生产的场面极具感染力。经过不懈努力，邯涉铁路1948年全线建成通车，在淮海战役期间，成为刘邓大军后勤供应的重要保障。虽然它只是一条窄轨铁路，运输能力有限，但是一趟军列也能运送30吨弹药，而且几个小时就能到达。如果换成牲畜，运送等量物资需要400头牲口，最快也得3天。铁路极大地提高了运输能力，使军需物资的运输效率成倍地提高。1948年12月25日，在江苏宿县围歼黄维兵团的战斗中，国民党军队几十辆坦克在解放军黄色炸药包轰击下乱作一团，黄维兵团的坦克部队动弹不得，被解放军全部活捉。所用炸药包就来自太行山的兵工厂，将炸药包运下山的就是邯涉铁路的火车。刘伯承在见到后勤邯郸前方办事处的同志时说："若晚十分钟炸药跟不上，黄维就会跑掉了。"

↓ 1948 年 10 月 19 日，邯涉战备铁路全线贯通仪式留影

战争期间成立的邯涉铁路筑路处，是中国共产党领导的最早的筑路工程实体。事实上，新中国成立后，铁路筑路工程队（局）中很多都有军队背景。第五章中我们曾经详细介绍了铁道兵部队的诞生与成长，以及在朝鲜战争中立下的赫赫战功。此外，1950 年 3 月成立的铁道部工程总局，很多人也是脱下军装后转业而来的。如中铁一局前身是 1950 年 5 月 1 日在天水成立的铁道部西北铁路干线工程局，主要任务是修建宝鸡到天水以及天水到兰州的铁路。中铁二局前身则是 1950年6月12日中共西南局第一书记邓小平设立的西南铁路工程局，他们是新中国修筑的第一条铁路——成渝铁路的主要承担者。

铁道部工程总局成立后几经变迁，1958 年与铁道部设计总局合并成为铁道部基本建设总局。这是现今中国中铁的前身。

铁道兵朝鲜战争胜利归来后，1953 年 9 月，中央军委决定正式

---

170. 苗午时 . 邯涉铁路：我党修建的第一条铁路 [J]. 党史博采，2003(3):3–44.

组建铁道兵领导机关。9月9日，中央军委命令："志愿军在朝鲜的6个铁道工程师，正式划归军委系统，与铁道兵团现有的4个师、1个独立团，统一编为中国人民解放军铁道兵。"从此，铁道兵正式作为一个兵种列入中国人民解放军的序列中。1954年3月5日，铁道兵司令部在北京成立，王震将军任司令员。编制10个师、1个独立团、3所学校，总兵力约10万人。后来在巅峰期，铁道兵发展到3个指挥部、15个师、3个独立团、2所院校，总兵力达到40余万。

改革开放后，为适应国家经济体制改革和军队改革需要，中共中央最终决定撤销铁道兵建制，脱离中央请军委合并到铁道部。1983年10月28日，国务院、中央军委决定，铁道兵指挥部机关及所属10个师、2个独立团、1所学院、1个科研院所、3所医院、1所疗养院、6个办事处、5个仓库和9个工厂等单位，自1984年1月1日起，不再沿用原部队番号、代号，干部、战士不再佩戴领章、帽徽，全部成为铁道部建制单位，归铁道部领导。原铁道兵10个师，分别改为铁道部第11至第20工程局。改制后，政委改称党委书记，师长改称局长，团长改称处长，教导员、指导员等职称暂时不变。铁道兵指挥部改为铁道部工程指挥部。1983年11月25日，铁道部在二七剧场举行欢迎大会，欢迎17万铁道兵正式加入铁道部大家庭。

铁道兵转业之时，中国改革正从农村向城市迅速扩展，城市建筑成为城市改革的突破口。但是，当时新建铁路投资紧缩，铁路基建队伍僧多粥少，这支战天斗地，创造过无数奇迹，书写了无数辉煌的铁军队伍不得不在市场面前直面竞争考验，承受转型压力。

1989年6月，铁道部迎来进一步的改革，决定撤销由铁道兵指挥部转变而来的铁道部工程指挥部，成立中国铁道建筑总公司，后来简称中国铁建；7月，撤销铁道部基本建设总局，组建中国铁路工程总公司，后来简称中国中铁。中国铁路基建领域的两大巨头正式亮相，他们与1979年成立的中国土木工程集团总公司、1986年成立的中国铁路机车车辆工业总公司、1990年成立的中国铁路通信信号总公司，合称为铁道部五大公司。

进入20世纪90年代后，我国建设的最重要的一条铁路是京九铁路。京九铁路是国家“八五”计划的一号工程，是当时仅次于长江三峡水电站的第二大工程，也是当时中国一次性建设最长的铁路线路。1993年4月20日，京九铁路全线动工，干线全长2407公里。到1996年9月1日，京九铁路全线竣工通车。京九铁路是纵贯中国南北的大工程，横贯海河、黄河、淮河、长江、珠江五大水系，与7条东西向干线铁路相交，运输的物资大多是煤炭、粮食、化肥、钢铁、石油等关系国计民生的重点物资，对沿线经济发展起到了极大的带动作用。

当然，进入20世纪90年代最有影响力的一件事实际上是“京沪高铁”概念的提出。1990年12月铁道部完成《京沪高速铁路线路方案构想报告》后，铁科院又在铁道部的指示下完成了《北京至上海高速客运系统规划方案研究报告》，并由铁道部上报国家计委。

1993年4月，国家科委、国家计委、国家经贸委、国家体改委、铁道部联合成立了“京沪高速铁路重大技术经济问题前期研究”课题组，并于1993年12月14日向时任国务院副总理的邹家华报送了《京沪高速铁路重大技术经济问题前期研究汇报提纲》。1994年3月4日，“四委一部”又正式向国务院报送了《关于建设京沪高速铁路建议的请示》。他们主张尽快开建京沪高铁，力争1995年开工，2000年建成通车，当时理想的建设目标是全线实现高速列车以时速250公里运营，高铁线路线下工程预留提速到时速350公里的条件，项目总投资523亿元。

这份请示报告得到了各级领导的高度关注，一直递送到国家党政最高领导人手中。但是真正发挥作用的却是刚刚离任铁道部副部长转任国家开发银行党组书记、副行长的屠由瑞。他出具的一份意见书，成为各级领导判断这件事的重要参考。他做过铁道部副部长、总工程师，当时又已经离开了铁道部，所具备的专业性知识以及当时游离的第三方身份，让他的建议具有非比寻常的参考价值。

时任国务院副总理的朱镕基收到“四委一部”的报告后，非常重视，要求刚刚离开铁道部不久的屠由瑞出具意见。1994年4月19日，屠由瑞给出了一份在中国高铁发展史上具有千钧重量的意见书。他的意见大致是：京沪高铁应该修，但是“八五”期间上马有点急，建议推到“九五”期间或者更晚时段，中国铁路建设还是要量力分步而行。屠由瑞当时刚刚转任国家开发银行党组书记一个月左右，他在此时出具这样一份意见书，充分说明了一个问题：当时铁道部内部并没有就修建京沪高铁达成一致意见。作为资深铁路专家，屠由瑞出具的意见书应该是他内心真实判断的一种反应。

此后，国家领导分级听取了铁道部以及屠由瑞的汇报。基本确定了不能太着急的总基调——京沪高铁要慢慢来！

1994 年 7 月 6 日，中央财经领导小组召集会议，原则上同意铁道部关于修建京沪高速铁路开展预可行性研究的建议。但是强调，京沪高速铁路是国家的重大项目，必须严格按照基本建设的程序办理。对外签约和开工时间由国务院研究决定。这个结论表面上看似乎是重大利好，因为原则上同意了铁道部开展京沪高铁预可行性研究的建议，但是真正暗示的意思跟屠由瑞的意见是完全一样的：应该修，非常应该修，只是不能太着急。

铁道部不但不能气馁，而且还要鼓舞团队的士气。士气可鼓不可泄！ 1994 年 11 月，铁道部成立了以部长韩杼滨为组长，副部长孙永福、傅志寰为副组长的“京沪高速铁路预可行性研究领导小组”，算是对中央财经领导小组会议结论的贯彻落实。领导小组还下设办公室，由刚刚退休的原铁道部总工程师沈之介担任办公室主任，负责日常工作。

领导小组办公室成立后，京沪高铁的各项工作进展得非常快。

1995 年 2 月 20 日，铁道部科技司向国家科委上报了《京沪高速铁路预可行性研究项目建议书》。

1996 年 4 月，铁道部又完成了《京沪高速铁路预可行性研究报告（送审稿）》。

其间，铁道部一度因为京沪高铁上马阻力太大，产生了分兵突围的想法，准备分段建设。他们于 1996 年 1 月 22 日向国家计委上报了《关于建议将沪宁高速铁路纳入国家“九五”计划》的信函。

1997 年 4 月，铁道部又完成了《京沪高速铁路预可行性研究报告补充研究报告》，并据此向国家计委上报了项目建议书。

就这样，围绕一个预可行性研究的建议，铁道部和国家计委反复拉锯了近 3 年时间。

2

当然，除了官方渠道的积极上报外，舆论界也就是否应该建设京沪高速铁路，以及什么时间建设京沪高速铁路展开了热烈讨论。主张应该早建京沪高铁的代表主要是沈之介以及两院院士沈志云，主张缓建京沪高铁的代表有两个，一个是上海铁路局原总工程师华允璋，另一个是原铁道部专业设计院的副院长姚佐周。华允璋的主要观点是京沪高铁的实际市场需求没有那么大，建议改造旧线，通过上马摆式动车组来解决问题。

姚佐周则认为建设京沪高铁并没有那么急迫。他的两篇代表性文章一篇叫《新建京沪高铁并非当务之急》，另一篇叫《再论新建京沪高铁并非当务之急》。这两篇文章被朱镕基副总理看到了，并获得支持，他要求铁道部再开高铁方面的论证会，一定要邀请这两位意见领袖参与。

后来，2010 年 9 月 26 日，时任《中国铁道建筑报》总编辑朱海燕到上海访问了华允璋先生。当时京沪高铁已经开建。朱海燕问华允璋是否还反对京沪高铁建设，华允璋回答说反对。问他为什么，他说票价太贵，老百姓坐不起。朱海燕说，今天早晨我刚从苏州过来，坐的是沪宁高铁的列车，但是没有买到座位票，是站着来的上海。华允璋惊讶地陷入了沉思。朱海燕问他，1985 年离休后，他可有对京沪铁路进行过调研，华允璋说没有。问他，没有调研反对的依据是什么，他说看别人的资料。然后，朱海燕笑了，华允璋也笑了。华允璋还拿出一份题为《外媒警告：高铁巨额投资或拖累中国经济》的文章以及彭博社一篇题为《中国高速铁路项目可能阻碍经济增长》的文章，说准备再写一篇新文章。朱海燕问他，仅靠这些文章恐怕没有说服力吧……[171]

1998 年关于京沪高铁的论战进入了一个新阶段。这一阶段争论的焦点不再是应不应修的问题，而是以什么样的技术路线来修，到底是采用轮轨技术还是磁悬浮技术。轮轨派代表包括原铁道部总工程师沈之介，两院院士、西南交大教授沈志云等，磁浮派代表包括中科院院士徐冠华、何祚庥、严陆光等。铁道部支持轮轨派，因为无论从经济性还是技术成熟度而言，磁悬浮都无法跟轮轨高铁相比较——这在铁路大国日本、法国、德国都有定论，但令人没有想到的是，在当时铁路技术相对落后的中国竟然掀起了关于磁悬浮与轮轨的舆论风暴。

轮轨与磁悬浮的分歧程度尤甚于前一阶段急建与缓建的争论。为此中国工程院专门组织了一次“磁悬浮高速列车和轮轨高速列车的技

171. 朱海燕 . 当惊世界殊 [M]. 北京：中国铁道出版社，2018:116-117.

术比较和分析”，担任咨询组组长的正是沈志云。这次技术论证分别在成都、广州、北京召开了三次会议，分歧非常大，相关争论也极其激烈。尽管最终报告是以支持轮轨技术收场，但是轮轨派并没有说服磁悬浮派，最终磁悬浮派坚定支持者严陆光放出“大招”，给国务院领导写信，最终导致这次由中国工程院组织的比较与分析报告又不了了之，京沪高铁的建设也陷入无限期的迁延中。相关内容可参考见闻君所著《高铁风云录》与《大国速度：中国高铁崛起之路》。

靠争论是建不成社会主义的，对于这种技术性非常强的工程项目而言，尤其如此！日子就在这种争论中慢慢地流逝，京沪高铁的最终诞生还需要抛开这些浅层次的争论，而去做更务实的工作。

铁道部也终于厌烦了这种空谈式的论道，决定行动起来，做一些具体的事情。他们决定抛开争议的风暴眼京沪高铁，选一个并不那么引人注目的项目，先悄悄地建一条试试。他们选中的是秦皇岛至沈阳的客运专线。这同样是一条大通道，是东北地区入关的黄金通道。翻开地图大家就会明白，大兴安岭与燕山山脉相连，控制住了整个中国地图的“鸡脖子”位置，成为东北平原与华北平原的天然屏障。将二者连接在一起的是东部靠海的一条窄窄的辽西走廊，山海关正是卡在这条走廊上的关键位置，而被誉为“天下第一雄关”。明末清初，辽西走廊就是决定中国历史的关键位置，旷日持久的争夺在这里进行。备受争议的明末大将袁崇焕就是因为在这条走廊上构筑了声名赫赫的关锦防线而威震华夏。秦沈客专就是沿着辽西走廊，成为东北入关的咽喉要道。承担如此重任的一条大通道实际上早就不堪重负了。秦沈客专早在1986年就开始动议，但是一直处于争论中，不得上马。关于秦沈客专的决策，先是在扩大既有线运能与建设新线之间摇摆。1987年，铁道部终于决定建设新线了，又开始在建设客运专线还是货运专线之间摇摆，当然，还有第三种声音，就是继续建设传统的客货混行铁路。

3

1995年铁道部终于下定决心在秦沈之间建设客运专线，目标值是时速160公里，最小曲线半径1500米，困难地段1200米。按照这个标准建设，秦沈客专无疑又是一条“广深铁路”，一条准高速铁路而已。当然，在那时的铁道部看来，这已经是石破天惊的大工程了，此前中国还没有建设过这么高标准的铁路，更何况它还是一条客运专线，只跑客车，不跑货车！

1998年秦沈客专的命运迎来转折！

一是经过8年的争议，京沪高铁一直无法上马，未来展望似乎也是遥遥无期，铁道部已经动了少说多干的念头；两人这一年的3月，铁道部换了新部长傅志寰，新一届铁道部领导集体经过讨论，决定上马秦沈客专。

傅志寰上任铁道部部长之后决定高标准建设秦沈客专，把它建成一条高速铁路。他与当时主管建设的副部长蔡庆华沟通，两人一拍即合。在傅志寰的推动下，已经讨论了12年的秦沈客专开始快马加

↓上图：2002年秦沈客运专线铺通仪式上，傅志寰为钢轨铝热焊装置点火
↓下图：先锋号动车组运行在秦沈客运专线上

鞭地上马。新的设计方案，秦沈客专线下工程按照时速250公里建设，线上工程按照时速160公里至200公里建设。在实际建设过程中，傅志寰又要求进一步提高标准，最终秦沈客专线上工程也都是按照时速200公里建设的。其中山海关至绥中段66.8公里，设置了综合试验段，设计时速300公里。全线最小曲线半径由原设计的2500米增加到3500米，山海关到绥中段最小曲线半径设置为5500米。

秦沈客专是事实上的中国第一条高铁。

1999年8月16日，秦沈客专正式动工，工期4年。2002年6月16日，全线铺轨完成。傅志寰、蔡庆华与辽宁省副省长赵新良参加了庆祝仪式。2002年9月10日，我国自主研发的动力分散型动车组“先锋号”在秦沈客专试验段试验，傅志寰又坐镇指挥，亲自参加。当“先锋号”时速达到270公里时，傅志寰问铁道部总工程师、实验组组长王麟书：“还能再跑快点吗？”王麟书表示可以。于是，速度继续往上提，最终达到了时速292公里。当然，这个速度不

久就被“中华之星”打破了。2002 年 11 月 27 日，中华之星在秦沈客专试验段跑出了时速 321.5 公里的中华第一速。

这时秦沈客专的命运又迎来了一次转折。

2002 年 11 月 27 日，“中华之星”在秦沈客专跑出中国第一速时，尽管傅志寰还是铁道部部长，但是一个多月前的 10 月 10 日，他已经正式卸任了铁道部党组书记一职，由主管运输的副部长接任。这意味着第二年的两会，傅志寰将正式到点退休，卸任铁道部部长。铁道部曾要求工期四年的秦沈客专提前到 2002 年 12 月 31 日建成。

但是，秦沈客专最终没能按照这个时间点建成通车，这也就注定了它命运的悲剧性。新上任的铁道部领导集体有了新的发展思路，他们要重新回到京沪高铁这种国家大干线上面去，他们决定整体性规划中国高速铁路网络，他们要建设标准更高、速度更快、乘坐更舒适、运营更现代化，全球领先的中国高速铁路。秦沈客专这种技术等级的线路，已经不适应铁道部更大的规划思路了。

2003 年 10 月 12 日，秦沈客专正式建成通车，担当线路运营的不是“中华之星”动车组，而是韶九客运电力机车牵引的 K54 次列车，运营时速也不是 200 公里，而是 160 公里，成了一条与广深铁路一样的准高速铁路。秦沈客专被正式阉割，无缘“中国第一条高速铁路”的称号。此后，秦沈客专与经过提速改造的京秦铁路合称“京秦沈客运通道”。

但是秦沈客专在中国高铁发展史上的地位还是不容抹杀的，它的划时代意义以及一系列开创性的创新，都为后来中国高铁时代的到来

↓秦沈客专上的中华之星动车组

作出了重要贡献。

第一是它对高铁建设技术探索与创新的贡献。

比如路基按土工结构物的全新概念进行了设计和施工，对填料、压实、沉降变形的规定比普通铁路严格得多。为了秦沈客专，铁道部还开发了新型的钢轨，研制了大号码道岔，铺设了超长无缝钢轨，并第一次在我国高标准线路的桥梁上试铺了无砟轨道。在桥梁设计施工方面，秦沈客专率先在我国铁路建设中大范围采用双线混凝土箱形梁、混凝土钢构连续梁；同时，铁路建设部门研制了具有国际水平的600吨架桥机。这些都标志着我国铁路建设现代化技术的进步。秦沈客专的接触网也有重大创新，它第一次采用了铜镁合金导线。

第二是它对高铁建设人才队伍培养的贡献。

秦沈客专全长 404.64 公里，参与建设的队伍包括中国中铁旗下的中铁一局、中铁二局、中铁三局、中铁四局、中铁五局、中铁大桥局、中铁电气化局，以及中国铁建旗下的 8 个工程局，共计 15 个工程局参与，可以说这是对中国高铁建设队伍的一次大操练。

一位铁路专家回忆说："有的工程路局因为在秦沈客专的建设上没有中标，当事人都哭了，因为他们知道，一旦在秦沈项目中出局，很有可能以后的高铁项目也会因为没有相关从业经验而丢掉。"[172]

在一次学术会议上，原铁道部建设司司长杨建兴激动地说："参加京沪高铁建设的技术骨干，有 90% 的人都参加过秦沈客专的建设。"

4

当然，如果我们谈论 21 世纪初我国完成的最伟大的铁路项目，秦沈客专显然还算不上，因为还有更伟大的青藏铁路。

东起青海省省会西宁，西至西藏首府拉萨，青藏铁路全长 1956 公里，是世界上海拔最高、线路最长、穿越冻土里程最多的高原铁路，世人称之为"天路"。

很多人可能不知道，青藏铁路早在 1958 年就已经动工。但是建设入藏铁路实在是太难了，难得超出想象。

---

172. 孙春芳 . 中国高铁断代史："第一高铁"秦沈客专如何被湮没 [N]. 21 世纪经济报道，2011-06-13(5).

新中国成立时，西藏不但没有铁路，甚至连公路都没有。1950年3月29日，中央派西南军区十八军组成进藏先遣队从乐山出发进藏，在没有公路、无法行车的情况下，战士们靠双腿翻山越岭，9月9日才到达拉萨，用时接近半年。在进藏先遣队出发后不久，也就是1950年4月，毛主席做出指示："一面进军，一面修路。为了帮助各兄弟民族，不怕困难，努力筑路，一定要在1954年底，通车西藏。"

修筑进藏的公路，难度同样超出想象，也诞生了很多传奇故事。慕生忠将军当时担任西藏运粮纵队的政委。1953年春夏之交，将军组织了2.8万峰骆驼，并雇用了1000多运粮民工，在运输总队大本营香日德（今青海海西州都兰县的一个镇）集结。此前运粮多次陷入困境，为了避免再次陷入黄河沼泽地，慕生忠将军修订了此次的进藏路线。他听说香日德往西约600里地，有个名叫"郭里峁"或"格里峁"的平川，旁边还有一条南北向小河，沿河往南，再沿着雪山边缘，就能翻越昆仑山和唐古拉山，最终到达拉萨。

第二天，他让部下翻地图，但是并没有在上面找到"郭里峁"或"格里峁"，倒是找到了一个叫"噶尔穆"的黑点。慕生忠怀疑"噶尔穆"就是"郭里峁"。他向牧民询问，牧民告诉他"噶尔穆"是蒙古语，意思是河流聚集的地方。于是，慕生忠将军派小分队去寻找"噶尔穆"。他们走走停停终于找到了一个芦苇丛生，还有许多黄羊和野马的地方，他们认为这里应该就是噶尔穆。小分队派人去向将军报告。将军带大部队过去后，大家都在讨论这里是不是噶尔穆。将军一言不发，后来只说了一句“帐篷在哪里，哪里就是噶尔穆”，然后就走了。第二天队员们醒来，看到一块牌子插在帐篷旁边，上面写着三个大字“噶尔穆”。

这个由6顶帐篷划定的噶尔穆，就是后来的进藏大本营——格尔木市的雏形。1953年10月，西藏运输总队格尔木站正式成立，驻站的十多名工作人员成了名副其实的第一代格尔木人。此后，1956年格尔木升级为县级单位。到现在格尔木已经成为青藏高原上仅次于西宁、拉萨的第三大城市。

1954年12月25日，青藏公路、川藏公路同时通车，结束了西藏没有公路的历史。但是，当时的川藏公路时断时续，常年维持不中断行车的只有青藏公路，只能算是解了入藏交通的燃眉之急。

能够更好解决入藏交通难题的当然是铁路。中央对进藏铁路也一直放在心上。1955年10月，具有传奇色彩、曾经指挥青藏公路修建的慕生忠将军，带队历时3个月，沿线考察了青藏铁路修建的可行性。1956年，铁道部、铁道兵一起进行了勘测设计工作。1958年青藏铁路西（宁）格（尔木）段分别在西宁和关角隧道开工建设，格尔木至拉萨段的勘测工作也同步推进。1961年3月，因三年困难时期，青藏铁路西格段与格拉段同时下马。

1974年3月，6.2万名铁道兵指战员再上高原，展开青藏铁路西格段建设大会战。同时，勘测设计大军在青藏铁路格拉段展开勘测设计大会战。

1979年9月，经过21年的奋斗，青藏铁路格拉段终于全线铺轨完成。

1984年5月1日，全长814千米的青藏铁路格拉段正式投入运营。

雪域神舟
中铁一局

青藏高原上的雪域神舟号

青藏铁路海拔最高处为关角隧道，海拔 3700 多米，建设过程中已经遇到了高原缺氧问题。由于对高原缺氧危害认识不足，牺牲了不少铁道兵战士。此外，受当时技术水平所限，一些冻土区段处理不当，造成通车路段灾害多发。

格尔木至拉萨段，海拔更高，冻土分布更广，技术难度更大。有鉴于此，1977 年 11 月，铁道部党组与铁道兵党委联名向国务院、中央军委上报了关于缓建青藏铁路格尔木至拉萨段的请示。于是，青藏铁路格拉段建设暂停。此后，关于进藏铁路的踏勘工作，断断续续，一直到 1978 年停止。但是关于青藏铁路高原冻土的科研工作一直在坚持。

1994 年 7 月 19 日，第三次西藏工作座谈会在京举行，座谈会上提出“抓紧做好进藏铁路建设的前期准备工作”。此后，铁道部组织设计人员从青、甘、川、滇 4 个方向进行了大规模踏勘，对进藏铁路进行了历时 6 年的大面积选线，最终还是首选青藏线。

2001 年 2 月 7 日，国务院第 105 次总理办公会审议青藏铁路建设方案。会议指出，修建青藏铁路，时机已经成熟，条件也已基本具备，可以批准青藏铁路建设立项。2001 年 6 月 29 日，青藏铁路格拉段在格尔木南山口车站和拉萨市柳吾隧道工地同时开工。

青藏铁路正式通车已经是 2006 年 7 月 1 日的事情。那是后话，我们先从 2003 年接着讲。

5

2003 年注定是一个不平凡的年份。2002 年 11 月 16 日发源于广东顺德的 SARS 病毒，从广东开始向全国乃至全球蔓延。到 2003 年 3 月底，北京已经成为“非典”重灾区。SARS 病毒的蔓延重创了中国铁路运输，让中国铁路客运出现了大提速以来首次同比负增长。但是它阻挡不了中国铁路发展的脚步。奠定中国铁路未来发展基石的《中长期铁路网规划》一直在酝酿中。

2003 年 3 月 24 日，新一届铁道部领导班子召集部长办公会，针对铁路未来发展布置了 28 个调研课题。其中一个课题叫中长期铁路网规划调研。规划草稿很快就出来了，提出了以“四纵四横”为中心的 1.2 万公里高速铁路网规划。然后铁道部就组织路内开会征求意见，组织路外开会征求意见。到 5 月底，铁道部就向主管的国务院领导以及发改委负责人作了专题汇报。项目的进展出奇地快，要知道 3 月到 5 月，正是 SARS 病毒传播最严重的时段。

6 月 1 日，铁道部就以正式文件的方式将《中长期铁路网规划》上报国家发改委，开启了由国家发改委主导的论证程序。相关的论证会共召开了 4 次，参加者（包括书面参加者）包括军方、相关部委、中央企业、经济学家、技术专家、咨询公司等。

2004 年 1 月 7 日，国务院召开常务会议，讨论并原则上通过了伟大的《中长期铁路网规划》。

是的，以“伟大”这个词来形容它，是因为它具有划时代意义，再怎么高度评价都不为过，它的通过昭示着中国高铁时代的来临。

它的伟大意义表现在哪里呢？第一，它彻底廓清了中国高铁发展史上的种种争议，让高铁建设口水仗的时代彻底翻篇，开启了中国高铁务实发展的新篇章，从此中国高铁迎来了少争论、快发展的时代。第二，它提出并奠定的技术标准至今仍是中国高铁的核心标准。如时速 350 公里高铁的建设标准，曲线半径不小于 7000 米、线间距不小于 5.0 米等。第三，它设计的“四纵四横”客运专线网络是中国高铁网的主骨架。尽管中国高铁网现在已经升级为“八纵八横”，但是其主骨架并没有变，是在“四纵四横”基础上的完善与发展。

对于具有划时代意义的“四纵四横”网络我们必须做一个简单介绍。

四纵方面：

第一纵，是京沪客专。

第二纵，北京至广州至深圳客运专线，后来又延伸到香港。

第三纵，北京至沈阳至哈尔滨客运专线，包括沈阳到大连的支线。这是世界上首条高寒高铁。这也是“四纵四横”线路里面最晚通车的一条。2021 年 1 月 22 日，京沈高铁全线通车，标志着京哈客运专线建设全面完成，也标志着“四纵四横”高铁网络建设的全部完成。

第四纵，杭州至宁波至福州至深圳客运专线。后来的“7·23 事故”就发生在这条线上。

四横方面：

第一横，徐州至郑州至兰州客运专线，连云港被无情地抛弃了，后来 2008 年调整，连云港又被补充上了。但是徐连段开通已经到了

2021年2月8日。

第二横，杭州至南昌至长沙客运专线。这就是沪昆高铁的主骨架，往东延伸就到了上海，往西延伸就到了昆明。

第三横，青岛至石家庄至太原客运专线。这是“四纵四横”里面表现最弱的一条线路，青岛到济南的路段，速度最快的车次平均运行速度也只有每小时144公里，逼得山东省只好又上马了新的济青高铁项目。但是济青高铁因为无法直接接入京沪高铁，所以暂时孤悬着，客流并不旺盛。现在主要在等济南北站的建设，让济青高铁与京沪高铁联通。当然，京沪二线的建设也将在潍坊北站与济青高铁前后，估计到那时，济青高铁就会全面活起来。

第四横，南京至武汉至重庆至成都客运专线，也就是沪汉蓉通道。这是“四纵四横”通道里面等级最低的一条线路，很多路段设计时速标准仅为200公里。现在这个通道也被抛弃了。国家正在筹划沿江高铁通道，整体都是按照时速350公里建设的。预计2021年就能分段开工。

这是一个中长期铁路网的规划，尽管客运专线的规划是它最突出的特点，也是奠定它历史地位的根本，但还是必须要说，实际上它的内容要比这个丰富得多，它全面涵盖了中国铁路网发展的整体目标。如在中国铁路网规模上，规划的目标是2005年达到7.5万公里，2010年达到8.5万公里，2020年达到10万公里。规划还对电气化铁路改造设定了目标，2005年达到2万公里，2010年达到3.5万公里，2020年电气化线路占比达到50%，也就是5万公里。

在这一代铁道部团队心目中，中国铁路的最终目标是要实现客运高速、货运重载。他们的眼里并不只有新建的京沪高铁，还有扩能改造的大秦铁路。大秦铁路于1992年建成通车，到2002年年运量首次突破1亿吨。新一届铁道部领导班子决定对大秦铁路进行2亿吨扩能改造，要求把大秦线2亿吨扩能改造工程建设成铁路跨越式发展的标志性工程、现代化重载煤运通道的示范性工程、既有线扩能改造的样板性工程。2004年年底大秦铁路扩能改造项目完成，2005年大秦铁路年运量突破2亿吨，2007年突破3亿吨，2010年突破4亿吨。大秦铁路成为中国货运铁路的标杆与旗帜。

当然，本着不争论的务实原则，《中长期铁路网规划》通过后，铁道部没敢大肆宣传，怕树大招风，成为众矢之的，而是悄悄地在私底下拼命地工作，加速推进中国高速铁路发展计划。直到2005年9月16日，国家发改委才在官方网站上发布了一篇文章，题目叫《国家〈中长期铁路网规划〉简介》。至此，《中长期铁路网规划》的内容才为大众所熟知。而此时，石太客专、武广高铁、京津城际铁路均已开工建设，中国高铁大建设的黄金时代已经不可阻挡了。

6

《中长期铁路网规划》通过半年之后，2004年7月21日，国务院批准了武广客运专线项目建议书。这是“四纵四横”中第一条获得批复的客运专线。12月3日，武广客运专线可行性研究报告正式

↓武广客运专线

获得国务院批准。2005年6月23日，武广客专全线开工建设，正线全长1068.8公里，设计时速350公里，总投资1166亿元。

但是武广客专并非第一条开工的线路。2005年6月11日，石家庄至太原客专正式开工，这才是“四纵四横”高速铁路网中开工的第一条线路，比京津城际早12天，正线全长225公里，设计时速250公里，总投资130亿元。

2005年7月4日，京津城际高速铁路开工建设，正线全长113.54公里，设计时速350公里。京津城际高铁既不是第一条批准的，也不是第一条开工的，但是是第一条开通运行的时速350公里的高速铁路。京津城际高铁是中国高铁大工程的一块试验田，大量新的技术标准在这条高速铁路上首先采用。它的地理位置比较特殊，是国际政要试乘最多的线路，是其他国家认知中国高铁的一张名片。

京津城际高铁在中国高铁发展史上有很多首创之功。很多人以为它是铁道部投资建设的，其实并不是。它的投资人叫京津城际铁路有限公司，成立于2005年9月7日，注册资金87亿元。它的出资方有4个，包括北京铁路局、天津城市基础设施建设投资集团有限公司、北京市基础设施投资有限公司和中海油，分别出资27亿元、26亿元、17亿元和17亿元。其中代表铁道部出资的北京铁路局占股只有30%多一点。作为中国高铁建设多元化融资模式的开创者，京津城际高铁的建设模式意义重大，它改变了中国铁路建设融资来源单一性的问题，为中国高速铁路网的大规模铺开奠定了基础。

再举一个例子，京津城际高铁在中国高铁技术标准的探索上也有首创之功，如大量采用以桥代路的方式。据统计，京津城际高铁桥梁长度占到了线路总长的87%。中国高铁之所以如此热衷以桥代路，原因是多方面的，但是下面几个因素不能忽略。第一是为了线路的平直和平顺。所谓平直，就是尽量采用直线或者大半径的圆曲线，不能有太多太急的弯道。如时速350公里的高铁要求线路的曲线半径不小于7000米。很多时候为了截弯取直，所以采用桥梁。所谓平顺，就是不能有太多太大的起伏，主要涉及坡度的问题。第二是为了线路不能有太大的沉降。这是很多专家攻击中国高铁比较集中的一个问题。他们会说国外十年、二十年建一条高速铁路，而中国只用三年、五年就建一条，连让线路沉降的时间都不够，这是为了速度牺牲安全。其实这是一种很外行的话，没有人有这么大的胆量，会为了速度放弃安全。我国高铁之所以建设速度快，一个很重要的原因就是“以桥代路”。普通的填方路基是由特定的填料（黏土、碎石土等）填筑而成的，这些填料填筑时是较为松散的，需要依靠机具压实到一定程度。但是由于填料本身的固有性质，即便是机具压实后，填土也会继续发生一定程度的固结沉降。而在软土路基上填筑的路堤，还会附加有软土层的沉降。而桥梁则不是，桥梁是建立在桩基之上的。根据地质情况不同，桩基的深度也不一样，一般要打到岩石层，有些深度达六七十米。这样线路产生的沉降就会非常小。第三个原因是节省土地。据担任京津城际高铁勘察设计总设计师的铁三院集团公司总工程师孙树礼介绍，与 8 米填高的路基相比，采用桥梁每公里可节省土地 55 亩，仅“以桥代路”一项，京津城际高铁就节约土地 5500 余亩。另外再举一个数据，与京津城际高铁相比，更大的京沪高铁桥梁占比达到了 80%，与采用传统路基方法相比，京沪高铁少占地 3 万亩。

京津城际高铁连接北京与天津，作为 2008 年北京奥运会的明星项目，各方重视度都非常高，工作推进自然也非常快。到 2007 年 8 月，路基桥梁施工就全部完成了，12 月 16 日，全线路轨铺设完成。

面对如此大规模的高速铁路建设，铁道部有两个问题要解决：一是钱从哪里来；二是技术如何保障。

关于资金来源问题。

20 世纪 90 年代的高铁建设讨论始终无法落地，其中一个重要原因就是资金问题无法落地。当时的铁道部主要是想着国家能给钱建设高速铁路，这就是一个被动之处。2003年之后，铁道部彻底地突破了这个思维的限制。

他们的第一条路就是开启多元化融资，把地方政府拉了进来。“四纵四横”高速铁路网就是一个大招牌，有了这个招牌，就能拉来资金——谁先跟我合作，我就先修谁家地盘上的高铁。地方政府当然都愿意自己地盘上的高铁先开工，于是路地合作大幕拉开了。2004年2月，以“四纵四横”为核心内容的《中长期铁路网规划》刚刚发布一个月，铁道部就与上海市政府签署了首个战略合作会议纪要。2004年两会期间，铁道部展开了与各省市政府的旋风式会谈，先后与31个省、市、区举行了30多场会谈。

当然这是最开始的模式，铁道部拿着“四纵四横”规划四处游说，到后来大家发现，铁道部竟然不是在忽悠，而高铁真的是地方经济发展的强心剂。于是情势又发生了变化，不再是铁道部领导四处找省市区政府要合作了，而是省市区政府主动跑到北京跟铁道部会谈，签署路地共建协议。从2006年开始，路地战略合作会谈基本上都是在北京铁道部大院里完成的。每年两会期间更是集中，铁道部大院人声鼎沸，车马络绎不绝。

路地战略合作的基本模式是铁道部与地方政府各出资50%共建铁路。这一下就解决了高铁建设一半的资金。数据统计显示，到2008年底，铁道部与各省市区签订的合作会谈纪要达到210个之多，确定的合作投资总规模达到5万亿元，其中地方确认出资1.6万亿元。当铁道部不再是自己跟自己玩的时候，天地一下子就变得宽阔起来。

路地合作的重要意义不仅仅在于解决了数额巨大的铁路建设资金问题，同时还获得了地方政府在征地拆迁、物料供应、设施配套、地方税费等多方面的支持。这就为大规模的高速铁路建设扫清了障碍。

除了地方政府外，铁道部还广泛吸纳社会资金，如京津城际高速铁路的出资方除了铁道部、北京市政府、天津市政府外，中海油也出资17亿元，获得了19.5%的股权；京沪高铁的出资方更是多至11家，其中平安保险公司出资160亿元，获得了13.93%的股权，成为京沪高铁第二大股东。社会出资不但创造了良好的社会效益，经济收益也很好。2020年1月16日京沪高铁上市后，有关投资方也赚得盆满钵满。

此外，铁道部还推动大秦铁路、广深铁路公开上市，搭建融资平台；发行铁路建设债券、短期融资券和中期票据等进行筹资，仅2008年一年，铁道部通过发行各种债券、票据就成功融资1100亿元。

多元化融资是第一条路，第二条路则是大规模的银行贷款。这件事听起来很简单，实际做起来很难。在铁路跨越式发展之前，铁道部在推动铁路建设方面对资本金充足率非常看重，严格限定贷款规模，这是束缚铁路建设快速发展的桎梏。在这方面，交通部的思路更活。早在20世纪80年代，他们就提出了“贷款修路，收费还贷”政策。就是这样一个小小的转变，让中国迎来高速公路大发展的时代。高速公路的快速发展将铁路进一步推向深渊，20世纪90年代，在与高速公路客运的竞争中铁路节节败退，在大提速之前铁路竟然出现了连续3年客运量负增长的情况。铁道部发现与其等待杯水车薪的国家财政

CRH3 型动车组经过京津城际永定门附近

补助，不如自己想办法，自己动手丰衣足食。思路一转天地宽，大量银行贷款的注入，让中国高速铁路建设获得了雄厚的资金支持，中国高速铁路大发展的时代已经不可阻挡了。

再说技术保障的问题。

就整个高铁体系而言，中国在线路建设方面的技术实力算是最强的，所以在桥涵隧道方面基本以原始创新的技术为主，辅以部分引进技术，主要包括无砟轨道系统、道岔及扣件系统。

“四纵四横”高速铁路网的线路建设正在徐徐铺开之际，中国启动了线路建设相关技术的引进工作。在无砟轨道技术方面，中国从三家德国企业引进了三种规格的技术，它们分别是博格板式无砟轨道系统、旭普林双块式无砟轨道系统、雷达 2000 型双块式无砟轨道系统。其中旭普林双块式无砟轨道系统只在郑西高铁上有应用，雷达 2000 型双块式无砟轨道系统只在武广高铁和大西高铁上有应用。博格板式无砟轨道系统首先在京津城际高铁上进行了实践，经过技术的消化吸收后，中国以博格板式无砟轨道系统为原型发展出了 CRTS Ⅰ型、CRTS Ⅱ型、CRTS Ⅲ型等多种技术标准，成为中国高铁建设中应用最广泛的无砟轨道技术。

在道岔方面，铁道部与法国科吉富公司、德国 BWG 公司、英国宝富公司、德国福斯罗公司等进行了技术引进合作；在扣件方面，铁道部与英国潘德路公司、德国 RST 公司、德国福斯罗公司进行了技术引进合作。

2006 年 11 月，铁道部又针对京津城际高铁进行了一次系统的技术招标，这是铁道部唯一一次拿出一条高速铁路进行类似总包性质的系统招标，部分涉及技术转让，如牵引供电等。参与此次竞标的包括：以西门子为首，ABB、施耐德等企业参与的德国企业联合体；以日立为首的日本企业联合体；以阿尔斯通为首的法国企业联合体和以庞巴迪为首的加拿大企业联合体。

据参与此次谈判的北京交通大学电气工程学院电力系主任吴俊勇介绍，这一轮谈判从2006年11月开始，持续了3个月，铁道部包下了北京车公庄附近的新大都酒店作为谈判地点，并从北京交通大学、西南交通大学等科研院校抽调专家，和铁路系统内的谈判人员一起，分成6个小组与4个国家企业联合体进行车轮战。每个小组都有二三十人，外方人数基本对等。吴俊勇所在的牵引供电小组由18个专家组成，与每一个外国集团进行为期两天的谈判，从8点一直持续到23点。吴俊勇回忆说："他们是轮番上阵，我们是持续作战，双方争得非常激烈，谈判时经常拍桌子摔板凳。"每天谈完后，专家们商量各自的"作业"：哪些细节已经敲定，哪些还须讨价还价。

吴俊勇介绍，铁道部的思路很清楚，就是要引进最先进的技术，哪怕成本偏高，一次到位对长期规划是有利的。比如高铁的供电方式，4家都提供了方案，但中方技术人员认为德国的AG供电方式最先进，两个供电变压器的点段之间距离可以达到90公里，供电距离长，能量大。这种供电模式在118公里的京津城际高铁优势不明显，但在1300公里的京沪高铁优势就很显著，1300公里只须建26个变电站。由于京津城际高铁按要求要在2008年北京奥运会之前通车，谈判时间非常紧张，谈判组连 2007 年的春节都没有休息。

毫无疑问，铁道部要的是核心技术，而不仅仅是一款产品。据吴俊勇回忆：“哪些技术对方可以转让，哪些必须保留，哪些转让到什么程度，都非常明确。虽然一些外商心有不甘，但是转让核心技术是我们一开始就明确提出的，他们觉得有利可图就同意合作，这是生意，不存在窃取。”但是在这些国际巨头面前，铁道部也并非都称心如意。如关于西门子的 27.5 千伏真空断路器，双方就较劲良久。高铁供电是一段一段的，在动车经过段与段之间时要通过断路器来操作，保持供电连续性，因为高铁上来往的车辆很多，真空断路器的质量直接决定着高铁供电系统的稳定性。西门子的 27.5 千伏真空断路器能保证使用 10 万次不出故障，在全球拥有 75% 的市场份额，所以是铁道部非常想拿下的一个产品与技术，铁道部坚持让他们转让技术。最后西门子方面不得不摊出底牌，声称这个技术是西门子研究院研究了 40 多年的技术，在全世界申请了 220 多项专利，转让将会对他们的股价造成很大的影响，而且因为涉及国家经济利益，转让该项技术，需要德国总理默克尔签字同意才行。铁道部最终没能拿下该项技术。但经过综合评定，西门子牵头的德国企业联合体还是成功中标了京津城际高铁。

至此，铁道部终于完成了整个高速铁路系统所有技术的整合。2006 年 1 月 27 日，铁道部正式批准成立“铁路客运专线系统集成技术总体组”。总体组由铁道部运输局、工程管理中心牵头负责，铁科院具体承办，主要职责就是搭建系统集成技术平台，建立系统技术体系,构建具有自主知识产权的中国铁路客运专线系统集成技术体系。

至此,中国高速铁路建设及供电方面的技术引进算是完成了。在这方面,中国本来就很强,技术的消化吸收也快,很快就以破竹之势成为世界上最强大的基建王国。

于是,项目有了,钱有了,技术也有了。队伍也早就有了,铁道兵转业后成立的中国铁建在,铁道部基本建设总局改制过来的中国中铁也在,再放开让中国交建、中国建筑、中国电建等企业进来,中国的高铁筑路大军空前强大。

如火如荼的高铁大建设时代还有什么可以阻挡呢?

第九章
开放的基因

1

第八章说完“路”，本章我们来说“车”。

在整个铁路系统中，机车车辆体系是技术含量最高的，它从诞生之日起就具有鲜明的开放的基因，是在熔铸全球技术基础上逐渐发展起来的。

1881 年 6 月 8 日，唐胥铁路还在建设之中，中国第一台蒸汽机车——“龙号机车”就已经诞生了，在铁路铺轨的过程中，它的主要工作是来回运送铺轨的材料。龙号机车的制造工厂胥各庄修车厂，作为洋务运动的双璧之一，号称“南有江南造船厂，北有胥各庄修车厂”。龙号机车的制造者是英国人金达。实事求是地说，对于“龙号机车”而言，那只能算是组装，买来零部件然后把它们装起来。但是，在那个遥远的年代，在一个完全处在农业时代的社会，面对如此复杂的机械系统，我们说龙号机车的诞生是中国工业划破天际的一个亮眼奇迹，那也是没有任何夸大的。中国铁路的历史就是从奇迹开始的。

奇迹之所以为奇迹，就在于它不是常规操作。无论晚清还是民国，中国能造火车的工厂不多，尤其是提供牵引动力的蒸汽机车，更是凤毛麟角。那时的中国，技术含量稍微高一些的机车车辆都要从国外购买。1949 年新中国成立后很长一段时间，我们仍旧很难，国外的技术水平还是比我们高，但是，至少我们使用的机车车辆多数都能自己生产了，从蒸汽机车到内燃机车，再到电力机车、动车组，我们拥有了完整的铁路装备工业体系。这是今天高铁事业的根基，没有它就没有今天的一切。

我们有了完整的机车车辆工业体系，但是我们并没有走向封闭，我们一直坚持技术的合作与引进。1957 年国家领导人访问苏联，我们从苏联引进了电力机车技术；20 世纪 60 年代我们引进了法国的电力机车；20 世纪 80 年代我们又引进了美国 GE 的内燃机车、五十赫兹集团的 8K 型电力机车以及日本的 6K 型电力机车。在这种持续的技术引进以及消化吸收过程中，中国的机车车辆工业不断成长壮大，不但有了长春客车厂、齐齐哈尔车辆厂这样的客车、货车龙头企业，也有大连厂、戚墅堰厂、资阳厂这样的内燃机车企业，还有株洲厂这样的电力机车龙头企业，更重要的是我们还培养出了株洲电力机车研究所这样的核心技术攻关企业，在交流传动、网络控制以及半导体等领域完成了技术的完美积累和迭代。

时间来到 1986 年，这是一个重要的年份。

从大的体系而言，这一年，中国机车车辆工业总公司正式成立，相对于 2015 年南北车整合成立的新中车，我们习惯上称它为老中车，这是一个历史的节点，它标志着中国机车车辆工业不再只是铁道部的一个局或者两个局，而是成为一个独立的市场主体。它与后来组建的中国中铁、中国铁建等 4 家公司并称为铁道部五大公司。

从小的工厂而言，这一年的 7 月 21 日，四方厂开始动工扩建客车造修系统，选址青岛市城阳区棘洪滩镇。这是四方厂成立以来改扩建项目首次上升为国家级，迎来了一次命运的转折。

棘洪滩，名字听起来就像是一个很偏僻的地方。之所以叫棘洪滩，是因为这里荆棘多、洪水多、滩涂多，是一片种啥啥不长的盐碱地。

↓1986年四方厂客车扩建工程棘洪滩客车分厂奠基仪式

四方厂的扩建，总征地面积达1961.7亩，总投资2.3亿元。1986年就有如此大手笔，难道那时候他们就预见了未来高速动车组的大规模生产？当然不是。实际上是因为棘洪滩太偏了，他们这次的征地，76%都是盐碱地。[173]但是，这次大规模的征地，还真就为后来高速动车组的大规模生产预留了足够的发展空间，冥冥之中似乎真有天意！

四方厂，这个1900年10月由德国人在青岛四方村开始建设的机车车辆工厂，到1949年新中国成立时，还从未真正制造过一台蒸汽机车。[174]尽管1952年率先制造出新中国第一台蒸汽机车“八一号”，但是到1978年改革开放时，四方厂与作为“一五”期间苏联援建的156个重点项目之一的长春客车厂，以及日本人建立的老牌机车制造龙头企业大连厂、三线建设代表工厂资阳厂相比，地位还是要差很多。这次改扩建让他们拥有了跻身国内一流铁路装备工厂的资格。

1985年，就在四方厂开始棘洪滩扩建的前一年，一个毕业于长沙铁道学院（后经合并成为中南大学）的小伙子来到四方厂，他叫王军，后来逐渐成长为中国高铁事业的领军人物，先后担任四方厂的总工程师、总经理、董事长、党委书记。也是在这一年，四方厂的一个小决定为后来的高铁事业添上了一块砖——他们与一家叫川崎重工的日本企业签订了友好工厂协定[175]，并从此开启了一段美妙的历程。

三年后，1988 年 9 月，第一辆客车从棘洪滩工厂下线。据四方厂的《厂志》记载："第一辆客车终于在 1988 年 9 月诞生。那是个大半夜，秋来微凉，300 多人下班后都自动留了下来，大家一起绕着初生的客车转圈，一遍一遍地看着，用手抚摸着车体，流下热泪……车体是冰凉的，但手心是热的，人心是热的，所有人都热血沸腾，他们永远记得那个车号，YW22B64164。"

他们抚摸的这辆车属于"22B 型"铁路客车，后来成为我国第二代主型客车，也就是人们俗称的"绿皮车"。

比绿皮车更高级的是红皮车。1996 年，为了第二年的中国铁路第一次大提速，铁道部向长春客车厂、四方厂、唐山厂、浦镇厂招标新型旅客列车——25K 型快速空调客车。这款车因为红白相间的涂装，又被称为"红皮车"。这款升级产品给四方厂带来了转机。

这一年，一个毕业于北京交通大学机械与电子控制工程学院的东北小伙子来到了四方厂客车设计处，他叫陶桂东，后来成为四方厂高速动车组主要设计师之一。他既参与了中原之星、中华之星等老一代国产动车组的设计工作，又参与了引进技术的"和谐号"动车组设计与生产，还参与了完全中国标准的复兴号高速列车设计与生产，是连接中国不同世代高速动车组技术发展的一个活的纽带。

陶桂东很幸运，他到四方厂的时候，工厂已经基本度过了 20 世

173. 肖芳 . 昔日盐碱地，开出"复兴号"[N]. 大众日报，2017-09-18(5).
174. 任宇波 . 第一台国产蒸汽机车诞生记 [N]. 大众日报，2012-05-08(9).
175. 南车四方与川崎重工共同赢得新加坡 364 辆有轨车的供货合同 [J]. 轨道交通，2014(6):19.

纪80年代到90年代初因为高速公路竞争，铁路投资受影响而压减的最困难时期。1997年4月1日开始的铁路大提速拉开了中国铁路向上发展的世纪篇章。第一次大提速中首次投入使用的25K型快速空调客车，成为四方厂的主型产品之一。

就在这个时间段，因为受到国外高速铁路发展、国内京沪高铁大讨论以及大提速后差异化高端客运广受好评的影响，加之铁道部改革，放权各铁路局与中车旗下车辆工厂研发与采购新产品，国内掀起了一个国产动车组研发的小高潮。数据统计显示，中国早期自主研发的动车组高达20多个品种，总产量67列，其中大部分是在这个阶段完成的。这67列动车组中，内燃动车组47列，电力动车组20列；有46列在国内进行试验或交付运用，另外21列则出口到了国外。[176]

在国产动车组的这个研发小高潮中，1999年10月14日，四方厂联手株洲厂和株洲所启动了动力分散型交流传动电动车组的研发工作，铁路局方面的合作方则是郑州铁路局。当时研制的动车组，品牌命名都是由各大铁路局主导的，郑州铁路局地处中原，所以将该款动车组命名为“中原之星”。

刚刚入厂不久的陶桂东非常幸运地参与了中原之星这个重点项目的研发。在这个项目研发期间，陶桂东还被派往德国学习动车组的塞拉门技术。德国先进的高速动车组制造技术让陶桂东大开眼界，也给了他很大的刺激。但是，中原之星项目的研发整体来看并不十分成功，动车组上线运营后故障率一直比较高，最终在投入运营半年后就被迫停用。

↓上图：中华之星在铁科院环形线试验时项目团队合影
↓下图：创造“中国铁路第一速”321.5km/h 的中华之星

2000 年铁道部又上马了一个大项目——“中华之星”。它是那段国产化动车组研发高潮中水平最高、最具代表性的型号。中原之星是铁路局的项目，是商业性的，设计时速只有 160 公里；中华之星则不同，它是国家正式立项的项目，是铁道部牵头集中全路科研力量打造的，目标是打造中国具有自主知识产权的高速列车产品，设计时速是 270 公里。它的总设计师正是株洲厂的刘友梅院士，作为中国电力机车事业的开拓者，“中华之星”是他的又一款代表作。

作为当时中国最高端的高速动车组研发项目，中华之星总研发资金 1.3 亿元，其中国家拨款 4000 万元，铁道部出资 4000 万元，参与研发的单位自筹 5000 万元。参与研发的单位群星闪耀，包括四大机车车辆工厂株洲厂、大同厂、四方厂、长客厂，四大研究所铁科院、株洲所、四方所、戚墅堰所，两家高等院校西南交大与中南大学，所以该项目又称“四四二工程”。其中株洲厂与大同厂各负责研制 1 辆

---

176. 高铁见闻 . 高铁风云录 [M]. 长沙：湖南文艺出版社，2015.
高铁见闻 . 大国速度：中国高铁崛起之路 [M]. 长沙：湖南科学技术出版社，2017.

动力车，长客厂负责 4 辆拖车，四方厂负责 5 辆拖车。

在中华之星立项前不久的 2000 年 9 月 28 日，老中车在它成立的第 15 个年头，按照国务院的部署，正式从铁道部剥离出来，并被拆分为南车、北车两大集团，划归国务院国资委管辖[177]。其中株洲厂与四方厂划给了南车，长客厂与大同厂划给了北车。

陶桂东又幸运地参与了“中华之星”这个大项目。对于拖车研制单位四方厂而言，最核心、技术难度最大的工作就是高速转向架的研制与攻关。可以说正是中华之星这个项目将四方厂的一干青年技术专家带进了高速列车技术的大门。陶桂东曾感慨：“研制‘中华之星’的时候是我们对高速列车的初相识，是对高速列车认识和探索的过程，也是建立技术体系或者叫建立技术概念的过程。这个探索对我们后边引进川崎技术起到了支撑作用。”[178]

2001 年 8 月，中华之星通过了技术审查，2002 年 9 月正式下线，同年 11 月 27 日，中华之星在秦沈客专冲刺试验中创造了时速 321.5 公里的中华第一速，轰动了中华大地。这一速度纪录一直维持到 2008 年 4 月 24 日，才由 CRH2C-061C“和谐号”动车组在京津城际高铁上打破。但遗憾的是，中华之星最终只是昙花一现，盛开之时绚烂无比，可惜过于短暂。此后因为热轴事故以及试验中的高故障率，更关键的是铁路发展专项以技术引进为主，中华之星最终没有大的作为。有关故事让人唏嘘，见闻君在《高铁风云》与《大国速度：中国高铁崛起之路》中有比较详细的讲述。

时间来到 2003 年 5 月 25 日，正是 SARS 病毒肆虐的时候，铁道部领导到四方厂调研。此时的四方厂刚刚进行了“外科手术式”的改革，当时的南车集团将四方厂一些不盈利的业务剥离出来，成立了四方有限公司，将公司的核心业务以及精兵强将保留下来，并引入外部资本，成立四方股份公司。应该说经过改制的四方股份公司已经是当时最有战斗力的铁路工厂之一了。这次改造是四方厂最终能够实现华丽转身，并跻身世界顶级高速列车制造工厂的关键一环。

但是，在铁道部领导的眼中，他们仍旧只是工厂小作坊的集合。铁道部在对四方股份公司的调研中，要求铁路机车车辆工厂必须实现现代化改造，并正式提出了“先进、成熟、经济、适用、可靠”的机车车辆十字方针。这是一个十分宏大的目标，铁道部提出的要求并不是中国最好，而是世界最佳，他们要对中国机车车辆工业体系进行全面彻底的改造。

十字方针的提出，意味着中华之星的前途没有了，因为它显然无法满足“成熟”与“可靠”两个指标；“适用”这个指标也很难达到，因为国家规划的“四纵四横”客运专线网络要求动车组的轴重不能超过 18 吨，轴重过高会对客运专线网络造成巨大伤害，而中华之星的轴重是 19.5 吨，无法满足这个指标；就先进性而言，中华之星与后期引进的高速列车技术相比显然也谈不上先进；中华之星唯一符合的指标应该就是经济性了。

所以，十字方针的提出，实际上意味着高速动车组技术引进路线的初步成型。2003 年 10 月 16 日至 20 日，铁道部领导又到大连公

177. 当时还叫中央企业工委。
178. 冷梦 . 国家名片：高铁背后的故事 [M]. 北京：东方出版社，2016:359.

司、长客股份公司、株机公司、株洲所考察，提出了“三个一流”的目标，即掌握世界一流技术，生产世界一流产品，建成世界一流基地。11 月 27 日，铁道部与南北车集团在京召开机车车辆装备现代化领导小组会议，研究并通过了《加快机车车辆装备现代化实施纲要》，这标志着机车车辆技术引进路线的成熟。

2

最终还要国家正式批准。2004 年 4 月 1 日的北京，春寒料峭。国务院领导主持会议专题研究铁路机车车辆装备有关问题[179]，敲定了通过引进消化吸收再创新全面提升改造中国铁路工业体系的方针，并确定了“引进先进技术，联合设计生产，打造中国品牌”的技术引进总原则。

为了更好地执行“引进先进技术，联合设计生产，打造中国品牌”的方针政策，铁道部全面实施了“战略买家”策略。“战略买家”这四个字看起来简单，真要理解它的精髓并不容易。拆开了看，战略买家就是具有战略眼光以及执行力的买家。首先你得是战略买家。铁道部是不是一个战略买家？是，而且是最典型的战略买家。汽车的买家是不是战略买家？显然不是，汽车的买家都是普通的消费者。他们关心的不是战略问题，而是实用性问题。企业也不一定是战略买家。中国钢铁企业购买海外铁矿石，这些钢铁企业是不是战略买家？应该说这些大的钢铁企业具有一定的战略性，但是它们也不是战略买家。因为它们的战略只是自己公司的战略，这些战略凑到一起，对铁矿石行业而言，都只能算是战术，算不上是战略买家。中国钢铁协会倒是具有战略性，但是它不是买家，它努力把国内的钢铁企业协调起来，统一谈判，实际上就是一种战略买家的策略。可惜它能够协调的钢铁企业有限，民营企业不太听它们的话，经常是中国钢铁协会正在与外方进行价格谈判，它们却偷偷地跟国外的铁矿石生产商签订了协议。

铁道部从战火中走来，前身是中央军委铁道部，所以铁路系统一直保持着半军事化的色彩，执行力之强在各行业中罕有其匹。所以铁道部的战略买家策略执行得极其彻底，因此也极其成功。铁道部在机车车辆领域想引进的技术包括高速动车组、大功率电力机车、大功率内燃机车三大技术体系。它规定入口只能有 6 个，高速动车组技术引进的主体只有长客股份公司与四方股份公司，大功率电力机车技术引进的主体只有株机公司与大同公司，大功率内燃机车技术引进的主体只有大连公司与戚墅堰公司。南北各有三家。同一个品种之所以南、北车各有一家，铁道部是为了维持平衡状态。一是可以在相互竞争中进步，二是可以从中控制，避免某一款产品受制于南、北车。这种小口径控制，就避免了多家中国企业因为争夺国外技术引进的机会，“一窝蜂”状况的出现。一旦出现“一窝蜂”的状况，一是容易导致国外技术坐地起价，二是容易造成中方在谈判中陷入被动，核心技术引不进来。以高速动车组技术引进为例，中方只有 2 家企业，外方有 4 家

179. 王志国 . 中国铁道年鉴 2005[M]. 北京：铁道部档案史志中心，2005:90.

企业，中方有选择余地，所以拥有完全的谈判主动权。

具体实施过程中，四方股份公司主攻日本联合体，同时跟法国阿尔斯通谈；长客股份公司主攻德国西门子，但也同时跟法国阿尔斯通谈。谈判的“诱饵”就是中国铁路第六次大提速所用高速动车组，数量是140列8编组时速200公里动车组。

在当时，这是一个天大的订单。

2004年6月17日，招标正式发出。投标主体要求必须是“在中华人民共和国境内合法注册的，具备铁路动车组制造能力，并获得拥有成熟的时速200公里铁路动车组设计和制造技术的国外合作方技术支持的中国制造业（含合资企业）”。这句话太绕了，简单解释一下，主要就是强调了如下几个因素：第一，投标企业必须是在中国境内合法注册的。这个条件就把西门子、阿尔斯通以及众多日本企业统统挡在了门外。第二，这个中国企业还必须有国外合作方作为技术支持。这个条件是为了确保能通过一对一的绑定关系，把国外企业的核心技术通过谈判买过来。第三，这个国外合作方必须拥有成熟的时速200公里铁路动车组设计和制造技术。总之一句话，国外的企业不能投标，国内的企业也不能随便投标，只有成功结对子，与国外高手绑在一起，实现了技术转让的企业才能投标。

为什么一定要搞得这么麻烦呢？因为铁道部看重的不是它们生产的动车组车辆，而是车辆背后的技术。只有将国外高铁装备先进制造企业与中国这两家企业捆绑在一起，才能通过技术转让的方式，让中国这两家企业拥有先进的高速动车组开发平台，才能以这些平台为基础，进行进一步的创新开发，才能最终拥有世界一流的高速列车制造技术。再简单一点说，就是通过这次招标，把中国的高速动车组制造企业培养起来——这就是铁道部作为一个战略买家的战略所在。

有小伙伴可能会问了：怎样才能够确保这些巨头将技术转让给中国这两家企业呢？这里铁道部就放“大招”了。首先，铁道部做出了一个硬性规定，参与投标的企业必须是已经与国外企业签订完整技术转让合同的企业。如果没有做到这一点，当然也就失去了投标资格，外方合作伙伴自然也就失去进入中国高铁市场的机会。当时中国一次性招标的动车组数量高达 140 列，这应该是截至当时世界高铁史上一次性招标动车组数量最多的一次，更何况这还只是用于第六次大提速的动车组，而中国还刚刚规划了“四纵四横”1.2 万公里高速铁路网。当时，全球各大咨询机构的口径非常统一，中国已经成为世界高速铁路最大的市场。所以，对这些高铁行业的国际巨头而言，谁都承受不起投标失利带来的沉重打击。

签订技术转让合同是一个硬性条件，但是技术怎么转让，转让到什么程度，还需要跟外方进行谈判。当然，为了保证最终的成功，铁道部还设了一道“防火墙”，叫技术转让实施评价，也就是当合同执行到一定阶段时，铁道部将会对技术转让实施的效果进行评价。评价的对象是中车四方股份公司和中车长客股份公司。虽然你中标了，但是铁道部先不付钱，国外合作企业作为老师要向中国企业传授技艺，铁道部不考核老师教得怎么样，而是考核学生学得怎么样，只要中国企业没有学好，钱就拿不到。不得不说，这个考核实在是太霸道了，国外企业不但要用心教，还怕遇到笨学生，因为即便他使出了浑身解数用心教，如果笨学生学不会，他的钱还是无法拿到。没办法，这些外国老师只好把压箱底的绝活都拿出来了。

因为这种战略买家策略的成功实施，整个技术转让谈判过程中，中方占尽了优势。四方股份公司主攻日本大联合，然后通过同时跟阿尔斯通谈判来向日方施压。长客股份公司主攻德国西门子，但是同时也跟阿尔斯通谈判，取得良好的效果。

战略买家策略在这次谈判中的完美发挥出现在长客股份公司与德国西门子的谈判中。

西门子本是这次谈判中准备最充分的一家，它们通过出色的商业情报网络已经得到密报，它们才是铁道部的“梦中情人”，它们听说铁道部甚至下定决心，非西门子不“娶”。通过对竞争对手的分析，西门子也认为它们是必胜的一方。所以西门子制定了针对性极强的谈判策略，核心是维护德国品牌的高端形象，高举高打，要价极高，而且技术转让条件极其苛刻，只转让一些相对容易获得与攻克的技术，对于比较关键的技术，坚持不能转让。当时西门子技术转让费的开价是 3.9 亿欧元，卖给中国的原型车的开价是 3.5 亿元人民币。这个价码让中方难以接受，当然更难以接受的是技术转让的条件过于苛刻，谈判进行得异常艰难。

据时任中车长客股份公司总工程师牛得田回忆，当时与德方、法方谈判的地点分别位于北京西四环和西三环附近的两家酒店。德国人比较严谨，每次他们到达后，西门子的人都已经做好准备等着了，而

↓中国中车大功率电力机车生产车间

法国人则比较浪漫，他们到达后，往往要拖一会儿时间才下来。到谈判的后期，他们开始主攻阿尔斯通。但是过程惊险异常，双方围绕技术转让价格以及技术转让的内容展开了拉锯战，最后掉进了一个死循环，谁都不肯让步。这时长客走了一步险棋，宣布无法接受阿尔斯通开出的价格，决定放弃此次招标，不谈了，所有谈判人员都打道回府，坐飞机回长春了，手机也关了。毫无疑问，这是一次破釜沉舟的行动，要知道西门子的立场比阿尔斯通还要坚定，如果阿尔斯通真的放弃也回国了，而西门子又拿不下，长客将面临竹篮打水一场空的情况。好在阿尔斯通最终没有顶住压力，妥协了。

当然，西门子并不在意，因为它们始终觉得阿尔斯通不过是长客股份公司用来压低谈判价格的筹码而已。就在长客股份公司与阿尔斯通的谈判已经取得决定性突破的时候，铁道部决定做最后一次努力，在投标截止日期的前夜，铁道部主管运输与装备制造的领导亲自出马进行谈判。

此领导直言不讳：中方非常欣赏德方的技术，很希望西门子成为我们的合作伙伴，但你们的出价实在不像是伙伴，倒有点趁火打劫的意思。他表明中方的态度，每列车价格必须降到2.5亿元人民币以下，技术转让费必须降到1.5亿欧元以下，否则免谈。德方首席代表靠在沙发椅上，不屑地摇摇头："不可能。"这位铁道部领导接着说："中国人一向是与人为善的，我不希望看到贵公司就此出局。何去何从，给你们5分钟时间，出去商量一下吧。"德国人商量回来，仍然没有一点转圜的余地。铁道部领导把刚刚点燃的一根香烟按灭在烟灰缸里，微笑着扔下一句话："各位可以订回程机票了。"然后拂袖而去。[180]

据牛得田回忆，第二天早晨7时，投标即将开始，西门子仍然不认为自己会出局，竟然带着成箱的资料准备与长客股份公司一起去投标。长客只好告诉他们："你们出局了，我们已经选择阿尔斯通作为合作伙伴参与此次投标了。"大梦初醒的德国人呆若木鸡。早餐桌上，法国人得意扬扬，品着香甜的咖啡，还不忘调侃一下德国哥们："回想当年的滑铁卢之战，今天可以说我们扯平了。""德国人从中国的旋转门又转出去了。"消息传开，世界各大股市的西门子股票随之狂跌，放弃世界上最大、发展最快的中国高铁市场，显然是战略性的错误。西门子有关主管执行官递交了辞职报告，谈判团队被集体炒了鱿鱼。

一年后，中方又与德国来了一场技术引进谈判，西门子每列原型车的价格由3.5亿元人民币降到了2.5亿元，技术转让费由3.9亿欧元降到了8000万欧元。这就是中国高铁史上著名的一夜砍掉30亿元人民币的传奇故事。当然，省了30亿元还只是这次谈判收获中很小的一部分，更重要的是由此掌握了技术谈判的主动权，能够帮助中国企业获得更核心的技术，在技术转让条款中获得了更优惠的条件，以帮助中国企业更彻底地消化引进的技术。

这就是战略买家策略在这次技术引进谈判过程中的完美表现。战略买家策略实施的结果就是，时速350公里动车组价格由引进之初的2.5亿元一列（西门子最初要价3.5亿元一列），经过中国厂家的自主创新，到“复兴号”动车时，单价逐渐降低到1.7亿元一列——而西门子在国际上仍旧以3.5亿元一列销售他们的产品。真正具有战略性的买家，通过战略买家策略的完美执行，最终受益的一定是他自己，当然，还有我们的祖国。

实际上，战略买家策略在整个中国高铁技术发展过程中发挥的作用还远不止这些，而且可以毫不夸张地说，这些只是皮毛，它在此后技术消化吸收过程中发挥的作用才是更加重要，也是更加根本的。技术引进来之后，在完美消化吸收的基础上实现再创新并不容易，如果消化不充分，生产的产品稳定性不高怎么办？如果不是战略买家，而是普通买家，他们会毫不犹豫地选择更稳定的产品，那么技术引进就会走向失败，只好再去引进更先进的技术。这就是“引进—落后—再引进—再落后”的怪圈。中国的很多行业都是这样走过来的。如此则

---

180. 蒋巍．闪着泪光的事业 [N]. 人民铁道，2010-06-13（3）.

↓中国动车组大家庭

会出现市场给了人家，但是技术仍旧没有引进过来的窘境。汽车行业就是这种情况的典型代表。技术没引进来，满大街却已经跑着国外的汽车品牌了[181]。战略买家则不同，引进技术生产的产品，初期可能不稳定，但是它会为了长期的战略利益，将这种不稳定扛下来，然后让你去改。改好了就去跑，改不好就再改，直到改好为止。然后，战略买家还会让你在已经引进技术的基础上去再开发，不断地进行产品的迭代与技术的升级，通过长期的大量的应用积累数据，然后再让这些数据返回到产品的研发、设计、开发中。这种基于实践累积数据基础上开发出来的产品就一定会获得最优效果。只要人不懈怠，通过这种产品与技术的迭代，最终我们一定能够站在技术的最前沿。

3

上文介绍了铁道部战略买家策略的完美实施过程，但是实际操作过程远没有见闻君描述的那么简单，有太多的细节要处理，有太多的难关要闯过。下面我们就以四方股份公司为例来看看这个过程具体是怎么实施的。

尽管招标公告是2004年6月17日发出的，投标的截止日期是7月28日上午10时，但是准备工作从2004年的春节就已经开始了。四方股份公司抽调了20多位精兵强将组成备标小组，项目组组长叫王日钢，动车组的总体主任设计师叫邓小军。

整个工作处于高度保密状态。项目组中有一位工程师叫王心红，她是项目组中唯一的女将。她的丈夫是北车集团另外一家企业的员工。这一天，她收拾好了行李准备出发。丈夫问她出差干什么，她说不知道。问她去哪里出差，她说不知道。问她出差多长时间，她还说不知道。她的丈夫一脸茫然，感叹从来没有遇到过这么神秘的出差。夫妻二人感情一向很好，面对丈夫的困惑，王心红只好说了一句，这是公司的机密。丈夫会心地一笑，然后就不再询问。[182]

一辆大巴把他们拉到了青岛市崂山深处一户农民盖的两层小楼的家庭旅馆里，从那时起备标小组的这20多个人就吃住一起。男士们两人一间，女将只有王心红一个，所以她的是单间。之后四个多月的

181. 新时代电动汽车的蓬勃发展，让中国汽车行业迎来了蜕变的绝佳机遇。
182. 冷梦．国家名片：高铁背后的故事[M]. 北京：东方出版社，2016:90.

时间里，他们在简陋的乡村旅馆住地，基本都要工作到后半夜才能休息。工作的劳累倒还在其次，事业推进的成就感会磨灭这种工作的劳累，难受的还有蚊虫的叮咬，山区的蚊子成群结队，一向是大兵团作战，一到晚上它们就会对人狂轰滥炸，让大家吃尽了苦头。

为了准备即将到来的技术引进谈判项目组，他们针对动车组引进中涉及的技术，分成了不同的小组，然后分别梳理出各自的技术清单，再根据清单制定有针对性的谈判策略。最终，由整个备标小组再经过讨论拿出整体的计划。

从冬到春，从春到夏，来的时候，崂山还是白雪皑皑，走的时候，崂山已经满眼苍翠。2004 年 6 月，标书发布后，他们移师北京展开正式谈判。出发前有同事提醒他们：“别理发！千万别理发！”原来青岛当地有个习俗，遇到大事不能理发，因为留发就能留住运气。[183] 这一群饱读诗书、理性到极点的“理工男”，尽管都已经是非常成熟的工程师，但他们在离开青岛前往北京时，竟然真的没有一个人去理发。这并不是迷信，而是为了讨一个好彩头。由此也可见他们对这次谈判的重视程度。7 月 28 日 10 时，投标的地点是北京西四环的世纪金源大酒店，所以四方股份公司选择了离世纪金源不远的金泰海博大酒店。

只有 40 天的时间，那是真刀真枪地干了。

他们的主要对手是日本联合体，由 6 家公司组成——川崎重工、三菱商事、三菱电机、日立制作所、伊藤忠商事、丸红株式会社。选择日本作为主要谈判对手，中日双方都承受了巨大的压力。当时日本正是小泉纯一郎执政时期，其任期内多次参拜靖国神社的行为令中日关系跌到了谷底。中国国内民众反日情绪高涨，网络上充斥着各种反对引入新干线技术的言论。有人放言，如果中国在建设高铁时引入新干线技术，就发起抵制运动。与此同时，日本国内对向中国转让新干线技术也是反对声一片。世界高铁巨头德、日、法三强中，在技术转让方面，法国相对是最开放的，而日本是最保守的。日本新干线运营商 JR 东海公司与日本车辆制造公司均明确拒绝向中国转让“700 系”新干线技术。四方股份公司只好向 1985 年就结为友好工厂的川崎重工招手。当时川崎重工正处于经营困难期，企业发展面临巨大危机，所以对与中国企业合作获取中国高铁市场订单比较积极。但是 JR 东海公司与日本车辆制造公司的激烈反对，是他们必须首先解决的难题。后来，日本企业经过繁杂的内部沟通，达成共识：一是只转让时速 200 公里新干线技术，不转让时速 300 公里的技术；二是由川崎重工、三菱商事、三菱电机、日立制作所、伊藤忠商事、丸红株式会社 6 家公司组成大联合与中国企业统一进行谈判。

6 家公司组成联合体与中国企业谈判，给谈判工作带来了难以想象的难度，联合体中有一家企业的代表不同意，谈判就会出现进行不下去的情况。

有一次王日钢在与见闻君聊天时回忆了一个细节。此君参与谈判时只有 30 多岁，可谓年轻气盛，手下一帮参与谈判的人也都是 30 岁的毛头小伙子，有的还不到 30 岁；而日方参与谈判者一眼望去花

183. 冷梦．国家名片：高铁背后的故事 [M]. 北京：东方出版社，2016:167.

白头发的居多，多数五六十岁，有的岁数还更大。某次谈判进展颇不顺利，围绕一个细节，双方谁都不肯让步。日本大联盟中的一个人，威胁要退出谈判，起身欲离开。经过漫长的谈判，双方神经都高度紧绷，加上最后的投标期限是死的，如果完不成谈判，无法完成投标，其经济损失是双方都承受不起的。本来就窝着一肚子火，被对方一激，王日钢竟然霍地站起身来，将茶杯抓起来“砰”地往桌子上一甩，让翻译告诉那名同志，他今天如果从这个门走出去，就永远也不要回来了。大家一愣，谁都没有想到平时温文尔雅的王日钢竟然做出了如此举动。双方全都静坐在那里，谁也没有说话。大家静思了一下，也都知道双方拥有共同的目标，谈判只能成功不能失败。那名日本代表站着愣了半天，最后也只能默默地回到座位。双方继续谈判。

40 天的谈判过程，这种紧张的场面一直持续。到开标前的最后一周，很多人压根就没有上床睡过觉。双方全在宾馆的大会议室，没有一个人愿意离开战场，累了就趴在桌子上睡一会儿，醒来接着谈。王日钢回忆，在谈判最艰苦的阶段，有一次他们竟然连续谈了三天三夜，他们正说着突然发现对方不回应了，原来翻译坐在那里睡着了。

7 月 28 日凌晨 4 时，双方终于谈妥了最后一个细节——离最终的投标截止时间只剩 6 个小时。回忆至此，王日钢摇摇头笑着说：“那时候真是年轻气盛呀,体力也好,现在想想,都不知道自己当时是怎么熬过来的。”

剩下的还有一项工作——制作标书。4 台打印机和 1 台复印机同时开始工作，到最后 5 台机器竟然全部因为过热而停摆，只得让人抓紧从外面重新调新机器进来。此时四方股份公司董事长江靖正在世纪金源大酒店投标现场焦急地等待着，不停地打电话询问进展；四方股份公司总经理王军亲自赶到了金泰海博大酒店现场督战。所有的标书整理、打印、装订好后，装了整整 6 个大行李箱。等他们赶到投标现场时，离最终截止时间还有 10 分钟。

四方股份公司与阿尔斯通的谈判，在投标截止日期前两天终止了。阿尔斯通也成功地与长客股份公司结成了联合体。

一个月后，8 月 27 日，中标结果在世纪金源大酒店揭晓。四方股份公司、长客股份公司分别获得了 3 包 60 列动车组订单；四方庞巴迪公司则拿下了 1 包 20 列动车组订单。根据谈判达成的协议，这 60 列动车组，有 3 列在日本组装完成，整车交付；有 6 列以散件形式运抵中国，在日本技术人员的指导下，由四方股份公司完成组装，剩余 51 列，通过技术转让的形式，由四方股份公司独立完成制造。

说到这里，见闻君想起了一个日本网红，名字叫加藤嘉一。他在一篇文章里污蔑中国高铁，说他登上 CRH2 列车一看，发现洗脸盆上贴着塑胶纸，纸上写着“水”和“洗手液”。偷偷揭开，洗脸盆上原来的日文说明露了出来，让他感到十分亲切。加藤嘉一的这一黑招，当年还真是蒙蔽了无数键盘侠，他们叫嚣着原来我们引以为傲的高铁，竟然是中国制造业的最大痛点。加藤嘉一是看到了塑胶纸后面的日文，但是他没有告诉你的是，这列车正是按照当年的谈判合同，在日本建造并整车运到中国的三列原型车中的一列。如果能在这列车上找到中国的零部件，那还真是见了鬼了！

2004 年 10 月 10 日，铁道部委托铁路局、中技国际公司、长客

↓ CRH2 型动车通过宁德跨海大桥

股份公司和阿尔斯通的四方签约活动在北京通用技术大厦举行。10天后，四方股份公司、川崎重工、铁路局和中技国际公司的四方签约活动在同一栋大厦举行。当天铁道部派出了运输局、计划司有关领导，南车集团总经理赵小刚以及日本大联合中的另外5家公司代表，现场见证了签约活动，当天签署了《时速200公里铁路动车组项目技术转让协议》和《时速200公里铁路动车组项目国内制造合同》等历史性文件。此时，另外两个品种的铁路装备技术引进工作也已经尘埃落定。株机公司获得了西门子的大功率电力机车技术，大同公司获得了阿尔斯通的大功率电力机车技术，大连公司获得了美国EMD大功率内燃机车技术与日本东芝的大功率电力机车技术，戚墅堰公司获得了美国GE公司的大功率内燃机车技术。大功率电力机车与内燃机车引进要求与动车组大致类似，也是分为散件组装与国产化生产两个部分。但是大功率电力机车的技术消化相对更加彻底一些，而内燃机车由于核心的柴油机不在技术转让范畴，加上采购量相对较小，所以在后续开发方面步伐慢了一些。

谈判完成了，合同签订了，但这只是万里长征走完了一小步。接下来的国产化以及技术消化吸收过程才是胜负成败的关键。

4

技术转移的过程，第一步是人员的培训。于是，一批又一批的四方股份公司员工来到了位于日本神户的川崎重工总部。

第一批是设计师团队，总数超过100人，由邓小军领衔。1971年出生、毕业于上海铁道学院(现同济大学)的邓小军，当时只有34岁，是名副其实的少帅。1974年出生的陶桂东，更是只有31岁。这个团队大部分成员都是二十七八岁的样子。邓小军望着这个风华正茂的团队，心中的自豪感油然而生，中国高速动车组的未来就掌握在他们手里了，他们成熟之日，就是世界高铁潮头看我之时。

30人一组分批到达日本。他们的主要任务是去搞联合设计，实际上主要是做一些适应性改进。你想，你连技术都还没有吃透，怎么去针对核心技术搞联合设计？所以这些联合设计主要是一些类似空调出风口等方面的适应性改进。最终他们完成了80多项适应性改进。

实际上，设计师团队去接受培训的主要工作是画图纸，通过把川崎重工动车组的图纸亲手画一遍，来理解消化他们技术的精髓，当然，在这个阶段，他们有时候还只能是囫囵吞枣的消化。知道要这样画，知道这个参数要这样标，但是为什么这样画，为什么是这个参数，川崎重工的老师未必会讲。这是一个必然要经历的过程。最终的融会贯通要在今后的工作中，要在新车型的开发与试验中去领悟。好在他们都曾经有过国产化动车组或机车车辆的设计经验，这让他们理解消化起来有了相当的基础。陶桂东就认为，他们在研制“中华之星”时对高速列车的几大关键技术，如高速转向架问题、车体气密强度问题等都已经有了深度探索。这就是他们消化引进技术的根基，也是他们的底气所在。

2005 年 5 月，当邓小军带领团队飞抵神户，到达川崎重工总部，经过交接看到动车组列车的几十万张图纸时，他们还是有点眩晕。这可是海量的图纸啊！有些同行的工程师为此生出畏难情绪。怎么办？邓小军只有一句话：下笨功夫，画好每一张图纸。最终，他们画了多少张图纸呢？ 7 个月的时间，他们画了数十万张。回国后，他们又用了 120 天，完成了 2 万多张图纸的设计，还指导国内的配套生产商画了 6000 多张图纸。

第二个团队是技术工人团队。

这支队伍的使命是把设计图纸转化成实实在在的产品。他们要把原汁原味的日本制造工艺学过来，这是产品质量与稳定性的保证。他们就是一丝不苟的工匠精神的化身。如果说设计师团队是大脑，那他们就是双手。拥有一支世界级的工匠是成为制造大国的保证。同样，拥有一支世界顶级的技术工人队伍，是中国高铁立足全球的基石。全国“五一”劳模、“感动中国”年度人物、焊接钢针吊汽车的李万君是这方面的卓越代表。四方股份公司也拥有一支这样的队伍，他们的杰出代表包括郭锐、周勇、宁允展等。

技术工人队伍的养成，一是技艺，二是习惯养成，三是精益精神。这些事情说起来容易，但是真要做起来，那也是非常难的。冷梦所著《国家名片》一书中记载了这样一个故事：

郭维坤被派到日本，学习转向架构架的弹簧支撑梁上的盖板调修。日本师傅福田的工艺是，先用火焰加热加压力机调修，但是效率非常低，一天只能调两个。工艺要求是，弹簧支撑梁与它的接触间隙是0.5毫米。有一天福田不在，郭维坤想着这样也太慢了，能不能直接用大锤来调修。这是他以前在国内干活的方法。关键就看能不能达到0.5毫米间隙的工艺要求。说干就干，他试着敲击了一个，测测平面度，符合要求，而且效率高，差不多10分钟就能完成一个。他满心欢喜地等着福田来表扬他。谁知福田严厉地制止了他。他问为什么，福田给他解释说，用大锤敲击固然效率高，但是危害大。手工操作，力度不易掌握，易对板材造成伤害。用压力机固定压力，可以避免出现伤害母材的问题。热调修对焊缝也不会产生应力集中，这都是经过科学验证的。所有工艺文件有要求就必须严格执行，要改变必须经过科学验证才行，不能随便修改工艺要求。

这种严谨的工艺流程学习，让四方股份公司后来受益匪浅。四方股份公司决定掀起一场覆盖全厂的“整风运动”，希望让每一个人都

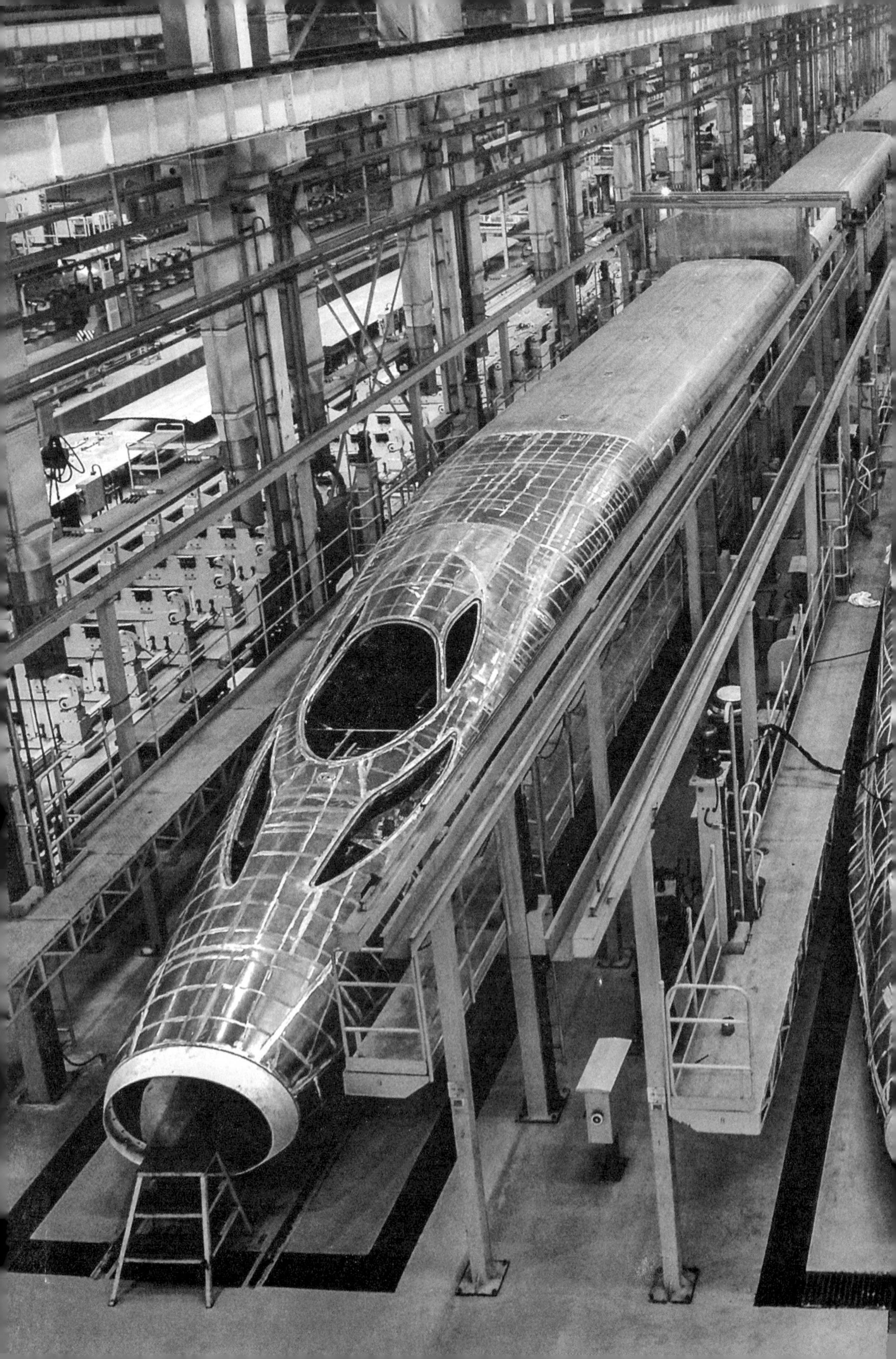

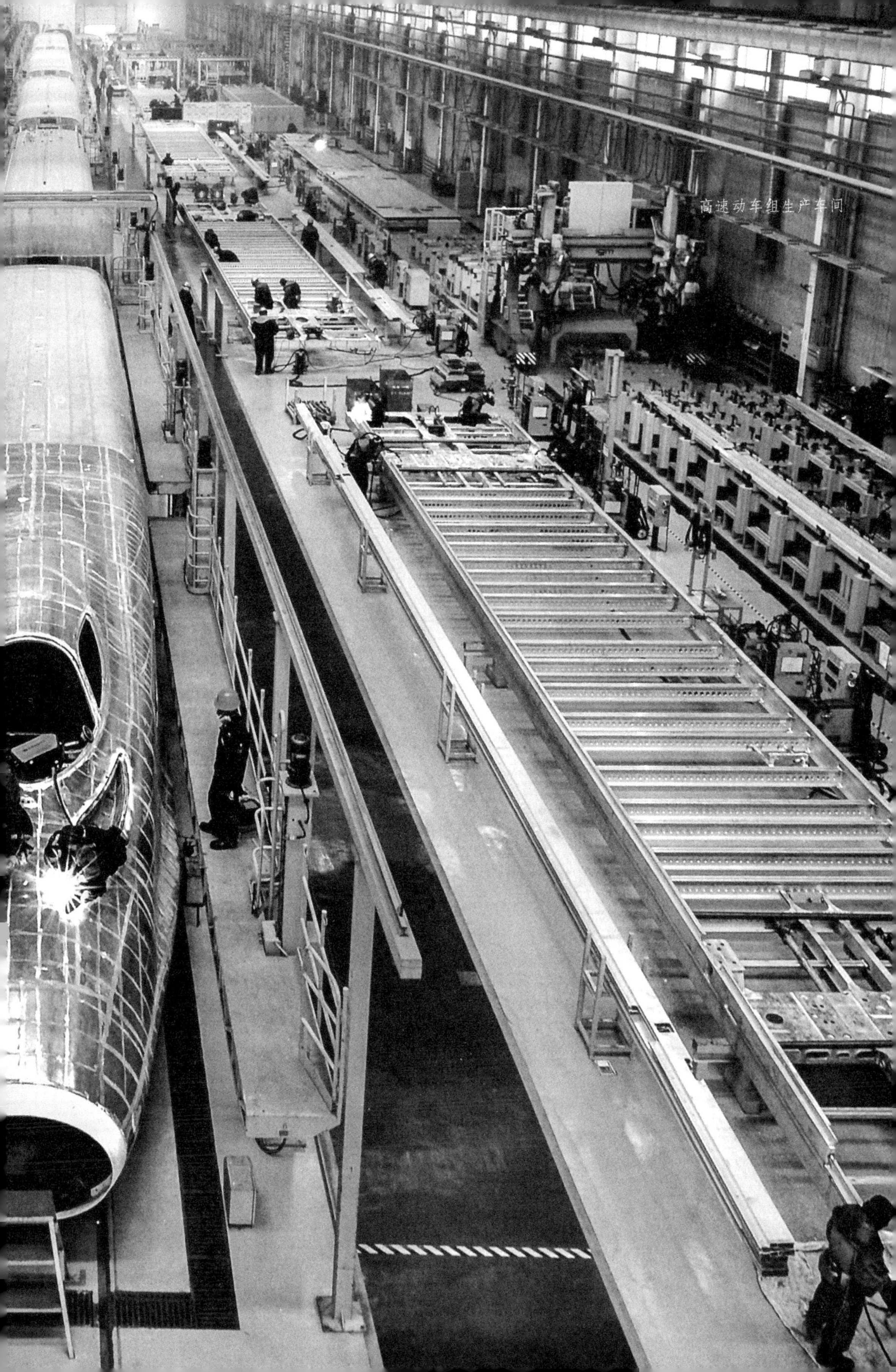
高速动车组生产车间

发生脱胎换骨的变化。他们的方法就是由日本培训回来的人作为师傅，每人带一到两位员工，进行辐射式培训，通过技术与作风的传帮带，改变全体员工的工作作风。师傅的年龄不一定比徒弟的大，正如韩愈所言："闻道有先后，术业有专攻，如是而已！"如对铝合金车体温度的变化，传统上都是靠工作经验来判断，而日本的师傅是用温度笔测试的。开始时，车体分厂的鲍明春很不习惯，感觉没有这个必要，毕竟我们以前靠经验判断也没有出什么大问题。但日本师傅对他说，经验是靠不住的，必须依靠科学的依据。用温度笔测温就被鲍明春带回国内，并写入了工艺文件。[184]

工艺的改进就是由这些细节构成的，是无数的细节保障了产品质量的稳定与可靠。"千里之堤，溃于蚁穴"，一个细节的疏漏可能就会导致系统的溃败。最后四方股份公司总结了整个工艺流程学习与再造的过程——"僵化固化优化"。第一阶段叫"僵化"，就是严格按照外方提供的图纸去做，不求创新只求复制；第二阶段叫"固化"，就是把学到的一些东西在流程上原汁原味地"固化"下来，做到不走样，制造水准向外方看齐；第三阶段叫"优化"，对工作完全掌握并熟悉后，根据实际情况提出一些优化的建议。

第三个团队是管理团队，主要是学习现场管理与精益生产，如"5S管理"，即整理(Seirt)、整顿(Seiton)、清扫(Seiso)、清洁(Seiketsu)、素养(Shitsuke)。当然，管理是一切的基础，不管设计团队还是技术工人团队，没有先进管理理念做基础，都会是一盘散沙。

第四个团队是调试团队，牵头人叫于延尊，他们抵达日本时已经是 2005 年年末，距离日方向中方交付第一批 3 列整车的时间已越来越近。调试团队主要负责动车组的功能性验证，这是动车组出厂前的最后一道工序，是保证动车组能够顺利运行的最后的大闸。他们要熟悉动车组的每一个系统，要保证整体系统的协调一致，动车组运营出现任何问题，他们必须第一时间诊断出来，并给出针对性的修复意见。

我们前面谈到过，第一次招标 60 列动车组，分为三批。第一批 3 列原装进口，四方股份公司派人去学习，这个阶段被总结为“他们干我们看”。第二批 6 列，散件进口，日方派人到中国技术指导，这个阶段叫“我们干他们看”。第三批 51 列，主要是“自己干”，并逐渐实现零部件的国产化，到第 60 列时实现国产化率 70%。

调试团队在日本主要是经历“他们干我们看”的阶段。他们想跟着日本师傅一起动手，遭到了严词拒绝。日本人说：“这几列车是我们的产品，将来出了质量问题我们必须赔偿，所以你们绝对不能动手。”[185] 调试本来就是一个动手的活，不让动手怎么学啊？那就好好看，等车到中国了，再给它拆了。要想真正熟悉自己要造的产品，唯一的办法就是自己动手。没办法，那就先把它拆了，再重新装起来。

2006 年 3 月 8 日，第一列整列进口的动车组从日本运抵青岛，编号“CRH2001”。

车辆运抵工厂后，于延尊一声令下，这列车就开始拆解！

但是，怎么拆？

———

184. 冷梦 . 国家名片：高铁背后的故事 [M]. 北京：东方出版社，2016:227-228.
185. 冷梦 . 国家名片：高铁背后的故事 [M]. 北京：东方出版社，2016:213.

一列8编组的车，几万个零部件，拆起来，那可真是老虎啃天——无处下口。他们一边看手册一边拆。

拆完之后再装上，难度更大。装上之后，他们发现了太多的问题，不是这里有问题就是那里有问题。一会儿受电弓升不上去，一会儿继电器不能正常工作，一会儿紧急制动又出了问题。总之，车的状态无论怎么调整就是不对。

然后就是故障排查，一个部件一个部件地排查。

调试团队非常懊恼，感觉他们似乎遇到了不可能完成的任务。

顶着压力继续排查，对照图纸，一步一步地梳理。

终于，整列车重新通上电后，8节车厢通体亮了起来，列车一切功能显示正常，调试团队欢声雀跃，许多人甚至瘫坐在了地上，这种突然卸去压力的幸福感，这种战胜极端困难的快感，让他们终生难忘！

第一列拆了，第二列来了继续拆，第三列来了接着拆。

到第四列的时候，过来的直接就是散件了。日本技术人员在旁边看着，四方股份公司的技术工人按照工艺流程慢慢地组装。此时的他们虽然还达不到庖丁解牛的地步，但是对动车组列车的整体情况已经做到了心中有数。组装进行得越来越顺利，日本方面的技术师傅不得不对他们竖起了大拇指。

到第10列的时候，那就是四方股份公司完全自主生产的第一列国产化动车组了。2006年7月31日，首列国产化CRH2A下线交验，此后开始了批量生产。

此时株洲所、株洲电机、浦镇公司、四方所、戚墅堰所等公司都参与了进来。这是逐步国产化的过程，也就是用国内配套生产的零部件替换国外进口零部件的过程。当然替代的过程是逐渐展开的，每一个替换的零部件都要进行严格的试验测试评估，合格了才能替换。所以国产化率是一个逐渐提高的过程，从 0 开始，到第 60 列，国产率达到 70%。一列动车组有多少个零部件呢？ 4 万多个。这里面又分很多种，有一部分是核心技术零部件，关系到列车的安全运营，主要包括九大核心技术——整车集成技术、车体技术、牵引传动技术、制动技术等。根据技术转让协议，这些也都是要配套转让的。受让方主要包括南车集团旗下的株洲所（牵引变流及网络控制）、浦镇公司（制动技术）、株洲电机（牵引电机及变压器）、戚墅堰所（钩缓技术），北车集团旗下的长客股份公司（转向架及车体总成）、永济电机（牵引电机及牵引变流器）、四方所（网络控制）、大同公司（牵引变压器）以及铁科院（制动技术）。其他零部件则被称为配套技术零部件，包括十大配套技术，如座椅、空调、车门等。这部分零部件主要由国内民营企业自主研发或者技术引进，通过动车组联合办公室评估认证的企业正式成为中国高速列车的合格供应商。

上面三个阶段结合起来，就是中国高速动车组完整的国产化过程。这个过程的考核指标就是“国产化率”，最低是 0，最高是 100%。这里需要说明的是，“国产化”其实是一个非常初级的阶段，即便国产化率达到了 100%，也没有什么值得骄傲的，这只是说明所有的零部件都能在国内生产而已，在国内生产并不代表掌握了技术。比国产化更高的一个层级叫“自主化”。自主化阶段的核心是自主设计与知识产权。在这个阶段，国产化率这个指标已经不再重要。如苹果手机，大部分零部件甚至组装都不是在美国完成的，如果考察它的国产化率那一定是低得惊人，但是没有一个人敢否认苹果手机是美国产品，因为它的设计与知识产权属于美国的苹果公司。中国高速动车组发展的第一阶段就是国产化阶段，即前面提到的“僵化”“固化”“优化”三个阶段，主要任务就是国产化替代；中国高速动车组发展到 CRH380 系列时开始进入了第二个阶段，就是自主化阶段，它的核心是自主设计与知识产权；到“复兴号”时，中国高速动车组发展进入第三个阶段，那就是标准化阶段，核心工作是引领行业发展，建立行业标准。当然，这都是后话，如果没有 2004 年夏天那次惊心动魄的博弈，中国高铁也就没有发展可依托的高水平平台，也就不会有今天所取得的成就。

5

在动车组国产化进程中，有一个神秘的组织不得不提，那就是铁道部动车组项目联合办公室，简称“动联办”。它是动车组技术转让实施效果的评价者，是动车组国产化工作的实际推动者。

动联办成立于 2005 年 2 月，共设立了 4 个工作小组，包括综合组、商务组、技术组和质量组。其中综合组与商务组主要成员来自中技国际招标公司，技术组成员主要包括铁道部运输局官员、南北车集团技术专家以及相关科研机构专家，质量组成员主要由一些验收系统专家和南北车旗下公司的质量管理专家组成。为什么说动联办神秘呢？大家可以在网上搜索一下这个机构，几乎搜不到任何有用的信息，但是在动车组技术引进这个项目中它的权力却很大。首先，它是技术转让实施效果的评价者，它说技术转让成功了就成功了，如果它说技术转让不彻底，那就得继续干，老师要继续教，学生要继续学，否则老师拿不到钱。其次，它是动车组国产化进程的把控者，它说这个部件已经成熟，可以替换国外产品装到动车组上了，这个部件就能装到动车组上。这是多大的一个市场？中国高速动车组产业链上几千家企业做梦都希望自己的产品能通过动联办的评估，成为高速动车组企业的零部件供应商之一。

此时，长客股份公司、四方庞巴迪的动车组生产也在紧张进行中。

2006 年 8 月 30 日，四方庞巴迪公司生产的首列 CRH1A 出厂。

2007 年的春运如期而至，铁道部将这一年的春运主题定为“和谐春运”。这一年的春运有大事发生。“和谐春运”的第一件大事就是铁道部宣布春运期间铁路票价不再上浮，结束以“削峰填谷”为主要目的的春运期间火车票上浮历史。

和谐春运的第二件大事就是“和谐号”动车组正式上线运营。2007 年 1 月 28 日，首批 10 列 CRH2A 型动车组在沪杭铁路与沪宁铁路上投入载客运营，“和谐号”动车时代悄然开启。之所以在 2007 年春运期间就让“和谐号”上线运营，一是为了提高春运运输能力，增加火车票供应，二是为“和谐号”动车组正式上线运营积累经验。不过为了确保安全，此时 CRH2A 动车组的运营速度被限定在时速 160 公里以内。就在 CRH2A 上线运营的同一天，首列在意大利制造完成的 CRH5A 原型车经过 1 个多月的海上颠簸，正式抵达大连港。2月1日，首批5列CRH1A型动车组在广深铁路投入载客运营，首发车次为T971次，由广州东站出发前往深圳站。

一切准备就绪，第六次大提速即将来临，中国高铁时代也即将开启。

2007年4月2日11时，铁道部针对第六次大提速所有涉及的线路和系统进行了综合模拟运行和合成演练。

2007年4月4日，国家领导人听取了铁道部关于第六次大提速的汇报，并做出重要指示，要求确保第六次大面积提速调度安全万无一失。

4月12日，铁道部举行第六次大提速新闻发布会；4月15日，在中央电视台推出了第六次大提速宣传片，和谐号动车组成为主角，动车组开始在神州大地奔驰。

4月18日零时，第六次大提速正式实施。京哈、京沪、京广、陇海、浙赣、胶济、武九、广深等铁路运营时速大幅度提速至200公里，总里程达到6003公里；其中京哈、京沪、京广、胶济等线路部分区段运营时速最高可达250公里，总里程达到846公里。这简直是一个奇迹。根据国际铁路联盟的定义，既有线铁路改造提速至时速200公里以上或新建线路设计时速250公里以上就是高速铁路。中国一夜之间拥有了6003公里高速铁路，超越德国、法国、西班牙、日本，成为世界高速铁路第一大国。中国高铁元年正式到来。

第六次大提速正式实施时，共有52列动车组投入载客运营，其中10列CRH1A、37列CRH2A，2007年4月刚刚下线的CRH5A也有5列投入运营。其中CRH1A最高运营时速被限定为205公里，后期提高到220公里；CRH2A和CRH5A的最高运营时速均被限定为 250 公里。

和谐号动车组的上线运营带给普通大众的冲击是巨大的，人们发现原来火车可以跑得如此快，乘坐火车旅行可以如此舒适，而且之前很多概念也被颠覆了。此前人们都已经习惯了“火车跑得快，全靠车头带”这样的说法，和谐号动车组的到来让人们惊奇地发现，原来世界上还有一种火车，不但车头有动力，而且车厢也有动力。于是，很多人认为动车组是不只车头有动力，中间的车厢也有动力的火车。而遇到动力集中型动车组，人们又会问，这也叫动车组？到 CRH380AL 诞生时，人们的观念再次被颠覆，这款车竟然只有车头没有动力，中间的车厢都有动力。所谓动车组就是一种固定编组的列车，通常在正常使用寿命周期内始终保持这种固定编组，不轻易变动。它们一般由若干带动力的车辆和若干不带动力的车辆组成。带动力的车辆称为动车，不带动力的车辆称为拖车。所以，地铁列车就是一种常见的动车组，不过是一种低速动车组。按照驱动能源划分，动车组可以分为内燃动车组和电动车组；按照速度等级划分，动车组则可以分为高速动车组（时速 200 公里以上）和普速动车组；按照动力配置方式划分，动车组则可以分为动力集中型动车组和动力分散型动车组。

第六次大提速开启了中国高铁时代的大门，但真正让中国高铁扬名立万的则是京津城际高速铁路。上一章中我们谈过，京津城际 2005 年 7 月 4 日动工，2007 年 12 月 16 日全线铺轨完成。这是我国第一条通车的高标准高速铁路，也是我国第一条时速 350 公里的高速铁路，又连接北京与天津两个大都市，还是 2008 年北京奥运会

↓上、下图：2007年4月18日，中国铁路第六次大提速拉开大幕，乳白色“子弹头”列车风驰电掣，我国由此进入高速列车时代

的控制性工程，可以说它万众瞩目，也集万千宠爱于一身。它是中国高铁名副其实的一张闪亮的名片。

有了路还要有车。此前招标的动车组是时速250公里的，显然无法支撑京津城际的开通运营。在2005年6月进行的中国动车组第二次招标中，四方股份公司拿下60列时速300—350公里高速动车组订单，这60列动车组被命名为CRH2C；西门子成功杀回中国市场后，与唐山公司结成联合体，通过向唐山公司转让Velaro平台技术，联合拿下了60列时速350公里动车组订单，这批车被命名为CRH3C。这两款动车组就是铁道部为京津城际高铁准备的运营主力。

CRH2C是在CRH2A基础上研发的新车型，整个研发过程面临巨大挑战。CRH2A的设计运营速度只有时速250公里，而CRH2C要达到时速300—350公里，显然要对整个动力系统进行深度开发，这是挑战，也是机会。只有成功完成这种深度开发，才能真正掌握引进的技术。2007年12月22日，见闻君作为一名跑交通的小记者，正在南海

报道南宋古沉船“南海一号”的打捞工作，听到了首列国产时速300公里动车组下线的消息。这就是首列CRH2C型高速动车组，被命名为CRH2C-2061。作为四方股份公司深度开发的一款动车组，列车总功率由CRH2A的4800千瓦提升到7200千瓦。这批车共生产了30列，被称为“CRH2C一阶段”。2008年4月24日，CRH2C-2061在京津城际高铁上进行高速测试，最高时速370公里，打破当年中华之星在2002年11月27日创造的时速321.5公里的纪录。2010年1月CRH2C-2061又在郑西高铁上创造了时速393公里的速度纪录。但是，CRH2C持续运营时速为330公里，最高运营时速为350公里。所以，在京津城际高铁上按照时速350公里运营还是有些吃力的。

在总结第一批30列CRH2C研发运营经验的基础上，四方股份公司干了一件大事，那就是针对CRH2C进行了进一步的深度开发，研制了中国第一代动车组中最重要的一个车型，这批车的正式命名仍旧是CRH2C，但被业内称为“CRH2C二阶段”。这是一款拥有浓厚自主色彩的动车组型号，它的创新是全面的，它的诞生标志着中国高速列车生产厂家在引进技术基础上的消化吸收工作取得重大突破。主要技术突破包括以下几个方面：

第一个重大突破是铝合金车体设计。由于CRH2C一阶段车体的气密强度不足，导致车辆在过隧道时乘客耳压感觉强烈，在高速通过隧道时车体会出现一定程度的气动变形。CRH2C二阶段通过重新设计铝合金车体，将列车的气密强度由±4000帕提升到±6000帕，这让该车拥有了良好的气密性，彻底改善了车体在高速运行时的共振和气动变形问题。后来 CRH380A 之所以拥有极高的舒适度，一个重要原因就是继承了 CRH2C 二阶段的车体设计。

第二个重大突破是转向架。四方股份公司的设计师对列车转向架二系悬挂进行了改进，加装了一个抗蛇行减振器，以解决 CRH2C 一阶段所存在的垂向和横向振动问题。CRH2C 二阶段还采用了新的牵引电机，改用了加大功率的 YQ-365 型交流牵引电动机，将列车的功率由一阶段的 7200 千瓦提升为 8760 千瓦，使列车持续运营速度提升为时速 350 公里。

此外 CRH2C 二阶段还在隔音、降噪、受流、内饰等方面进行了全面改进。首列 CRH2C 二阶段动车组（CRH2C-2191）2010 年 1 月在青岛下线，2010 年 2 月起在郑西高铁投入运营。CRH2C 二阶段是中国第一代动车组里面国产化率以及自主化程度最高的一款，它的一系列重大技术突破，直接为中国第二代动车组 CRH380A 的诞生奠定了基础。

CRH2C 一阶段在京津城际高铁按照时速 350 公里运营是有些吃力的。但铁道部还为京津城际高铁准备了另外一款动车组，那就是基于西门子 Velaro 平台打造的 CRH3C 型动车组。这款动车组设计时速就是 350 公里。

与 CRH2 型车、CRH5 型车的国产化历程相似，CRH3C 首批 3 列原型车也是在德国装配完成的。后面 57 列车逐步提升国产化率，第一阶段国产化率 30%，第二阶段提高到 50%，第三阶段达到 70%。2007 年 12 月 12 日，也就是首列国产化时速 300 公里动车组 CRH2C 正式下线前 10 天，中德双方在德国科勒菲尔德举行了

↓ CRH3C 型高速动车组运行在沪昆高铁线上

原型车交接仪式，不久后就在不莱梅港装船起运，2008 年 1 月抵达天津港，随后就到铁科院环行线进行相关试验。

首列国产化 CRH3C 于 2008 年 4 月 11 日在中车唐山公司下线，被命名为 CRH3-001C，在铁科院环行线完成相关试验后赴京津城际高铁进行线路试验。CRH3-001C 继承了西门子 Velaro 平台的优秀基因，拥有当时国产化动车组里最佳的性能。2008 年 6 月 24 日 9 时 13 分，CRH3-001C 在京津城际高铁的试验中跑出了 394.3 公里的最高时速，打破了此前 CRH2C 创造的时速 370 公里纪录。这个纪录保持了很长一段时间，直到 2010 年 9 月 28 日，才由 CRH380A 在沪杭高铁上以 416.6 公里时速打破。

6

2008 年 8 月 1 日，这个伟大的时刻正式到来。刚刚落成的北京南站人流如织，超大面积的玻璃穹顶让它显得宽敞明亮，跟传统的火车站差异甚大，充满了现代气息。这让很多乘客产生置身飞机场候机楼的错觉。在电子牌的引导下，旅客们陆续登上了从北京南开往天津的 C2275 次高速列车。12 时 35 分，列车司机李东晓按响了第一声风笛，也奏响了中国高铁时代的序曲！列车缓缓启动，速度

↓ CRH5A 动车组

迅速攀升，无缝钢轨所带来的平稳性以及新型高速列车带来的舒适性，让乘客印象深刻。30 分钟后，列车稳稳地停在天津的站台上，分秒不差！

京津城际高铁全长 120 公里，列车最小追踪间隔只有 3 分钟。3 分钟是什么概念？中国大部分城市的地铁列车发车间隔都达不到这个水平，说京津城际实现公交化运营并不夸张。从空中鸟瞰，一列列白色的动车组犹如一条条银龙在穿梭，壮美异常！

京津城际高铁在整个中国高铁版图中具有比较独特的地位。首先它是中国也是世界上第一条运营时速 350 公里的高速铁路，在某种意义上承担着高铁运营试验田的角色。其次，它的一头是首都北京，另一头是我国北方经济重镇、四大直辖市之一天津，地理位置比较重要，而且全长120公里，运行时间只要半个小时，所以特别适合体验乘坐。

对于传统的铁路而言，京津城际高铁的快捷与舒适几乎是颠覆性的。当时的铁道部领导班子坚持高标准建设中国高铁以及引进国外高水平的动车组技术的决策是正确的。这种高标准的稳定可靠运行，给了国人极好的乘坐体验，为高铁赢得了人气，也为高铁的持续发展打开了局面。这也是高铁在老百姓的心中始终具有高人气、高支持率的原因所在。9月3日，京津城际高铁刚刚“满月”不久，就迎来了柬埔寨、新加坡、波兰等国家领导人。开通第一年，试乘并考察过京津城际高铁的包括美国、英国、俄罗斯、日本、法国、德国、意大利、澳大利亚、印度、新加坡、泰国、波兰、南非、蒙古、巴基斯坦等世界五大洲30多个国家的政要和国际组织领导，共计260多个批次，上万人次。[186] 京津城际高铁成了中国高铁一张名副其实的名片，将中国高铁的良好口碑传播到世界各地。

在京津城际高铁正式开通前，2008年7月的一天，它迎来一批特殊的客人，14名来自日本的高铁专家前来试乘体验。京津城际高铁的稳定性与舒适性让他们大为震惊，他们感叹道：“做梦也没有想到中国高速铁路发展这么快，技术水平在很多方面已经超过日本。”[187]

186. 任铁平.世界东方树起的时代丰碑：京津城际铁路通车一周年沉思录[N].人民铁道，2009-08-01.

187. 王雄.中国速度：中国高速铁路发展纪实[M].北京：外文出版社，2016:64.

8 月 2 日，京津城际高铁开通第二天，英国《泰晤士报》发表评论说："京津城际高铁运营时速达到了 350 公里，这让法国的高速列车相形见绌，让日本的新干线看起来像蒸汽时代的火车。"

第十章
历史的叹息

1

中国高铁的历史约等于京沪高铁的历史，或者说京沪高铁的发展史就是一部缩略版的中国高铁发展史。

从1990年铁道部完成构想报告，从急建与缓建之争，到轮轨与磁浮之争，从全线建设到沪宁高铁分兵突围，始终无法落地。直到进入21世纪，大家不再参与争论而是务实前行，中国高铁发展才翻开了新的篇章，也是高起点落笔才成就了今天作为大国重器的中国高铁。

但是，不管是第一个获得批复的武广客专，还是第一个开工的石太客专，还是第一个建成的京津城际，都无法跟京沪高铁相比。京沪高铁始终是中国高速铁路网中那颗最耀眼的明珠。铁道部对京沪高铁是百般呵护，国家对京沪高铁的批复也是处处谨慎，它的所有重要节点几乎都是经过国务院常务会议批准的。2006年2月22日，国务院第126次常务会议正式批准京沪高速铁路立项；2007年8月29日，京沪高铁可行性研究又获国务院第190次常务会议原则批准；2007年10月22日，国务院又决定成立京沪高速铁路建设领导小组，国务院副总理曾培炎亲自担任组长。

京沪高铁的特殊待遇还远不止于此：中国第二代高速动车组CRH380系列研发时，目标就是它；中国高铁降速后第一个复速350公里时速的，是它；“复兴号”正式命名后首先上线的线路，是它；中国高速铁路中首条上市融资的，是它；中国高速铁路中最赚钱的线路，还是它；2021年7月1日，伟大的中国共产党迎来百年华诞之时，首个新型智能化动车组上线运营的线路，也还将是它。没错，它就像人们眼中那个别人家的孩子，总是那么优秀，总是那么耀眼！

中国高铁建设的起点是它，高潮当然还得是它！

在轮轨派与磁浮派激烈争论的日子里，铁道部“千里跃进大别山”，推出了以“四纵四横”客运专线网络为核心的《中长期铁路网规划》，然后是武广高铁、石太客专、京津城际，一套眼花缭乱的组合拳之后，争论平息了，中国高铁建设开始顺利推进。

但是铁道部最在意的一条高铁线始终未变，那就是京沪高铁。

2003 年 5 月 7 日，“四纵四横”客运专项网络出台前夜，铁道部就京沪高速铁路问题向国务院副总理曾培炎做了汇报，曾培炎做出批示：“京沪高铁的问题，我觉得现在是到了该决策的时候了。”

2003 年 5 月 12 日，国务院总理温家宝对京沪高铁建设问题做出重要批示：“请发改委、铁道部会同有关部门，广泛听取意见，充分讨论，科学比选，提出方案。”[188]

按照中央领导有关要求，国家发改委决定组织京沪高速铁路建设论证会，参加论证会的单位包括中科院、工程院、科技部以及沿线各省市地方政府。论证的重点自然是采用轮轨技术还是采用磁悬浮技术。

而此时，铁道部高速铁路办公室与铁三院、铁四院、铁科院共同完成了《京沪高速铁路磁浮与轮轨方案比较报告》。这个比较报告为接下来的论证会做好了充分的准备。其主要结论如下：

———

188. 朱海燕．当惊世界殊 [M]. 北京：中国铁道出版社，2018:179.

京沪高铁南京大胜关长江大桥

一是高速轮轨与磁浮都是发展中的高新技术，都集合了诸多新技术，具有很强的创新带动作用。高速轮轨技术仍在不断完善中，运营时速有望达到350公里。磁浮技术具有速度高、起停快、转弯半径小等诸多优点，也在不断成熟和发展完善中。

二是轮轨方案运送能力大于磁浮。轮轨方案单向输送能力预计可达每年5500万人次，而且还有更大潜力；磁浮方案单向输送能力预计只有每年3400万人次，而且能否实现有待实践检验。

三是轮轨方案兼容性好，磁浮方案兼容性差。

四是磁浮方案造价高，工程概算按当时价格预计为4008亿元，轮轨方案更加经济，工程概算按当时价格为1200亿元。

五是磁浮方案速度占优势。磁浮方案运行时间预计为1小时26分钟，轮轨方案预计为5小时。

六是磁浮能耗指标更高。参考日本新干线500系列车对比，在时速300公里的情况下，轮轨方案能耗约为341.6千瓦时每万人，磁浮方案能耗约为430至490千瓦时每万人，磁浮时速提至500公里时，能耗将上升为839至971千瓦时每万人。

为了更好地开好这次论证会，发改委组织与会33位专家先后参观了即将开通运营的秦沈客专，与正处于调试阶段的上海磁悬浮线路。8月28日，33位专家乘坐“中华之星”，体验了山海关至锦州南段的客运专线技术成果。

9月1日至9月5日，论证会在北京铁道大厦举行，倾向于轮轨技术的铁道部与倾向于磁浮技术的科技部各派出7名代表，主持会议的中国国际工程咨询公司派出 10 名代表，参与决策这次历史性的方案大讨论。中咨公司总经理包叙定出席会议并讲话，国家发改委副主任张国宝重点听取了第二个主题的讨论，会议由中咨公司副总经理邱志明主持。

9 月 1 日至 2 日主要论证第一个主题，是“京沪高速铁路建设的必要性与紧迫性”。

这个话题双方都没有太大的争议。

9 月 3 日至 5 日主要论证第二个主题，是“轮轨技术与磁浮技术的比选”。

铁道部总工程师、高速办常务副主任王麟书代表轮轨派发言；上海磁悬浮交通发展有限公司总裁吴祥明代表磁浮派发言。王麟书发言的题目叫“建设京沪高速铁路（轮轨），实现我国铁路跨越式发展”；吴祥明发言的题目叫“京沪高速铁路采用轮轨与磁浮技术方案比选”。

最终投票，16 人支持轮轨方案，4 人支持磁浮方案，4 人弃权。这表明科技部代表中也有多人不赞成京沪高铁采用磁浮方案，也标志着京沪高铁历时 13 年的大争论就此尘埃落定，开启了京沪高铁加速推进的过程。

2004 年 1 月 7 日，以“四纵四横”客运专线网络为代表的《中长期铁路网规划》获得国务院通过。

2004 年铁道部高速办主持召开会议，做出进一步完善“京沪高速铁路可行性研究报告”的工作安排。

同时，武广高铁与京津城际的项目计划也同时进行。2004 年 7 月 21 日，武广客运专线项目建议书获批；9 月 7 日，京津城际项目建议书获批。

2005年6月23日，武广客专开工；7月4日，京津城际开工。

时间来到2006年2月22日，国务院第126次常务会议正式批准了京沪高速铁路立项。3月7日，发改委批复同意建设京沪高速铁路。

尽管京沪高铁已经走到了这一步，社会上关于它的各种声音仍不断绝。浙江两位九三学社成员，向九三学社中央委员会呈送了《关于“京沪高速铁路”建设的几点意见》。文章认为，一是京沪高速铁路建设不具备经济性，建成之后必然亏损；二是京沪高速铁路建设不能解决京沪通道货运运能紧张问题；三是京沪高速铁路实现5小时到达完全没有必要，夕发朝至的卧铺车更好；四是最好的方案应该是再修一条与既有京沪铁路同样的路，也就是双复线方案。

时任全国人大常委会副委员长、九三学社中央主席韩启德收到报送来的文件后，高度重视，责成九三学社中央办公厅向铁道部了解有关情况并请铁道部就有关情况作出解答。

时至今日，我们再回过头来看这些问题，显然就能看得更加清楚，但是处在当时的年代，面对京沪高铁这样的大工程，很难不诚惶诚恐，大家也都乐于参与国家大事的建言。当然，估算的数据并不能代表科学的论证。事实上，2011年6月30日通车的京沪高铁，2014年就实现了全口径盈利，2015年净利润更是达到了66亿元，2018年净利润突破百亿大关。京沪通道是中国最优质的黄金经济走廊，如果京沪高速铁路都不能盈利的话，世界高速铁路也就都没有什么指望了。

铁道部高度重视九三学社的意见，通过书面回复的形式，对有关问题一一作了解答。

2006 年 3 月 31 日，铁道部正式向发改委报送了《关于新建京沪高速铁路可行性研究报告》。

根据发改委的意见，11 月 29 日，铁道部又向发改委报送了京沪高铁主要技术标准、工程方案、设备招标采购、系统集成、装备国产化等问题的补充意见。

2007 年 8 月，发改委终于将《关于审批新建京沪高速铁路可行性研究报告的请示》上报国务院。8 月 29 日，国务院第 190 次常务会议原则上批准了京沪高速铁路可行性研究报告。10 月 8 日，《京沪高速铁路可行性研究报告》获国务院正式批复："京沪高速铁路线路全长 1318 公里，速度目标值为时速 350 公里。线路建设总投资 2200 亿元，1100 亿元投资由铁道部、沿线各地政府以及战略投资者投入外，剩下的 1100 亿元需要通过向银行贷款和发债券的方式筹集。"

京沪高速铁路决策工作终于圆满完成。此时据 1990 年铁道部完成《京沪高速铁路线路方案构想报告》已经整整过去了 17 年。

2

2007 年 12 月 27 日，京沪高速铁路股份有限公司在京举办创立大会，注册资本 1150 亿元。铁道部出资 647.07 亿元，占股 56.267%；平安资产管理有限责任公司出资 160 亿元，占股 13.913%，获得了第二大股东的地位；全国社保基金理事会出资 100 亿元，占股 8.696%，获得第三大股东的地位。另有包括上海申铁投资有限公司、中银集团投资有限公司在内的7家公司共出资242.93亿元，分掉了剩余的股份。

2008年1月16日，国务院第205次常务会议正式批准京沪高铁开工建设。

4月18日上午9时，第六次大提速满一周年的日子，举世瞩目的京沪高速铁路开工典礼在北京大兴京沪高铁特大桥桥址举行。现场彩旗飘飘，鼓声雷动，身穿深蓝色夹克的国务院领导与工人代表一起挥动铁铲，为京沪高速铁路奠基。与此同时，8台大型旋挖钻机同时开机，京沪高铁正式全线开工。京沪高铁建设是一项史无前例的大工程，高峰期同时参与建设的工人多达13万人，到场机械设备近3万台（套），每天消耗的钢筋超过1万吨、水泥超过3.5万吨、混凝土超过11万立方米。

京沪高铁举世瞩目，科技部自然也不例外。但是同一个项目，铁道部与科技部看问题的角度还是有一定的差异。以京沪高速铁路为例，铁道部会兼顾技术创新性与经济性，但是科技部则更注重技术创新的战略性。所以在20世纪90年代的争论中，铁道部一直坚持轮轨技术，而科技部则是磁浮派的重要支持力量。

京沪高铁正式立项后，科技部及时调整策略，积极支持轮轨技术创新。国务院正式批准京沪高速铁路立项后，科技部就开始筹划高速列车自主创新有关事宜。2006年9月，中科院副院长曹健林被调到科技部任副部长，主抓高速列车自主创新有关事宜。

2007年，按照时任国务院委员陈至立的要求，科技部与铁道部走到了一起。后来，两部联合行动计划专家组副组长、北京交通大学贾利民教授评价说：为了一个项目，科技部和另外一个部委采取“联合行动”，这是我国此前还从未有过的一种模式。[189]

2007年9月，铁道部召开全路科技工作大会，科技部副部长曹健林亲自出席，并发表讲话，强调科技部积极支持铁道部自主创新。随后，两部开始协商，决定启动两部联合行动计划。

2008年2月26日，铁道部与科技部在北京钓鱼台国宾馆共同签署了《中国高速列车自主创新联合行动计划合作协议》。协议确定了四个目标[190]：

一是在引进技术消化吸收和再创新已取得阶段性重大成果的基础上，进一步加大自主创新力度，突破关键技术，集成创新成果，研制新一代时速350公里及以上高速列车，为京沪高速铁路提供强有力的装备保障。

二是建立并完善具有自主知识产权、国际竞争力强的时速350公里及以上中国高速铁路技术体系，加快实现引领世界高速铁路技术发展的目标。

三是发挥两部联合优势，构建中国特色的高速列车技术创新链和产学研联盟，不断增强自主创新能力，为中国高速列车技术的可持续发展提供强有力的支撑。

---

189. 冷梦．国家名片：高铁背后的故事[M]. 北京：东方出版社，2016:375.
190. 李宜．科技部与铁道部签署《中国高速列车自主创新联合行动计划合作协议》[J]. 中国科技产业，2008(3):90.

四是积极引导创新要素向企业聚集，促进创新成果向现实生产力转化，打造中国高速列车产业链和产业群，带动并提升我国制造相关重大装备的能力。

中国高速列车自主创新联合行动计划设立了领导小组及办公室、专家组、咨询委员会等。科技部、铁道部两部部长亲自担任组长，副组长由科技部副部长曹健林、铁道部副部长陆东福担任，领导小组成员由两部相关司局负责人担任。咨询委员会由相关领域的13名院士组成，其中包括沈志云院士、韩英铎院士、李依依院士、伍小平院士、钱清泉院士、程耿东院士、杨卫院士、杨叔子院士、吴澄院士、邬江兴院士、李椿萱院士等。[191]

科技部的介入为中国高速列车的自主创新注入了强大的动力，它是有实实在在的项目支撑的。一般来说，中国重大科研项目管理体系分为这样几个级别：

第一类是国家重大专项。这是最高级别的，很多都是国家机密。

第二类是国家科技支撑计划。它是仅次于国家重大专项的，重点解决经济社会发展中的重大科技问题，集成全国优势科技资源进行统筹部署。

第三类是863计划，主要是面向工程类的科研项目。

第四类是973计划，主要是面向基础理论的科研项目。

针对两部联合行动计划，科技部先后开展了如下几个项目：

一是实施了“十一五”国家科技支撑计划“中国高速列车关键技术研究及装备研制”；二是实施了“十二五”国家科技支撑计划“智能化高速列车系统关键技术研究及样车研制”；三是实施了863计划“最高试验速度400km/h高速检测车关键技术研究与装备研制”等项目。

下面我们就以“十一五”国家科技支撑计划“中国高速列车关键技术研究及装备研制”来看一下科技部对中国高铁技术创新的支持力度。

“中国高速列车关键技术研究及装备研制”这个项目国家共计拨款10亿元，参与研发的企事业单位自筹资金20亿元，共计投入30亿元，具体又被分为10个专项课题，具体情况见下表：

· 十大联合攻关课题

序号	课题名称	国家拨款（万元）	自筹（万元）	课题总投入（万元）	主持单位
1	共性基础及系统集成技术	30000	75000	105000	南车集团
2	高速列车转向架技术	3000	7000	10000	北车集团
3	高速列车空气动力学	3000	6000	9000	中科院力学所
4	高速列车车体技术	3000	7000	10000	北车集团
5	高速列车牵引传动与制动技术	12000	25000	37000	铁科院
6	高速列车网络控制系统	18000	22000	40000	中科院软件所
7	高速列车关键材料及部件可靠性	5000	12000	17000	南车集团
8	高速列车运行控制系统技术	16000	33000	49000	北京交通大学
9	高速列车牵引供电技术	5000	10000	15000	中国中铁
10	高速列车运行组织方案	5000	3000	8000	北京交通大学

参与该行动计划的不仅仅包括上表中的主持单位，还包括清华大

191. 中国高速列车自主创新联合行动计划工作会议召开 [EB/OL]. [2008-12-25]. http://www.gov.cn/ztzl/2008-12/25/content_1187106.htm.

学、西南交通大学、中南大学、同济大学、中国通号集团、中铁电气化勘测设计研究院（中国中铁）、浙江大学、北京科技大学等单位。据统计，参与此次行动计划的科研人员共包括院士 68 名、教授 500 多名和其他工程科研人员万余人，参研单位有重点高校 25 家、科研院所 11 家、国家重点实验室和工程研究中心 51 家。[192]

这种联合行动是如何实现的呢？见闻君举一个例子来说明，大家就清楚了。如 CRH380A 的头型研究，属于高速列车空气动力学项目，牵头单位为中科院力学所，一起参与的单位很多。四方股份公司是使用单位，所以负责组织进行方案设计、方案试验、方案优化、施工设计、工艺验证、线路试验策划，并联合西南交通大学进行初步方案设计及文化分析；中科院力学所负责气动性能的仿真分析；清华大学与北京大学负责侧风稳定性计算；中国空气动力研究与发展中心负责气动力学的风洞试验；同济大学负责气动噪声风洞试验；铁科院、西南交通大学、同济大学负责气动性能和噪声的实车测试。[193] 最终的成果就是以长征火箭为原型、被车迷们亲切称为“大灰狼”的 CRH380A 型动车组的优美头型。

CRH380A 的头型设计过程大致是这样的：第一步是开脑洞。因为高速列车头型的设计不仅仅是个技术问题，还是一个文化问题，要融合中华文化。于是大家发挥想象力，想到了奔驰的骏马、奔腾的江河、飞驰的长征火箭等。第二步，他们将这些意象具象成高速列车头型模型，通过 32 个设计变量和 200 次模型优化，最终设计出 20 种列车头型。第三步，他们对这 20 种头型进行综合分析，涉及技术性、文化性和工程可实施性，初选了 10 种头型基本方案。第四步，他们

↓ CRH380A 并列图

又对这10种头型进行三维流场数值仿真分析和多目标优化，通过17项75次仿真计算，确定了5种备选头型。第五步，他们把这5种备选头型制作成1∶8模型，分别进行了19个角度、8种风速的风洞与空气动力学试验和3种风速、4种编组的风洞噪声试验，对优选出的方案进行了样车试制，完成了22项试验验证，最终才确定CRH380A高速动车组的头型方案。

过程讲述的时候，看起来似乎很轻松，其实每一步都是由大量心血培育而成的。如对于从20种头型中初选10种头型的过程，参与研究的中科院力学所杨国伟研究员回忆说："我们采用2836个核的计算机机群，1个院士、8个博士生导师、25个博士研究生和四方股份公司的设计骨干在4个月的时间内共进行了超过300个工况的空气动力学仿真分析。"这样研制出来的CRH380A动车组头型效果如何呢？最终的试验结果是：气动阻力减少6%，气动噪声下降7%，列车尾车升力接近于0，隧道交会压力波降低20%，明线交会压力波降低18%。[194]

杨国伟是中科院力学所的研究员、博士生导师，他的专业是航空

192. 中国高速列车自主创新重大项目通过验收 [EB/OL].[2014-06-13]. http://www.most.gov.cn/dfkj/sd/zxdt/201406/t20140612_113724.html.
193. 矫阳."中国面孔"是这样雕塑的：CRH380A 高速列车头型及车体研制纪实 [N]. 科技日报，2011-10-22（3）.
194. 矫阳."中国面孔"是这样雕塑的：CRH380A 高速列车头型及车体研制纪实 [N]. 科技日报，2011-10-22（3）.

航天飞行器。2008 年 2 月 26 日，两部联合行动计划签署不久，中科院力学所的领导就让他去找科技部曹健林副部长报到，参与高速列车项目研究。“研究高速列车找我干吗？”最初杨国伟还有些困惑。事实上，那个时候的杨国伟连什么是动车组都还没有怎么搞清楚。曹健林带他去了一趟位于青岛城阳区棘洪滩的四方股份公司高速列车制造基地，他立刻明白了自己的角色和任务。一个车间一个车间地走下来，四方股份公司现代化的高速动车组制造基地，一流的设备、超大的规模、高水平的设计师以及高素质的制造工人，让他目瞪口呆，他压根没有想到中国高速列车制造已经发展到了这个水准。杨国伟毕业后曾经在一家兵工厂实习过，和他记忆中脏乱差的大型国有企业相比，四方股份公司简直就不像这个世界应该有的工厂。

杨国伟要参与的正是“中国高速列车关键技术研究及装备研制”中的第三个课题——高速列车空气动力学优化设计及评估技术，很多技术是建立在力学所对航空航天动力学研究的基础之上的。这正是杨国伟的用武之地。

高速列车因为要在地面运行，会与桥梁、隧道、地面以及邻线列车产生非常复杂的相互激扰作用。头型设计不仅面临阻力、交会压力波、升力、列车尾摆、气动噪声、微气压波、列车风、侧风稳定性等多种技术难题，而且随着速度的提升会带来一系列技术性能、技术参数的变化，比如气动阻力、升力与速度成平方关系，气动噪声与速度成幂次方关系，列车高速运行会产生“隧道效应”“横风效应”“尾摆效应”“噪声效应”，继而产生高速列车车体疲劳破坏、侧摆、漂浮等不安全因素，并影响旅客乘车的舒适度。

四方股份公司派出的与杨国伟密切合作的人叫丁叁叁，后来担任过四方股份公司副总工程师、技术中心主任以及国家高速动车组总成工程技术研究中心主任等职务。从 2009 年 5 月到 2010 年 2 月，丁叁叁就在青岛四方股份公司与中科院力学所之间奔波。

在杨国伟的建议下，四方股份公司把最终的 5 个候选模型，按照 1: 8 的比例制作成模型，去做风洞试验。当时铁路系统还没有风洞试验基地，只能去四川省绵阳市安县（今绵阳安州区）的中国空气动力研究与发展中心。5 个头型，每个头型做了 3 节，头尾和中间车厢各做了一节，这些模型占满了一辆大卡车。杨国伟和丁叁叁及团队一头扎进川北的茫茫大山之中，基本处于与世隔绝的状态。绵阳风洞试验结束后，他们又跑到了同济大学完成了气动噪声风洞试验。最终他们才优中选优，选出了优美而又技术含量高的 CRH380A 头型。

回想起日本新干线诞生之时，日本国铁总工程师岛秀雄解决高速列车系列问题时，正是因为引入了日本海军航空技术厂的航空专家三木忠直博士，才解决了列车振动问题，与 CRH380 系列引入中国航空航天专家杨国伟，有异曲同工之妙。

3

上面谈到的只是列车头型的气动造型，事实上一个列车头型的诞生要比这个复杂得多。

列车在时速 380 公里的情况下，列车前端的空气会被压缩得十分厉害，就像在重复穿越砖墙一样坚硬的空气墙，如果车头不够坚硬，那么光是压力就会让它解体。但是列车又不能只考虑坚固性，如果使用大量的钢材，又会让它的质量变得过于沉重，导致列车运行能耗大幅度上升。所以，特殊结构的中控铝型材设计至关重要，这种铝型材的结构是高度机密。

列车车头上最脆弱的部分是挡风玻璃，成立于 1988 年位于北京市朝阳区的国家安全玻璃及石英玻璃质量监督检验中心，负责为列车寻找一种超级坚硬的挡风玻璃，它要能够抗击飞鸟对时速 380 公里列车所产生的冲击力。试验的方法是，将玻璃样品固定在一个稳定的测试台上，然后用一个 9 米长的气流发射器，将 1 公斤重的白条鸡加速到时速 380 公里，像炮弹一样击打固定在测试台上的玻璃样品。一批又一批的玻璃样品测试都失败了，这些玻璃根本就无法抵御这种强度的冲击。最后他们找到了一种新型的钢化玻璃，在玻璃的超薄夹层里包着树脂内心，这是为了吸收高速冲击力而专门设计的。他们再次拿来一只白条鸡，然后通过发射器将它加速到时速 380 公里后，击打在这种新型钢化玻璃样品上，玻璃竟然分毫无损。这就是 CRH380A 最终选中的挡风玻璃。

上面列举的 CRH380A 动车组头型的创新只是这次庞大的联合行动计划中的一件小事，通过这个过程，我们能够大致想象在国家科技支撑计划的支持下，中国高速动车组技术创新走过了一条怎样的路。科技部与铁道部共同实施的这次自主创新联合行动计划，在中国高速动车组技术创新历史上具有重要意义，其最终成果就是中国第二代高速动车组——CRH380 系列。下面见闻君就按顺序介绍一下第二代高速动车组的主要产品。

按照顺序，先说说 CRH380A（L）型动车组。它是由 CRH2C 二阶段发展而来，在 CRH380 系列车型中自主化程度最高，牵引传动系统等关键技术均由国企——中车时代电气研发制造，并通过了美国知识产权的评估。在第七届高铁大会期间，美国 GE 公司准备与中国南车在美国成立合资公司竞标美国高铁，所以此前他们就邀请第三方对 CRH380A 型高速动车组的知识产权问题进行了评估。评估方是美国戴维斯律师事务所与美国专利商标局，整个过程异常复杂，历时半年多。

大致过程是这样的：先在美国检索与铁路机车车辆有关的专利，共有 934 项专利清单，然后再筛选出 254 项高度相关和中度相关的专利清单，再由美国律师事务所，以美国的方式对专利风险进行评估，并出具专利风险评估报告。

最终报告的结论是：世界各国相关高速动车组在美国申请的专利与四方股份公司准备出口到美国的 CRH380A 型高速动车组相关性不大，没有发现任何可能会发生产权纠纷的情况。[195] 这相当于为 CRH380A 型高速动车组出口美国提供了一份法律保证。

接下来说说 CRH380BL 型动车组，它是由长客股份公司和唐山公司主导，在 CRH3C 基础上经过创新发展而来，继承了德国技术

195. 赵小刚 . 与速度同行 [M]. 北京：中信出版社，2014:231.

↓驶出北京南站的 CRH380AL 型动车组

的优秀基因，性能突出、内饰豪华，受到国内乘客的喜爱。但是在 CRH380 系列中，CRH380BL 型高速动车组自主化程度相对较低，零部件对外采购比例相对较大。CRH380BL 型高速动车组因为一次召回事件备受关注。2011 年 8 月 11 日，CRH380BL 型电力动车组因为连续发生热轴报警误报、自动降弓、牵引丢失等故障问题，被召回 54 列进行整改，整改合格后于 2011 年 11 月 16 日陆续恢复运营。此后，长客股份公司又在 CRH380B 的基础上推出了高寒版的 CRH380BG 型动车组，能够在零下 40 摄氏度低温下运营，主要服务中国东北地区高铁线路。

长客股份公司作为中国铁道客车研发的龙头企业，技术实力雄厚，它们再接再厉，又推出了 CRH380CL 型动车组，这是在 CRH3C 型动车组与 CRH380BL 型动车组基础上研制的一款新型动车组，共计生产了 25 列。CRH380CL 在 CRH380BL 的基础上，自主化程度有大幅度提升，主要技术突破体现在两个方面：第一是采用了新的头型，这是从 CRH3C 引进动车组技术进化以来，首次抛弃了德国原型车的头型设计；第二就是抛弃了西门子的牵引传动系统，采用了基于日立技术的永济电机公司的牵引传动系统。

CRH380D 型动车组原型车是庞巴迪公司的 Zefiro380 动车组，由中外合资企业四方庞巴迪公司生产，技术由庞巴迪公司导入，研发则是在欧洲的庞巴迪轨道交通基地进行。

上面介绍的这些，就是中国高速动车组发展史上声名赫赫的 CRH380 系列，又被称为新一代。至于为什么命名为 380，是因为这批车型设计最高运营时速为 380 公里，持续运营时速 350 公里。它们都是铁道部为京沪高铁按照时速 380 公里开通准备的，届时京沪两地旅行时间将缩短到 4 小时以内。

2010 年 5 月上海世博会开幕，CRH380A 新头型正式在世博会中国铁路馆亮相。9 月份，铁道部正式下发《关于新一代高速动车组型号、车号及座席号的通知》，将四方股份公司生产的新一代动车组名称更改为 CRH380A，而长编组动车组则命名为 CRH380AL；将长客股份公司、唐山公司生产的时速 380 公里动车组命名为 CRH380BL。

在动车组厂家加紧研制生产 380 系列动车组的同时，沪宁城际、沪杭高铁、京沪高铁也都在加紧建设中。2010 年 7 月 1 日原先设计时速只有250公里的沪宁城际，经过数次提高建设标准，最终按照时速350公里开通运营。7月底，沪杭高铁全线铺轨完成。

9月28日，刚刚下线不久的CRH380A准备在刚刚铺通的沪杭线上撒丫子跑一圈。上午10时40分，列车从上海虹桥站出发驶向杭州，一不小心就打破了此前CRH3C保持的纪录，途中最高时速达到了413.7公里。这是中国高速列车运营试验速度首次突破时速400公里。其间，中央电视台进行了现场直播，CRH380A与直升机进行了赛跑，矫健的身影将直升机远远地甩在了身后。当然这个速度还只是小试牛刀，返程的路上，11时37分，CRH380A一撒欢，又打破了自己刚刚创造的速度纪录，最高时速达到416.6公里。当年见闻君从新闻上看到这个报道时，惊讶不已！但是没有想到的是，奇迹才刚刚开始。

真正的辉煌只能属于京沪高铁。2010年7月19日，京沪高铁先导段率先开始铺轨，10月底先导段铺轨完成，11月15日，京沪高铁全线铺轨完成。

12月3日，一个伟大的时刻到来了。铁道部在京沪高铁枣庄至蚌埠试验段举行CRH380AL上线仪式，并于同日进行高速试验。按照惯例，中央电视台进行了现场直播。同日进行高速试验的车辆包括CRH380A-6041L和CRH380B-6402L两型动车组。两列动车组分别由四方股份公司和唐山公司生产，都是16辆编组，牵引功率分别为20482千瓦和18400千瓦，CRH380AL的牵引功率略胜一筹。CRH380AL采用14动2拖编组形式，走的是低轴重路线；CRH380BL采用8动8拖编组形式，走的是高黏着系数路线。

11时06分，CRH380A-6041L列车从枣庄西站[196]缓缓启动，

↓ 2010 年 12 月 3 日，CRH380AL 型动车组跑出时速 486.1 公里的世界铁路运营试验最高速

平稳异常，刚刚过了 9 分钟，列车就轻松冲破了时速 420 公里，打破了此前 CRH380A 在沪杭高铁创造的速度纪录。铁道部及南车集团的众多领导、工程师都在车上。470 公里、480 公里……所有人都屏住了呼吸，铁道部一名领导问四方股份公司技术检测员："现在列车状况如何？"技术检测人员回答说："列车安全性、舒适性各项指标全部正常。"列车继续加速，481 公里、482 公里、485 公里……11 时 28 分，列车在宿州东站附近时速达到了 486.1 公里，世界铁路运营试验最高时速诞生了，迄今为止尚未被打破。11 分钟后，列车到达蚌埠南站。全程 220 公里，用时 34 分钟，平均运行时速达到惊人的 388 公里。参加该列车研制的工作人员激动地拥抱在一起，采访的、拍照的、搞怪的，闹成一团。当时四方股份公司总经理王军被团团围在中央，大家纷纷拿着签字笔在他的衣服上签字留念，一系列闪光的名字，永远地留在了王军这件工作服上。王军乐呵呵的，来者不拒。作为一个矜持的工程师，高铁事业的重要参与者与领导者之一，他只是将微笑挂在脸上，大笑却在他心里回响。返回公司之后，他提着这件有纪念意义的工作服，思考如何处理，尽管百般不舍，但是他还是把这件具有历史意义的工作服捐献给了公司档案馆。

---

196. 现已改名为枣庄站。

4

有人在前方享受荣耀，也有人在背后默默自豪。有一天，见闻君问原四方股份公司总工程师龚明：“当CRH380A以486.1公里时速在京沪高铁呼啸而过时，您在车上吗？”

“我在北京。”

“为什么？难道你不想亲自体验一下那种御风而行的感觉吗？”

“CRH380A可是我亲手打造的列车呀，就像自己的孩子一样。我能不想亲自见证它创造奇迹的时刻吗？”

“那是为什么？”

“因为我有更重要的事情要做。CRH380A是铁道部与科技部两部联合行动计划的重要成果。当时科技部正在北京组织课题答辩，我是总工程师，这个活只能我来干。我也想亲赴现场呀，但总有人在前台，有人在幕后，分工不同，但一样荣耀，一样为之感到自豪！人这一辈子，能有幸见证并参与这样一个伟大的事业，值了！”

这里需要多解释一句，什么叫世界铁路运营试验最高速，为什么见闻君会在这里说这个纪录迄今尚未被打破。朋友们可能会纳闷，人家法国人不是曾经跑出过574.8公里时速吗？是的。但是，不一样。所谓世界铁路运营试验最高速，指的是在一条铁路开通运营之前，由一列正常运营的车辆创造的速度纪录。它是运营车辆，不是试验车辆，法国创造574.8公里时速的TGV就是试验列车，不是运营列车；CRH380AL是正常运营编组车辆，而不是试验编组车辆。

后来，就在CRH380AL创造486.1公里时速——世界铁路运营试验最高速——的第三天，12月5日，CRH380B-6402L也在京沪高铁枣庄至蚌埠先导段进行了高速试验，经过多次冲高，最高试验时速只达到了457公里。再后来，为了冲一个更高的速度，唐山公司对CRH380B-6402L进行了改造，改装成了一个8动4拖的试验编组车辆。2011年1月9日，采用特殊试验编组的CRH380B-6402L动车组再次来到京沪高铁枣庄至蚌埠先导试验段进行冲高试验。17时，CRH380B-6402L从徐州东站出发，列车稳稳地启动，提速非常迅捷，只用了6分钟，列车时速就已经提到380公里，9分钟后，17时15分，列车瞬时速度达到了每小时487.3公里。这是我国试验编组车辆迄今为止创造的最高试验速度。

《周易·乾卦》爻辞曰："九五，飞龙在天，利见大人。"整个2010年中国高铁就展现出了一种飞龙在天的姿态。

2010年开年，美国总统奥巴马就在国情咨文里面说："从第一条跨洲铁路的诞生，到洲际高速公路系统的建成，我们的国家向来走在世界前列。我们没有理由让欧洲和中国拥有最快的铁路。"同时他还宣布联邦政府将拨款80亿美元启动美国高铁项目。奥巴马的这个讲话将中国高铁推向了舆论的风口浪尖，部分习惯了羡慕美国先进科技的中国人，突然产生了强烈的不适感，美国人竟然开始羡慕中国的高铁了。

真正的高潮在12月7日这一天到来。第七届世界高速铁路大会在北京国家会议中心召开。这是世界高速铁路大会成立以来，首次在欧洲以外的国家举行[197]，凭的当然就是中国高铁所取得的史无前例的成就，此时中国投入运营的高速铁路已达7531公里，居全球第一位。

就在这次大会上，中国向世界宣布，2011年将进行时速600公里高速列车试验。毫无疑问，这个消息让整个世界炸了锅。当然，与一般的民众不同，国外几家高铁巨头并没有被600公里的时速吓倒，真正把他们吓倒的是中国高铁的雄心。为什么这么说？显然时速600公里的高速铁路并不会投入运营。那中国为什么要进行时速600公里的试验呢？抢一个风头，为中国高铁赢得品牌效应？这种目的肯定是有的，但这并不是关键。关键在于，这反映出中国已经彻底跨越了模仿学习的阶段，开始探索这个行业最顶尖的技术了。中国要探索的是这个行业从来没有探索过的领域，他们已经不满足于跟随，已经开始试图领跑了。这种雄心不能不让他们感到胆寒。

根据当时的媒体报道，时速600公里高速列车试验，力争打破法国TGV试验列车2007年创造的时速574.8公里纪录。时速574.8公里纪录是神话一样的存在。中国发展高铁才几年的时间，竟然要去打破这个神话。各大网络论坛中，网友们炸了锅，叫好的、质疑的、谩骂的，大家打成一团。当然他们并不知道，铁道部早在2010年年初就已经开始布置这项工作了，四方股份公司奉命研制CIT500高速试验列车，计划2011年4月出车。到第七届世界高速铁路大会举办时，各项工作进展顺利，所以相关消息才被透露出来。

就在第七届世界高铁大会上，中国宣布与泰国、老挝签订铁路协议，建设中老铁路与中泰铁路，联手推动“泛亚铁路”中段建设落地，

↓上图：运行在京沪线上 CRH380A 新一代高速动车组
↓下图：原先计划冲刺 600 公里时速的更高速度试验列车

届时从云南昆明可以坐火车经过中老铁路、中泰铁路，然后直达马来西亚以至新加坡。出席本届高铁大会的老挝常务副总理宋沙瓦在开幕式的致辞中表示，中老已经达成协议，通过成立合资公司的形式，在 2011 年启动中老铁路建设。泰国第一副总理素贴·特素班则表示，中泰两国正式达成高铁建设计划，未来从中国乘坐高铁可直达泰国，以至新加坡。

实际上，中国已经构建了一个庞大的铁路出口计划。京津城际通车后，中国高铁已经被奉为高铁标杆，美国、俄罗斯等国均提出了借鉴或引进中国高铁的意向。中国制订的这个庞大计划的核心是铁道部，主要力量包括建设企业中国中铁与中国铁建，机车车辆企业中国南车与中国北车，信号企业中国通号等。为了更好地协调铁路企业走出去，避免在此过程中出现中国人打中国人的恶性竞争，铁道部先后成立了中美、中加、中俄、中巴、中南、中老、中泰、中柬、中缅、中伊、中土、中委、中吉乌、中波、中印等 16 个境外合作项目协调组，全

197. 庄红韬，赵爽，于凯 . 第七届世界高速铁路大会在北京开幕 [EB/OL].[2010-12-07]. http://ccnews.people.com.cn/GB/87473/209104/index.html.

面推动中国铁路“走出去”项目的实施。全世界都已经感受到了中国铁路的磅礴气势。

5

在连续利好消息的刺激之下，中国铁路上市公司的股票也纷纷攀上了历史高峰，但随后中国高铁又走向了拐点，从高歌猛进的提速时代进入了降速时代。

2011 年 3 月 5 日，盛光祖在列席全国人大宁夏代表团审议时发言谈道，宁夏把拟建的铁路速度预定时速设定为 200 公里是合理的，安全把握较大，票价不太高，老百姓能接受，乘坐也比较舒适。此前，一些中西部省份也曾希望修建时速 350 公里的高铁，要求与东部地区享受同等旅行速度。[198] 此次谈话关于东部高铁维持高标准、中西部高铁降低建设标准的思路已经显现出来了。

当时中国铁路面临的问题是此前的大规模路网建设导致的巨额债务负担，盛光祖接任时，铁道部的债务总额已经突破了 2 万亿元，每年还本付息的压力很大。于是，他提出了“保在建、上必须、重配套”的思路[199]。已经在建的东部地区高铁，如京沪、哈大、京石、石武、广深、津秦、宁杭等线路的建设标准基本未受影响，但是中西部高铁线路则受到了较大的冲击。据《人民铁道》报社社长王雄所著的《中国速度》记述，连接武汉至宜昌的汉宜城际铁路是“四纵四横”沪汉蓉通道的重要组成部分，很快该线路的施工单位接到通知，要求把建设标准从时速250公里下调至时速200公里。此后，包括西安至成都、宝鸡至兰州等多条原先规划时速350公里的西部干线高速铁路被降低标准，按照时速250公里施工建设。

由于上述铁路当时并未开工，所以受到的冲击并不是最大的。真正受到重大冲击的是正在建设的中西部高铁线路，包括大同至西安高铁与兰州至乌鲁木齐高铁。这两条高铁线路均按照时速350公里标准设计，最小曲线半径7000米，线间距5米，与京沪高铁标准等同。此时，两条高铁均已完成了大部分路基施工工作，被强行要求修改标准，在路轨铺设时将曲线超高标准限制为时速250公里。这种临时降标不仅不能节约成本，而且造成了巨大的浪费，也基本堵塞了未来的提速之路，引起了巨大的争议。

对于已经开通运营的高铁线路，盛光祖的思路是调整运营速度。他从高铁运营效率的角度出发，认为时速300公里的动车组与时速250公里的动车组混跑，效率要高于时速350公里的动车组与时速250公里的动车组混跑。所以提出了“套跑”思路，计划将时速350公里的高速铁路降速至时速300公里运营。

2011年3月底的一次铁道部高层会议上，铁道部做出了高铁运营速度调整的决定，决定将中国高铁的最高运营时速从380公里（即将开通而尚未开通的京沪高铁）下调到300公里。[200]4月12日，盛

---

198. 王雄．中国速度：中国高速铁路发展纪实 [M]. 北京：外文出版社，2016:233.
199. 陆娅楠．铁道部部长盛光祖：人民满意是铁路发展的标尺 [N]. 人民日报，2011-04-13(9).
200. 王雄．中国速度：中国高速铁路发展纪实 [M]. 北京：外文出版社，2016:233.

光祖在接受《人民日报》记者专访时，宣布了高铁调整速度的消息。盛光祖说，即将开通运营的京沪高铁，为了适应不同旅客的需求，安排开行时速 300 公里和时速 250 公里两个速度等级的列车，实行两种票价。他解释说："在设计时速 350 公里的线路上开行时速 300 公里的列车，有更大的安全冗余，同时也使得票价在符合市场规律上有更大的浮动空间。"[201]

《人民日报》的这次专访非常重要，我们可以从中看到盛光祖对于中国高铁发展的整个思路。首先就是尽可能地提供多样化的产品，尽可能地增加铁路运输收入。除了提出在设计时速 350 公里的高铁上套跑时速 300 公里与时速 250 公里的动车组列车外，他还提出在时速 200—250 公里的高速铁路上套跑时速 200—250 公里的动车组与时速 120—160 公里的普通旅客列车。

2011 年 4 月 23 日，在全路电视电话会议上，盛光祖向全路干部职工讲解了他所倡导的调速与套跑的思路。尽管全篇讲话中没有提到"降速"二字，但铁路干部职工正是通过这一方式，接受了中国高铁将要慢下来的事实。[202]

中国高铁降速是从 2011 年 6 月 30 日开始的，当天京沪高铁正式开通运营，最高运营速度由最初计划的时速 380 公里降低到时速 300 公里。站台旁停着的是一列崭新的 CRH380BL 型高速列车，15 时整，列车准时发车。当时，见闻君也在这趟列车上试乘，看着窗外飞速后移的景物，感受着列车的安静与舒适，心中百感交集。

6

事实上，京沪高铁并没有开一个好头。7 月 10 日，山东境内的一场雷暴雨使京沪高铁遭遇了开通以来首次较大故障——雷暴雨导致接触网短路并致使 12 趟高铁列车晚点，其中 G151 次晚点时间将近 3 小时。由于停电，空调无法运行，车厢内闷热不已，引发媒体大面积批评报道。两天后，7 月 12 日，京沪高铁宿州附近再次发生供电设备故障，造成部分列车晚点。一天后，7 月 13 日，上海虹桥开往北京南站的 G114 次列车，运行至镇江南站附近时突发故障，铁路部门启用了热备车底，组织旅客换乘继续运行，列车晚点 2 小时 44 分钟。

京沪高铁开通初期的 3 起故障，主要原因是供电线路故障。关于深层次的原因则是众说纷纭，莫衷一是。有人说京沪高铁原本计划 10 月开通，提前到 6 月 30 日开通有些仓促。[203] 有人说京沪高铁原先设计有风屏障，后来因降标被拆除，导致供电设施很容易被大风破坏。（国家审计署 2012 年 3 月 19 日发布京沪高速铁路建设项目 2011 年跟踪审计结果显示：2011 年 3 月，京沪公司根据京沪高铁运行时速的调整，取消了正在施工的 177.73 公里风屏障，采用极端大风时段局部路段限速的方式保障行车安全，导致已采购的价值 4.13

---

201. 陆娅楠 . 铁道部部长盛光祖：人民满意是铁路发展的标尺 [N]. 人民日报，2011-04-13(9).
202. 王雄 . 中国速度：中国高速铁路发展纪实 [M]. 北京：外文出版社，2016:233.
203. 于泽远 . 京沪高铁全线完成铺轨，预计明年 10 月 1 日正式通车 [N]. 联合早报，2010-11-16.

亿元的近15万延米风屏障闲置。）[204]也有人说京沪高铁降标后取消了馈线防雷，并延迟投入使用备份供电也是重要原因。总之，作为备受瞩目的明星线路，京沪高铁开通初期发生的3起故障，引来了社会各界的广泛批评，铁路部门被迫连续出面道歉，承受了巨大的压力。

京沪高铁降速开通运营后，中国高铁降速之路也正式开启，7月1日，铁道部调整铁路运行图，武广高铁、郑西高铁、沪宁城际最高运营速度由时速350公里降至300公里，开始时速300公里动车组与时速250公里动车组的混跑，同时票价也相应地下调了5%左右。沪杭高铁、京津城际则暂时维持了时速350公里的运营速度。

全面降速只是中国高铁发展转折点的开始，不久后发生的甬温线动车事故进一步将中国高铁推向了深渊。

2011年7月23日20时30分05秒，中国高铁史上最黑暗的时刻，甬温线浙江省温州市境内，由北京南站开往福州站的D301次列车与杭州站开往福州南站的D3115次列车，发生列车追尾事故，导致D301次列车第1节到第5节车辆脱轨，其中第2节、第3节车厢从高架桥上坠落，第4节车厢悬挂在高架桥上，D3115次列车第15节、第16节车厢受损严重。这次事故造成40人（包括3名外籍人士）死亡，172人受伤，这就是震惊中外的“7·23甬温线特别重大铁路交通事故”。

事故是怎么发生的呢？2011年12月28日，国务院“7·23甬温线特别重大铁路交通事故调查组”正式发布了《“7·23”甬温线特别重大铁路交通事故调查报告》（以下简称《报告》）[205]。《报告》全文4万字左右，见闻君摘录了《报告》还原事故发生过程的部分，主要有两个方面：第一是雷击导致信号损害与维修情况；第二是列车运行及发生事故的情况。

（一）雷击导致信号损害与维修情况

2011 年 7 月 23 日 19 时 30 分左右，雷击温州南站沿线铁路牵引供电接触网或附近大地，通过大地的阻性耦合或空间感性耦合在信号电缆上产生浪涌电压，在多次雷击浪涌电压和直流电流共同作用下，LKD2-T1 型列控中心设备采集驱动单元采集电路电源回路中的保险管 F2（以下简称列控中心保险管 F2，额定值 250 伏、5 安培）熔断。熔断前温州南站列控中心管辖区间的轨道无车占用，因温州南站列控中心设备的严重缺陷，导致后续时段实际有车占用时，列控中心设备仍按照熔断前无车占用状态进行控制输出，致使温州南站列控中心设备控制的区间信号机错误升级保持绿灯状态。

雷击还造成轨道电路与列控中心信号传输的 CAN 总线阻抗下降，使 5829AG 轨道电路与列控中心的通信出现故障，造成 5829AG 轨道电路发码异常，在无码、检测码、绿黄码间无规律变化，在温州南站计算机联锁终端显示永嘉站至温州南站下行线三接近（以下简称下行三接近，即 5829AG 区段）“红光带”。

19 时 39 分，温州南站车站值班员臧凯看到“红光带”故障后，立即通过电话向上海铁路局调度所列车调度员张华汇报了“红光带”故障情况，并通知电务、工务人员检查维修。瓯海信号工区温州南站

---

204. 京沪高铁个别工程存问题 4.13 亿元风屏障遭闲置 [N]. 南方日报，2012-03-20.
205. “7·23”甬温线特别重大铁路交通事故调查报告 [EB/OL].[2011-12-29]. http://www.gov.cn/gzdt/2011-12/29/content_2032986.htm.

电务应急值守人员滕安赐接到故障通知后，于19时40分赶到行车室，确认设备故障属实后，在《行车设备检查登记簿》（运统-46）上登记，并立即向杭州电务段安全生产指挥中心进行了汇报。

19时45分左右，滕安赐进入机械室，发现6号移频柜有数个轨道电路出现报警红灯。

19时55分左右，接到通知的温州电务车间工程师陈旭军、车间党支部书记王晓、预备工班长丁良余3人到达温州南站机械室，陈旭军问滕安赐："登记好了没有？"滕安赐说："好了。"陈旭军要求滕安赐担任驻站联络，随即与王晓、丁良余进入机械室检查，发现移频柜内轨道电路大面积出现报警红灯（经调查，共15个轨道电路发送器、3个接收器及1个衰耗器指示灯出现报警红灯），陈旭军即用1个备用发送器及1个无故障的主备发送器中的备用发送器替代S1LQG及5829AG两个主备发送器均亮红灯的轨道电路的备用发送器，采用单套设备先行恢复。

20时15分左右，陈旭军通过询问在行车室内的滕安赐，得知"红光带"已消除，即叫滕安赐准备销记。滕安赐正准备销记，此时5829AG"红光带"再次出现，王晓立即通知滕安赐不要销记。陈旭军将5829AG发送器取下重新安装，工作灯点绿灯。随后，杭州电务段调度沈华庚来电话让陈旭军检查一下其他设备。陈旭军来到微机房，发现列控中心轨道电路接口单元右侧最后两块通信板工作指示灯亮红灯，便取下这两块板，同时取下右侧第三块的备用板插在第二块板位置，此时其工作指示灯仍亮红灯。陈旭军立即（20时34分左右）向DMIS（调度指

↓甬温线动车事故现场

挥管理信息系统）工区询问了可能的原因后，便回到机械室取下三个工作灯亮红灯的接收器。此时列控中心轨道电路接口单元右侧第二块通信板工作指示灯亮绿灯，陈旭军随即将拆下来的两块通信板恢复到两个空位置上，然后通信板工作指示灯亮绿灯。陈旭军在微机室继续观察。

至事故发生时，杭州电务段瓯海工区电务人员未对温州南站至瓯海站上行线和永嘉站至温州南站下行线故障处理情况进行销记。

20 时 03 分，温州南站线路工区工长袁建军在接到关于下行三接近“红光带”的通知后，带领 6 名职工打开杭深线下行 584 公里 300 米处的护网通道门并上道检查。20 时 30 分，经工务检查人员检查确认工务设备正常后，温州南工务工区驻站联络员孔繁荣在“行车设备检查登记簿”(运统-46)上进行了销记：“温州南至瓯海间上行线，永嘉至温州南下行线经工务人员徒步检查，工务设备良好，交付使用。”

（二）列车运行及发生事故的情况

19时51分，D3115次列车进永嘉站3道停车（正点应当19时47分到，晚点4分），正常办理客运业务。

19时54分，张华发现调度所调度集中终端（CTC）显示与现场实际状态不一致（温州南站下行三接近在温州南站计算机联锁终端显示“红光带”，但调度所CTC没有显示“红光带”），即按规定布置永嘉站、温州南站、瓯海站将分散自律控制模式转为非常站控模式。

20时09分，上海铁路局调度所助理调度员杨向明通知D3115次列车司机何枥：“温州南站下行三接近有‘红光带’，通过信号没办法开放，有可能机车信号接收白灯，停车后转目视行车模式继续行车。”司机又向张华进行了确认。

20时12分，D301次列车永嘉站1道停车等信号（正点应当为19时36分通过，晚点36分）。

永嘉站至温州南站共15.563公里，其中永嘉站至5829AG长11.9公里，5829AG长750米，5829AG至温州南站长2.913公里。

20时14分58秒，D3115次列车从永嘉站开车。

20时17分01秒，张华通知D3115次列车司机：“在区间遇红灯即转为目视行车模式后以低于20公里/小时速度前进。”

20时21分22秒，D3115次列车运行到583公里834米处（车

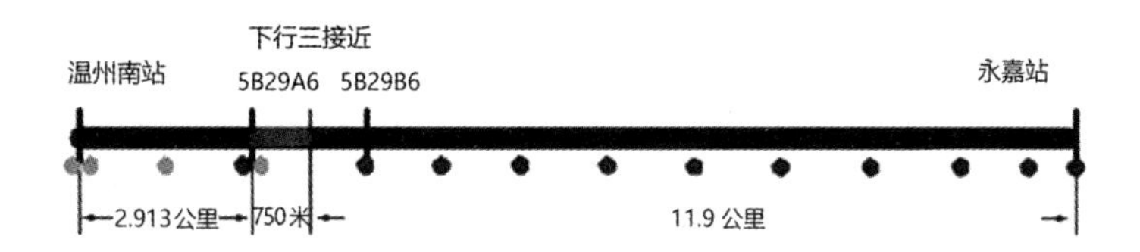

头所在位置，下同）。因5829AG轨道电路故障，触发列车超速防护系统自动制动功能，列车制动滑行，于20时21分46秒停于584公里115米处。

20时21分46秒至20时28分49秒，因轨道电路发码异常，D3115次列车司机三次转目视行车模式起车没有成功。

20时22分22秒至20时27分57秒，D3115次列车司机6次呼叫列车调度员、温州南站值班员3次呼叫D3115次列车司机，均未成功（经调查，20时17分至20时24分，张华在D3115次列车发出之后至D301次列车发出之前，确认了沿线其他车站设备情况，再次确认了温州南站设备情况，了解了上行D3212次列车运行情况，接发了8趟列车）。

20时24分25秒，在永嘉站到温州南站间自动闭塞行车方式未改变、永嘉站信号正常、符合自动闭塞区间列车追踪放行条件的情况下，张华按规定命令D301次列车从永嘉站出发，驶向温州南站。

20时26分12秒，张华问臧凯D3115次列车运行情况，臧凯回答说："D3115次列车走到三接近区段了，但联系不上D3115次列车司机，再继续联系。"

20时27分57秒，臧凯呼叫D3115次列车司机并通话，司机报告：

“已行至距温州南站两个闭塞分区前面的区段，因机车综合无线通信设备没有信号，跟列车调度员一直联系不上，加之轨道电路信号异常跳变，转目视行车模式不成功，将再次向列车调度员联系报告。”臧凯回答：“知道了。”20时28分42秒通话结束。

20时28分43秒至28分51秒、28分54秒至29分02秒，D3115次列车司机两次呼叫列车调度员不成功。

20时29分26秒，在停留7分40秒后，D3115次列车成功转为目视行车模式启动运行。

20时29分32秒，D301次列车运行到582公里497米处，温州南站技教员幺晓强呼叫D301次列车司机并通话：“动车301你注意运行，区间有车啊，区间有3115啊，你现在注意运行啊，好不好啊？现在设备（通话未完即中断）。”

此时，D301次列车进入轨道电路发生故障的5829AG轨道区段（经调查确认，司机采取了紧急制动措施）。20时30分05秒，D301次列车在583公里831米处以99公里/小时的速度与以16公里/小时速度前行的D3115次列车发生追尾。

事故造成D3115次列车第15、16位车辆脱轨，D301次列车第1至5位车辆脱轨（其中第2、3位车辆坠落瓯江特大桥下，第4位车辆悬空，第1位车辆除走行部之外车头及车体散落桥下；第1位车辆走行部压在D3115次列车第16位车辆前半部，第5位车辆部分压在D3115次列车第16位车辆后半部），动车组车辆报废7辆、大破2辆、中破5辆、轻微小破15辆，事故路段接触网塌网损坏、中断上下行线行车 32 小时 35 分，造成 40 人死亡、172 人受伤。

《报告》很好地还原了当时发生的每一分每一秒的过程，见闻君相信读完《报告》之后，任何人对整个事故都会有一个清醒的认识。见闻君在这里做一个简单的归纳：首先 7 月 23 日晚上，甬温线温州境内出现了密集的雷击情况；19 时 30 分，频繁的雷击导致了信号系统（包括列控系统）出现了故障；19 时 39 分，故障被发现并通知人维修；19 时 54 分，转为人工调度模式（非常站控模式）；20 时 30 分 05 秒，D301 次列车以时速 99 公里与前面以时速 16 公里运行的 D3115 次列车发生了追尾。

信号系统有没有问题？有，毫无疑问雷击导致信号系统故障是甬温线事故发生的重要原因。但是需要指出的是，这个世界上本就没有不坏的设备，何况是在如此高强度的雷击情况下。如果信号系统坏掉了，导致高速列车接收了错误的信息追尾了，那毫无疑问信号系统要负全责。但是在甬温线动车事故中，信号系统故障并不必然导致追尾事故的发生，从信号系统故障被发现启动人工调度模式，到列车追尾事故发生，中间有 36 分钟的时间。信号系统坏掉了，启动人工调度指挥了，36 分钟后发生追尾事故了，你说是信号系统故障导致追尾，这在逻辑

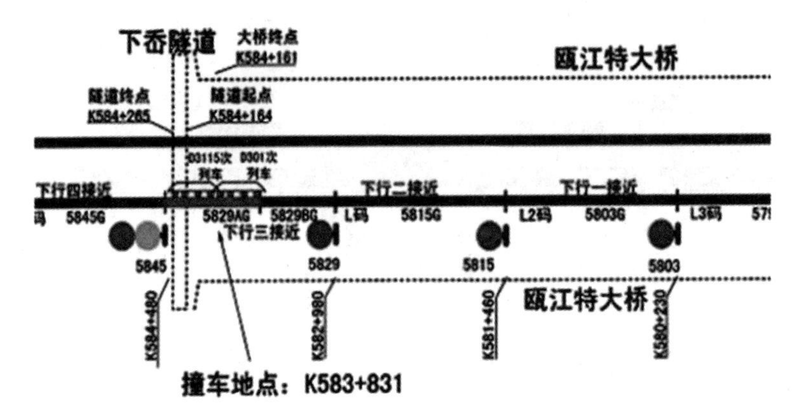

上是无论如何也讲不通的。所以有人说甬温线动车事故是技术导致的，但这个黑锅，技术不背！这是一个显而易见的调度事故。

甬温线动车事故像一场大地震，接着又引发了媒体界的海啸，事故后发生的事情对中国造成的影响一点也不亚于事件本身，它像狂风扫落叶一般横扫一切，由对事故的质疑演变为对整个中国高铁事业的质疑，又由对中国高铁的质疑演变为对中国发展模式的质疑，并最终指向中国的体制。特别是在一些媒体与微博大V的煽风点火下，人们愤怒的情绪超越了理智。

甬温线动车事故之所以能够产生如此超常规的影响力，其原因是多方面的。就其特殊的行业背景而言，高铁是个明星产品，作为国家名片受关注度非常高，任何与高铁有关的事件都会很自然地产生放大效应。此外，高铁本身是一个安全系数极高的交通产品，是人类有史以来最安全的交通模式，出现安全事故的概率极低。也正是因为概率低，所以一旦出现就是个大新闻，这也符合新闻的稀有性原则。另外一个因素是中国高铁此前的发展太成功、太高调了，它的成功让它在中国众多行业中显得格格不入、与众不同。

更为关键的是，在危机应对方面，铁道部出现了重大失误。首先是没有做好新媒体时代危机应对的心理准备，没能够及时平息谣言，让谣言满天飞。甬温线动车事故发生的时间正是以微博为代表的自媒体兴起的窗口期，这次事故是微博兴起后掀起的第一次超级舆论海啸。据统计，事故发生几天内，网友发布的与甬温线动车事故有关的微博就达到了惊人的5亿条。其次，他们召开了一场失败的发布会。“至于你信不信，反正我信了”“这只能说是生命的奇迹”这样的句子经过媒体的广泛传播，成为激怒人们情绪的催化剂，中国高铁的形象雪上加霜。再次，铁道部主要领导迟迟不能现身媒体一线救援报道的镜头。最后，还有一个重要的因素也不能不提，那就是境内外一些别有用心人士的恶意操纵，以及微博大V有意或者无意的炒作。

甬温线动车事故是一个开端，从此一出现与中国高铁有关的谣言就特别有传播度。有些媒体拍摄了某些特殊时段的个别空座率特别高的车厢，就说中国高铁是幽灵车厢，整天空着来回跑，是运椅子专列，意图说明中国高铁太过超前了，根本没有人坐；有人则说，中国高铁有辐射，在引进过程中抛弃了防辐射装备，导致乘务员不孕不育，经常有大批的乘务员辞职；有人将CRH解释成“吃人号”或者“耻辱号”……还有媒体抨击中国高铁，包括对中国高铁安全性的质疑、对铁道部腐败的质疑、对中国高铁是否拥有核心技术的质疑等。

7

此后，中国高铁进入全面调整阶段。

8月28日，中国高铁开启了第二阶段降速的历程。京津城际、沪杭高铁降至时速300公里运营，标志着时速350公里高速铁路在这个蓝色星球上正式消失。从2008年8月1日，京津城际按照时速350公里开通运营，到2011年8月28日中国高铁完成全面降速，这个世界上共有5条高铁曾经按照时速350公里运营，它们是：

京津城际，2008年8月1日开通，2011年8月28日降速，历时3年零27天。

武广高铁，2009年12月26日开通，2011年7月1日降速，历时1年7个月零5天。

郑西高铁，2010年2月6日开通，2011年7月1日降速，历时1年4个月零24天。

沪宁城际，2010年7月1日开通，2011年7月1日降速，历时1年整。

沪杭高铁，2010年10月26日开通，2011年8月28日降速，历时10个月零2天。

此次降速，除了京津城际与沪杭高铁降至时速300公里外，设计时速250公里的高铁降至时速200公里运营，包括合武高铁、福厦高铁、甬台温高铁、石太高铁、长吉高铁、海南东环线等均按照时速200公里运营。还有受影响更大的一类是既有线动车组列车，全部降速至时速 160 公里运营，也就是说 2007 年第六次大提速的核心成果在一夜之间化为乌有。这项政策还导致出现了一些比较滑稽的场面，如在降速后的京广铁路上，从石家庄到北京，一些 D 字头动车组列车用时比 Z 字头的普通列车还要长，但是它们的票价要比 Z 字头列车高出一大截。

当然，降速运营并没有对中国高铁造成实质性伤害，而且在高铁建设初期，在发生了甬温线动车事故的情况下，适当降低高铁运营速度是对舆论关怀的一种回应，不管事故是不是与速度有关系，降低高铁运营速度都有助于消除民众对中国高铁的恐慌心理，重建大家对中国高铁的信心。

但是，降低建设标准却对中国高铁造成了实质性的伤害，更何况是在并没有节省太多成本的情况下。如已经开工建设的大西高铁、兰新高铁，因为路基施工已经基本完成，由时速 350 公里降低标准到时速 250 公里，不但一分钱没有省下，而且因为中途修改标准增加了新的成本；京沪高铁因为已经铺轨完成，只是取消了 177.73 公里风屏障，但是因为相关采购已经完成，增加了 4.13 亿元的闲置设备；西（安）成（都）高铁设计时速由 350 公里降低到 250 公里，设计概算总投资由 667.7 亿元下调到 647.5 亿元，只节约了 3% 的成本。

甬温线动车事故带来的另外一个结果就是铁道部的撤销与中国铁路总公司的组建。

2013 年 3 月 10 日，全国两会期间，国务院公布了机构改革和职能转变方案，铁路实施政企分开改革，撤销铁道部，成立中国铁路总公司。铁道部原先承担的职责被一分为三，其中拟订铁路发展规划和政策的行政职责被划入交通运输部；拟订铁路技术标准，监督管理铁路安全生产、运输服务质量和铁路工程质量等行政职责被划入新成立的国家铁路局；企业职责则被划入新成立的中国铁路总公司。

3月14日，中国政府网发布《国务院关于组建中国铁路总公司有关问题的批复》称，中国铁路总公司为中央管理的国有独资企业，注册资金10360亿元人民币，由交通运输部、国家铁路局监管。原铁道部部长盛光祖转任中国铁路总公司总经理兼党组书记。

第十一章
“复兴号”时代

1

2012年11月8日，中国共产党第十八次全国代表大会在北京胜利召开，中国特色社会主义迈进新时代。

进入新时代，中国高铁发展发生了天翻地覆的变化。新时代我国社会主要矛盾已经转化为人民日益增长的美好生活需要和不平衡不充分的发展之间的矛盾。高铁是解决我国区域经济发展不平衡问题的大国重器。高铁建设是国之所需，是民心所向。

我们来看新时代中国高铁发展的历程，发现关键词只有一个，那就是升级。

第一是车的升级——“复兴号”动车组诞生了。

2003年6月，由中国铁路总公司牵头，汇聚了整个铁路行业的科研力量，启动了一款新车型的研发。铁总的“亲儿子”铁科院被指定为牵头方，研制主体是南车集团、北车集团及所属主机厂与研究所，参与的高校及研究所包括中科院、西南交通大学、北京交通大学、同济大学、中南大学等。一看这阵仗，就知道这款新车型不一般，当时它被称为中国标准动车组。

第一个问题，中国为什么要启动中国标准动车组的研制呢？这与中国高速动车组的发展历程有关。2004年中国正式启动高速动车组技术的引进消化吸收再创新之后，中国的高速动车组发展大致经历了三代。第一代我们可以称之为原型车时代，代表性车型包括CRH2A、CRH5A、CRH3C；第二代我们可以称之为改进创新时代，代表性车型包括CRH2C，如果我们把CRH2C归于上一代或者下一代的话，整个代际也可以划分为两代；第三代一般称为新一代，也就是 CRH380 系列。

在研制 CRH380 系列时，中国的高速动车组研发已经取得了相当高的成就，特别是 CRH380AL 型高速动车组，已经通过了美国戴维斯律师事务所与美国专利商标局的知识产权评估等，拥有自主知识产权。但是不可否认，我们仍旧能够从 CRH380A 型动车组身上看到日系高速动车组技术的影子，如 CRH380A 的动力配置结构。所以到中国高速动车组的 CRH380 系列时代，中国高速动车组研发虽然已经发生了脱胎换骨的变化，但是仍旧没有完全走上正向研发的道路，而是在既有技术路线上的全面突破。

研制中国标准动车组就是要真正启动中国高速列车研发的正向设计。什么是正向研发？正向研发就是首先要考虑有什么样的需求，如列车时速要达到什么水平、要能够适应什么样的运营线路、在维修方面能够满足什么样的需求、在旅客界面上要达到什么样的效果等等，然后根据需求设计一套技术方案，再通过对方案的细化分解，研发一种全新的高速动车组型号。按照这条道路研发出来的动车组，整车的知识产权自然不再有任何争议，而且还要建立中国标准。如中国标准动车组采用的重要标准，就涵盖了动车组基础通用、车体、走行装置、司机室布置及设备、牵引电气、制动及供风、列车网络标准、运用维修等 13 个大的方面。其中大量采用了中国国家标准、行业标准以及专门为中国标准动车组制定的一批技术标准。在涉及的 254 项重要标准中，中国标准占 84%。当然为了与国际接轨，促进中国装备走出去，中国标准动车组也积极采用了一些国际标准及国外先进标准。

↓复兴号动车组生产车间

建设正向研发平台是其一，其二还要实现高速列车的标准化与简统化。中国标准动车组之前，由技术引进的历史渊源所致，我国既有动车组有4个技术平台总计17种型号，不同型号动车组在旅客界面、操作界面、运用界面及维修界面上差异较大，列车定员不一样，列车宽度也不一样，司机操作台不一样，车钩也不一样，严重影响了动车组的运营效率，增加了运营成本。各型动车组修程修制不统一，维修内容、方式和检修设备差异大，配件种类繁杂，增加了维修的难度和成本。实际上，这对维修人员的要求也非常高。有时候往往达不到这些要求，而影响维修的质量。同时，由于技术标准不统一，不同技术源头形成的产品各不相同，不能通用互换，每个平台需依赖自己的产品供应链，有些配件成为独家供货，价格居高不下，造成维护备件储备量大，占用资金多，对铁路的经营效益产生不利影响。

第二个问题，研制中国标准动车组要达到什么样的目标？总体目标是以安全性、可靠性、经济性为前提，采用正向设计，构建并完善中国动车组技术标准体系，研制适应中国需求的中国标准动车组，力求达到国际领先水平，满足未来发展需求。具体目标有四个：

（一）建立全新技术平台，提升正向设计水平。根据中国铁路特点制定中国标准，并由此启动正向设计，软件全面自主化，大量应用新技术，掌握适用于中国铁路特有需求的降噪、节能、延长全寿命周期、持续高速运行、高寒高原适应性、安全冗余度等关键技术。

（二）实现动车组的零部件统型和互联互通。包括统一司机操纵台，统一旅客界面，统一车宽、车钩、车轮、车窗、座椅等主要配件，同一速度等级动车组可以相互联挂运行，不同速度等级可以相互救援。实现多家生产的动车组零部件通用互换，减少备品数量，降低动车组使用成本。减少热备车辆种类及数量，增加运营效率及运输效益。

（三）搭建动车组的中国标准体系。在正向设计过程中，详细比对国标 / 铁标和国际标准 / 欧标的异同，优先采用国家标准及铁路行业标准进行设计。

（四）提高机车车辆装备制造业研发软实力。进一步锤炼中国铁路科研团队，增强自主开发能力，利用协同创新机制，提高机车车辆装备制造业的整体科研软实力，以具备保持与国际高速铁路装备制造业先进技术同步发展的能力，实现中国制造到中国创造的转型。

第三个问题，最终设计出来的中国标准动车组技术标准是怎样的呢？动车组是当今世界制造业尖端技术的高度集成，涉及牵引、制动、网络控制、车体、转向架等 9 大关键技术，以及车钩、空调、风挡等 10 项主要配套技术。技术标准统一起来，还真是一项大工程。铁科院机辆所首席研究员王悦明回忆：“在研究统一采用中国标准的过程中，光技术方案设计就花费了一年多时间，仅技术设计联络协调会就开了 60 多次，基本每周一次。”[206]

最终中国标准动车组确定的技术标准如下：

---

206. 和平，朱进军，孙业国，等. 复兴路上风笛扬：“复兴号”中国标准动车组诞生记 [N]. 人民铁道，2017-07-03(1).

（一）总体结构采用 4M4T 模式。“M”意思是带动力的车，“T”意思是不带动力的拖车。标准的确立其实是吵架的结果，是谈判与妥协的结果。要知道当时的南车集团和北车集团还没有合并成为统一的中国中车集团。别看一个简单的 4M4T 总体结构，那也是经历了激烈的争吵与博弈。长客股份公司继承了西门子技术体系中很多东西，主张采用 4M4T 模式，原因是这种编组方式采用了基本动力单元的理念，4 辆车作为一个基本动力单元，可以灵活实现 4 辆、8 辆或 12 辆等不同数量的编组。四方股份公司继承了日本新干线技术体系中的很多优点，主张采用 6M2T 模式，理由是 6M2T 结构，动力车多，单个动力车的功率就可以降低，这有利于动力车悬挂的布置，最终实现列车轴重的轻量化，既能节能，同时还能够实现对高铁轨道系统的最大保护。但是在最终的决策中，专家组支持了长客股份公司的建议。你不要以为这就完了，后面还要接着争。4M4T 定下来之后，从头车开始，应该是动车还是拖车？长客股份公司原有技术体系中头车是动车，四方股份公司原有技术体系中头车是拖车。在这次决策中，专家组支持了四方股份公司的建议。中国标准动车组头车是非动力车。各胜一场，不知道是真理决策的结果，还是平衡发挥了作用。最终中国标准动车组的整体结构就确定为“T+M+T+M+M+T+M+T”。

（二）列车的承载系统。统一车体长度为 25 米，车体最大宽度为 3360 毫米，车辆高度为 4050 毫米。优化列车整体气动外形，实现列车纵断面的平顺化，消除列车表面突出物和涡流区，采用大长细比全新流线型车头。

（三）走行系统。采用标准化、模块化设计，统一采用轮径为

920毫米的车轮和相应规格的车轴与轴承，并统一采用直径为640毫米的轴装制动盘，实现轮对等主要部件的统型和互换。

（四）牵引驱动系统。铁科院加入了阵营，在变流器方面与株洲所分割市场，在制动系统与浦镇公司分割市场，在网络控制系统方面与株洲所、四方所分割市场。

经过无数次激烈争论、反复比选，2013年12月，中国标准动车组完成了总体技术条件制定。

2014年1月—2月，“中国标准动车组”技术条件通过了专家评审并由中国铁路总公司发布。

2014年9月1日至4日，中国铁路总公司在北京组织召开了时速350公里“中国标准动车组”设计方案评审会议，分别对动车组总体设计和互联互通、车体、转向架、电气系统、制动系统、网络控制及旅客信息系统方案进行了评审，“中国标准动车组”技术方案设计完成。

2

中国铁路总公司还向国家发改委等部门申请了科研项目经费，得到了国家有关部门大力支持。2014年，国家发改委将中国标准动车组纳入国家战略新兴产业示范工程项目，专项安排了8亿元的国家固定资产投入，支持中国标准动车组的研制和试验工作。

自2014年9月，承担样车设计制造的长客股份公司与四方股份公司以“中国标准动车组”技术条件为依据，对动车组顶层技术指标进行分解，然后是承担零部件制造的厂家，如铁科院、株洲所、四方所、戚墅堰所等。

经过努力，2015年6月30日，由长客股份公司与四方股份公司分别研制的时速350公里中国标准动车组在北京铁科院环铁试验基地下线，样车试制顺利完成。长客股份公司研制的列车编号是CRH-0503，以金色涂装为标志，被火车迷亲切地称为“金凤凰”；四方股份公司研制的列车编号是CRH-0207，以蓝色飘带为标志，被火车迷亲切地称为“蓝海豚”。

在铁科院环形线完成一系列型式试验后，金秋九月，三晋大地又迎来了2辆中国标准动车组样车。它们在大西高铁原平至太原试验段，要进行15万公里的型式试验和运用考核。原平到太原综合试验段全长86.6公里，要穿越黄土高原的纵横沟壑，一眼望去雄壮而苍茫。线路附近的旷野里，已经合并为一家的中车集团技术研发人员在此安营扎寨。试验的过程漫长而单调。然而，只有不断地重复，不断地提高标准，甚至不断地自我否定，才能让产品百炼成钢。

据《人民铁道》报道：实现两列不同型号的动车组互联互通，是这次动态试验考核的重中之重。刚上线试验不久，列车偶发300微秒通信中断故障，但随后又不见踪影，300微秒，比闪电还快，是设计问题，还是突发电磁干扰？铁科院网络控制系统研发组派出精干队员开展跟踪整治。问题到底出在哪？他们每天早上五点天不亮就到现场做准备，晚上十点才下车回宿舍休息；两点一线，坚持不断地调整着测试记录策略，连续监视示波器，生怕稍有疏忽就会错过故障记录。然而，故障似乎与大家玩起了捉迷藏游戏，连续几天的运营试验过程

↓图为时速350公里中国标准动车组在大西线原平西至阳曲西段进行高速试验

中它都没有再次发生。“在可靠性测试问题上，容不得一丝马虎，绝不能把问题带到定型后的产品。”他们将所有相关图纸放在一起分析，挨个梳理每一个细节。没有得与失的考量，也没有进与退的抉择，只有日与夜的坚守。经过长达7天168小时的执着坚守，他们终于又捕捉到一次300微秒的故障现象，并迅速找到了解决方法，排除了这一故障。[207]

2015年11月18日，中国标准动车组在大西高铁原平至太原试验段最高试验时速突破了385公里，各项技术性能表现优异。这标志着在静态、低速试验后，中国标准动车组顺利通过了高速试验关键大考。经过4个月努力，中国标准动车组试验团队完成了包括高压试验、网络试验、限界试验、称重试验、电气保护试验、安全措施和设备检查试验、弓网试验、动力学试验等多项试验项目。

2016年5月16日，中国标准动车组又转战即将开通运营的郑徐高铁进行综合试验。在这条全长360多公里的高速铁路上，中国标准动车组一天进行6个往返的线路试验，重点测试样车“耐力”和悬挂件稳固性。

---

207. 和平，朱进军，孙业国，等．复兴路上风笛扬：“复兴号”中国标准动车组诞生记 [N]. 人民铁道，2017-07-03(1).

7月15日11时20分，河南省开封市民权县杨堂村的村民张忠良正在自家的庄稼地里锄草。

“嗡……”

架设在玉米地里的郑州至徐州高铁线路突然“发声”，张忠良刚抬起头，两列“飞速”交会的动车组就已经看不清了，庄稼地瞬间又恢复了平静。

就在张忠良抬头的那一瞬间，世界高速铁路又一项崭新的纪录诞生了。CRH-0207与CRH-0503在郑徐高铁河南省商丘市民权县境内，分别以超过420公里的时速成功实现交会。这是世界高速铁路史上首次进行类似试验。此次试验中，对向行驶的列车交会瞬间相对时速超过了840公里，平均每秒233米，两车交会时间不足2秒。

可能有朋友觉得，相对行驶而已，每列车的时速不就只有420公里多一点吗？当年CRH380AL可是跑出了486.1公里时速。有这种认识那就大错特错了。大家应该还记得见闻君此前讲到的那个故事，1998年6月16日，韶山8型电力机车牵引试验列车与一列时速115公里的K316次快速旅客列车交会，交会的结果惊险异常，K316次列车的玻璃竟然直接被交会波吸走，打在试验列车的侧墙上，将试验列车的钢铁把手都打弯了。要知道，那次交会的相对时速只有275公里。而这次的交会相对时速达到了840公里，其产生的压力波之强大，对于新的中国标准动车组而言，绝对是一个巨大的考验。世界上还没有任何一列高速列车，经受过如此大的交会压力波的考验。

应该说，两列中国标准动车组的交会试验取得了巨大的成功。在这种高速条件下，接触网波动、设备振动都将加大，对弓网关系、受

↓ 2016 年 7 月 15 日，中国标准动车组在郑徐高铁以时速 420 公里的速度，完成世界最高速的动车组交会试验

流质量、接触网支持结构紧固质量以及牵引供电设备可靠性等，都是一个巨大考验。值得庆贺的是，无论是郑徐高铁，还是两列中国标准动车组，都经受住了这次试验的考验。这次试验成功不但获取了中国标准动车组运行能耗数据、振动噪声特性，而且探索了时速 400 公里及以上高速铁路系统关键技术参数变化规律，为深化我国高速铁路轮轨关系、弓网关系、空气动力学等理论研究和高速铁路核心技术攻关、运营管理提供了有力的技术支撑。

在郑徐高铁完成时速 420 公里交会试验后，两列中国标准动车组又奔赴世界首条高寒高铁——哈大高铁进行载客运营考核。8 月 15 日凌晨 6 时 10 分，G8041 次列车驶出大连北站，沿着哈尔滨至大连高速铁路开往沈阳站，中国标准动车组首次载客运行。无数火车迷纷纷赶到大连，见证并体验中国标准动车组的处女载客行。

中国标准动车组也没有让他们失望，已经体验过中国众多高速动车组型号的火车迷们发现，中国标准动车组除了在技术方面的众多突破外，在乘坐舒适方面也有很多让他们欣喜若狂的创新。首先，座椅的舒适性更好了，色彩搭配时尚活泼，更有特色了，更为关键的是每个座椅都配备插座。其次，列车上实现了 Wi-Fi 全覆盖，旅客可随时上网，旅途不再寂寞。再次，车内照明更加人性化了。中国标准动

↓时速 350 公里“复兴号”动车组批量投入运营

车组的车内照明有十几种模式，亮度从高到低，光线从暖到冷，每个旅客都能使用阅读灯，亮度和色温都可以手动或自动调节，人性化设计更加突出。

当然还有一些能看到却体会不到的变化，如被誉为“金凤凰”和“蓝海豚”的新头型，大家都能感受到它们的美观，但是它们被列车采用可不仅仅是因为美观。这种低阻流线型设计能够大大降低列车的运行阻力以及列车尾车的升力。在列车头型设计方面，“大灰狼”CRH380A已经是世界高速列车领域的佼佼者了，但是“蓝海豚”CRH-0207的新头型竟然比 CRH380A 头型在空气阻力方面降低了 10%。

被全国火车迷津津乐道的还包括两列不同厂家生产的高速列车能够实现重联。对于这一点见闻君就不再啰唆，谁让它们被称为中国标准动车组呢，这应该算是起码的要求了。

2016 年 10 月 26 日，中国标准动车组正式完成了自下线以来的 60 万公里运营考核，担当了它们正式批量生产前的最后一次载客运营。随后，它们分别返回了它们的诞生地长客股份公司与四方股份公司，技术人员对它们进行了拆解，然后对经历了 60 万公里考验的各个零部件进行了技术分析，分析的结果是各项指标均符合设计预期。一份合格的答卷就此交出。

2017 年 1 月，中国标准动车组取得“准生证”：型号合格证和制造许可证。此时，第二对中国标准动车组 CRH-0208 与 CRH-0587 也已经下线，并投入了大西高铁太原至原平段进行运营考核。

3

第二是路的升级——从“四纵四横”到“八纵八横”。

党的十八大胜利召开后，中国高铁建设踩刹车的状况迎来了转折。2013 年 7 月 24 日，国务院常务会议研究部署铁路投融资改革和进一步加快中西部铁路建设。会议强调，铁路是国家重要的基础设施和民生工程，是资源节约型和环境友好型运输方式。要按照统筹规划、多元投资、市场运作、政策配套的基本思路，推进铁路投融资体制改革。此后，中国高铁的面貌开始焕然一新，一扫前两年灰头土脸的样子，仿佛洗去尘埃的丑小鸭摇身一变就成了白天鹅，它展现出的活力不再像一个垂垂老者，而是像一个生命力旺盛的小伙子，仿佛有使不完的劲。

党的十八大后，中国高铁建设复苏的第一个标志是铁路新开工项

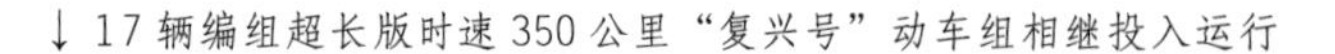
↓ 17 辆编组超长版时速 350 公里“复兴号”动车组相继投入运行

目的增加。在 2013 年年初的铁路工作会议上，中国铁路总公司确定的当年新开工铁路项目为 38 个。国务院会议召开后，中国铁路总公司立马调整了铁路建设计划，新开工项目由 38 个上升为 47 个，增加了 9 个。或许你觉得只是增加了 9 个而已，但是它的增加比例达到了 23.7%。更重要的是，它反映的是一种向上的势头，这个势头从 2011 年年初开始就一直是往下掉的。

与新开工项目增加相对应的是铁路固定投资同步开始回升。在 2013 年的全国铁路工作会议上，全国铁路固定资产投资计划安排 6500 亿元。国务院文件出台后，这个数字被上调为 6900 亿元。

2014 年 1 月 9 日，全国铁路工作会议在京召开，时任中国铁路总公司总经理的盛光祖做报告，确定全年安排固定资产投资 6300 亿元。竟然比 2013 年还要低。此前，国家文件确定的方针是“争取超额完成 2013 年投资计划，切实做好明后两年建设安排”。有前面半句在那里压阵，后面这句“切实做好明后两年建设安排”的意思其实已经很明确了，说白了就是 2013 年计划安排太过保守了，后面两年要适度加快。

2014 年 1 月 9 日，全国铁路工作会议刚刚开完，计划刚刚公布，4 月 2 日，国务院常务会议就对加快铁路建设再次做出重要部署。4 月 8 日，中国铁路总公司党组书记、总经理盛光祖通过接受《人民日报》独家专访的形式对外公布：在考虑经济社会发展需求、铁路运输需要、铁路建设资金保障能力等条件的基础上，决定调整铁路建设计划，增加了当年铁路建设目标：一是新开工项目由 44 项增加到 48 项；二是全国铁路固定资产投资由 7000 亿元增加到 7200 亿元；三是新线投产里程由 6600 公里增加到 7000 公里以上；四是 33 个开展前期工作项目，必保 10 个项目在年内完成可研批复。[208]

从 6300 亿元到 7000 亿元再到 7200 亿元，这已经是很不错的调整了，但是显然还没有到位。

4 月 29 日，国务院副总理马凯在西安召开了部分地区铁路建设工作会议，强调铁路仍然是综合交通运输体系的薄弱环节，加快铁路建设发展，是既利当前又利长远，既促进经济发展又惠及民生的大事。国务院决定进一步加大铁路建设力度，继续推进铁路投融资体制改革，多方吸收社会投资，适度扩大铁路固定资产投资规模，调增新线投产

———

208. 陆娅楠．今年新通铁路，近九成在中西部 [N]. 人民日报，2014-04-09(9).

里程，增加新开工项目。[209]

会议结束后的第二天，4 月 30 日，中国铁路总公司立马召开了铁路建设动员电视电话会议，贯彻落实有关指示精神。在这次会议上，2014 年铁路固定资产投资总额被一下子提高到 8000 亿元以上，新开工项目从年初计划的 44 个飙升至 64 个。[210] 这是中国铁路总公司在不到一个月的时间内第二次调整铁路固定资产投资数值，这标志着中国高铁全面复苏时代的到来。

中国铁路总公司还在这次会议上强调，当年铁路固定资产投资不怕超，不怕冒，确保完成全年投资计划。[211] 到 2014 年年底，中国铁路总公司也成功兑现了诺言，全年新开工铁路项目达 66 个，比第二次上调的目标还超了 2 个；全年完成铁路固定资产投资 8088 亿元，也成功超越了第二次调整的 8000 亿元。8088 亿元的固定资产投资标志着中国铁路建设已经逐步恢复到甬温线动车事故前的水平。2015 年与 2016 年中国铁路再接再厉，分别完成了 8238 亿元与 8015 亿元，连续三年投资超过 8000 亿元。

4

中国高铁建设走向全面复苏的第二个标志是非东部干线高铁设计时速 350 公里的回归。对于这个概念，我们要从西成高铁说起。这条连接中国西部最重要两个城市的干线高铁，其地位之重要显而易见。西安是中国西部中心城市，也是中国历史上最著名的古都之一，中国的汉唐盛世发源于此；成都是中国仅次于北上广深的准一线城市，其辐射能力在整个中国西部地区首屈一指，向西辐射西藏、新疆、青海、甘肃，向东联结重庆、西安、昆明、贵阳，并沿江到海。所以，西成高铁是一条改变蜀道难、打通八百里秦川，兼具战略意义与经济意义的高铁大通道，在整个中国高速铁路网中的地位非同一般，按照时速 350 公里设计众望所归。

早在2008年1月10日，在四川省与铁道部签署省部会议纪要时，四川省就首次提出修建西成客专。同年 5 月 12 日，汶川大地震发生，举国悲痛。8 月 27 日，国务院审议通过国家汶川地震灾后恢复重建总体规划，西成客专被纳入其中。2009 年 10 月 29 日，发改委批复西成客专建议书。2010 年 9 月 16 日，环保部通过西成客专环评报告。同年 10 月 23 日，国家发改委正式批复西成客专可研报告。同年 11 月 10 日和 12 月 24 日，四川省和陕西省分别举行了西成客专项目开工动员大会。2011 年 2 月 10 日，铁道部批复西成客专初步设计，曲线半径 7000 米，线间距 5 米，设计时速 350 公里。

但是在铁道部批复西成高铁初步设计的第三天，2 月 13 日，盛光祖开始执掌铁道部。盛光祖执掌铁道部第一件事就是对中国高铁降速降标。2011 年 6 月 8 日—10 日，铁道部在北京召开西安至成都客运专线西安至江油段修改初步设计审查会议，按照盛光祖“保在建、压缩新开工规模”的要求，对原设计方案进行修改审查。西成客运专

---

209. 马凯：明确目标任务 强化责任措施 确保全面完成今年铁路建设任务 [EB/OL].[2014-04-29].http://www.gov.cn/guowuyuan/2014-04/29/content_2668942.htm.
210. 孙春芳 . 铁路投资提至 8000 亿 或创历年新高 [N].21 世纪经济报道，2014-05-06（6）.
211. 路炳阳 . 铁路投资目标再次调增至 8000 亿以上 [EB/OL].[2014-05-01].https://companies.caixin.com/2014-05-01/100672596.html.

线由原来设计时速350公里调整为时速250公里，总投资647亿元，较2月10日铁道部批复的预算节省20.2亿元，节省成本3.03%。这次降标让整个轨道交通界震惊不已。

铁道部对西成客专降标20天后，6月30日，设计时速380公里的京沪高铁降速至时速300公里运行，7月1日，武广高铁、郑西高铁、沪宁高铁均降速至时速300公里运行，中国高铁降速时代正式来临。22天后，7月23日，降速后的中国高铁迎来了最黑暗的时刻，甬温线动车事故爆发，震惊全球……这就是风雨飘摇的中国高铁所经历的2011年上半年，中国高铁发展史上最曲折最黑暗的一段时间，刚刚发展起来的中国高铁几近夭折……转过年来，党的十八大召开，新一届国家领导人力挽狂澜，中国高铁才又重新站了起来。

2015年夏天，一个标志性的事件最终来临。8月28日，国家发改委正式批复了新建郑州到万州高速铁路项目，全长818公里，项目总投资1180.42亿元，最小曲线半径7000米，线间距5米，最大坡度20‰，设计时速350公里。这项具有划时代意义的批复，意味着此前京广铁路以西新建高速铁路项目最高设计时速不能超过250公里的规定正式“作古”，也标志着中国高铁的艰难时代彻底结束。

此后不但中东部的京沈高铁全面按照时速350公里标准批复建设，西部地区的贵阳至南宁高铁也获批时速350公里建设标准。2016年12月21日，西安至延安高铁开建，设计时速350公里。

随着设计时速350公里高铁的回归，有两条影响力巨大的西部干线高铁也以250公里的时速迎来自己的时代。2017年7月9日，“四纵四横”干线宝鸡至兰州高铁开通运营，时速250公里。2017

年 12 月 6 日，西成高铁开通运营，时速 250 公里。这是两条对我国西部格局具有重要影响力的高速铁路，它们的开通运营作为中国交通领域的大事件，受到了媒体以及民众的高度关注。

此后，中国高速铁路网规划迎来一次系统性的升级。2016 年 6 月 29 日，新一版本《中长期铁路网规划》获得通过，“四纵四横”高速铁路网正式升级为“八纵八横”。2016 年 7 月 13 日，国家发改委、交通运输部、中国铁路总公司正式印发了《中长期铁路网规划》。新版规划期限为 2016 ~ 2025 年，远期展望到 2030 年。根据规划，到 2020 年全国铁路网规模将达到 15 万公里，其中高速铁路 3 万公里，覆盖 80% 以上的大城市；到 2025 年，全国铁路网规模将达到 17.5 万公里，其中高速铁路网 3.8 万公里。

《中长期铁路网规划》明确高速铁路主通道规划新增项目，原则采用时速 250 公里及以上标准（地形地质及气候条件复杂困难地区可以适当降低），其中沿线城镇人口稠密、经济比较发达、贯通特大城市的铁路可采用时速 350 公里标准。区域铁路连接线原则采用时速 250 公里及以下标准。城际铁路原则采用时速 200 公里及以下标准。

下面我们就来看一下“八纵八横”高速铁路主通道规划：

（一）“八纵”通道

沿海通道。大连（丹东）—秦皇岛—天津—东营—潍坊—青岛（烟台）—连云港—盐城—南通—上海—宁波—福州—厦门—深圳—湛江—北海（防城港）高速铁路（其中青岛至盐城段利用青连、连盐铁路，南通至上海段利用沪通铁路），连接东部沿海地区，贯通京津冀、辽中南、山东半岛、东陇海、长三角、海峡西岸、珠三角、北部湾等城市群。

京沪通道。北京—天津—济南—南京—上海（杭州）高速铁路，包括南京—杭州、蚌埠—合肥—杭州高速铁路，同时通过北京—天津—东营—潍坊—临沂—淮安—扬州—南通—上海高速铁路，连接华北、华东地区，贯通京津冀、长三角等城市群。

京港（台）通道。北京—衡水—菏泽—商丘—阜阳—合肥（黄冈）—九江—南昌—赣州—深圳—香港（九龙）高速铁路；另一支线为合肥—福州—台北高速铁路，包括南昌—福州（莆田）铁路。连接华北、华中、华东、华南地区，贯通京津冀、长江中游、海峡西岸、珠三角等城市群。

京哈—京港澳通道。哈尔滨—长春—沈阳—北京—石家庄—郑州—武汉—长沙—广州—深圳—香港高速铁路，包括广州—珠海—澳门高速铁路。连接东北、华北、华中、华南、港澳地区，贯通哈长、辽中南、京津冀、中原、长江中游、珠三角等城市群。

呼南通道。呼和浩特—大同—太原—郑州—襄阳—常德—益阳—邵阳—永州—桂林—南宁高速铁路。连接华北、中原、华中、华南地区，贯通呼包鄂榆、山西中部、中原、长江中游、北部湾等城市群。

京昆通道。北京—石家庄—太原—西安—成都（重庆）—昆明高速铁路，包括北京—张家口—大同—太原高速铁路。连接华北、西北、西南地区，贯通京津冀、太原、关中平原、成渝、滇中等城市群。

包（银）海通道。包头—延安—西安—重庆—贵阳—南宁—湛江—海口（三亚）高速铁路，包括银川—西安以及海南环岛高速铁路。连接西北、西南、华南地区，贯通呼包鄂、宁夏沿黄、关中平原、成渝、黔中、北部湾等城市群。

兰（西）广通道。兰州（西宁）—成都（重庆）—贵阳—广州高速铁路。连接西北、西南、华南地区，贯通兰西、成渝、黔中、珠三角等城市群。

（二）“八横”通道

绥满通道。绥芬河—牡丹江—哈尔滨—齐齐哈尔—海拉尔—满洲里高速铁路。连接黑龙江及蒙东地区。

京兰通道。北京—呼和浩特—银川—兰州高速铁路。连接华北、西北地区，贯通京津冀、呼包鄂、宁夏沿黄、兰西等城市群。

青银通道。青岛—济南—石家庄—太原—银川高速铁路（其中绥德至银川段利用太中银铁路）。连接华东、华北、西北地区，贯通山东半岛、京津冀、太原、宁夏沿黄等城市群。

陆桥通道。连云港—徐州—郑州—西安—兰州—西宁—乌鲁木齐高速铁路。连接华东、华中、西北地区，贯通东陇海、中原、关中平原、兰西、天山北坡等城市群。

沿江通道。上海—南京—合肥—武汉—重庆—成都高速铁路，包括南京—安庆—九江—武汉—宜昌—重庆、万州—达州—遂宁—成都高速铁路（其中成都至遂宁段利用达成铁路）。连接华东、华中、西南地区，贯通长三角、长江中游、成渝等城市群。

沪昆通道。上海—杭州—南昌—长沙—贵阳—昆明高速铁路。连接华东、华中、西南地区，贯通长三角、长江中游、黔中、滇中等城市群。

厦渝通道。厦门—龙岩—赣州—长沙—常德—张家界—黔江—重庆高速铁路（其中厦门至赣州段利用龙厦铁路、赣龙铁路，常德至黔

“复兴号”动车组在南京附近交会

江段利用黔张常铁路）。连接海峡西岸、中南、西南地区，贯通海峡西岸、长江中游、成渝等城市群。

广昆通道。广州—南宁—昆明高速铁路。连接华南、西南地区，贯通珠三角、北部湾、滇中等城市群。

5

第三是服务的升级——达速时代到来以及实名制与互联网售票。

就在中国标准动车组跑完60万公里返厂前不久，2016年10月9日，中国高铁又迎来了一个崭新的时代，61岁的国家铁路局局长陆东福任中国铁路总公司党组书记并提名总经理。

此后，中国高铁达速时代逐步到来。之所以说达速，而不是提速，或者复速，是因为这三个概念有比较大的区别。本来按照时速300公里运营，现在提高到时速350公里运营，叫提速；本来是按照时速350公里运营，后来被降速到时速300公里运营，现在又重新按照时速350公里运营，叫复速；本来线路是按照时速350公里设计的，但是从来没有按照时速350公里运营过，一直只是按照时速300公里运营，现在按照时速350公里运营了，这叫达速。

2016年11月18日，陆东福上任满月不久，海南环岛高铁迎来新一代CRH1A型高速动车组，并对既有老型动车组进行了替换。海南环岛高铁全长653公里，共分为两段，其中东环线全长308公里，设计时速250公里，2010年12月30日开通运营；西环线345公里，设计时速200公里，2015年12月30日开通运营。海南环岛高铁独

↓上、下图：2017年6月25日，在北京举行的“复兴号”命名仪式现场，随后在京沪高铁两端的北京南站和上海虹桥站双向首发

立于中国高速铁路网之外，自成体系，日均开行列车数量有限，选择这样一条高速铁路进行达速试验恰到好处。

2017年1月20日，海南东环线正式达速，开始按照设计时速250公里运营，海口到三亚的最短旅行时间被压缩到1小时23分。中国高铁达速时代正式开启。但是接下来，此前预计的几条率先达速的时速250公里高铁并没有成为现实，反而随着党的十九大召开时间的临近，京沪高铁率先达速的消息开始流传。

2017年2月25日，中国标准动车组开始在京广高铁上担当G65／G68次北京西至广州南的运输服务工作。

6月25日，中国铁路总公司在北京南动车所举行“复兴号”命名仪式，由中车四方股份公司与中车长客股份公司生产的两种中国标准动车组型号被命名为“复兴号”。其中四方股份公司研制的“复兴号”被命名为“CR400AF”，长客股份公司研制的“复兴号”被命名为“CR400BF”。按照中国铁路总公司新的动车组编制规则，新型自主化动车组均采用“CR”开头的型号，“CR”是中国铁路总公司英文China Railway的缩写，也是指覆盖不同速度等级的中国标准动

车组系列化产品平台。型号中的“400”为速度等级代码，代表该型动车组试验速度可达400km/h及以上，持续运行速度为350km/h；“A”和“B”为企业标识代码，代表研制厂家，“A”代表四方股份公司，“B”代表长客股份公司；“F”为技术类型代码，代表动力分散电动车组，其他还有“J”代表动力集中电动车组，“N”代表动力集中内燃动车组。

根据中国铁路总公司的安排，CR400BF将由长客股份公司授权中车唐山公司参与生产，CR400AF将来也有可能通过专利授权的方式，给予庞巴迪在国内的合资公司BST公司生产资质。此外，“复兴号”还将开发系列型号，包括CR300、CR200系列。其中设计时速300—400公里之间的车型将被命名为CR400系列，设计时速200—300公里之间的车型将被命名为CR300系列，设计时速160—200公里之间的车型将被命名为CR200系列。

复兴号动车组的正式命名，标志着“和谐号”时代的结束和“复兴号”时代的正式到来。就在“复兴号”正式命名的第二天，6月26日“复兴号”正式在京沪高铁上线运营，两列复兴号动车组在京沪高铁两端的北京南站和上海虹桥站双向首发，分别担当G123次和G124次运营。

7月18日，传说已久的京沪高铁达速终于出现实质性进展。当天中国铁路总公司在京沪高铁新增G9/G10两个高铁班次，由复兴号动车组担当，按时速350公里速度空载试运行。其中CR400AF-2025列车担当G9次运营，CR400BF-5005担当G10次运营。从北京南站到上海虹桥站全程4小时10分钟。消息由自媒

↓ 2017 年 9 月 21 日，复兴号 CR400AF 动车组在京沪高铁实现时速 350 公里商业运营

体爆出后在国内引起巨大反响。2010 年 12 月，世界高铁大会在北京召开时，铁道部曾计划让京沪高铁按照最高时速 380 公里开通运营，按照计划北京到上海两地 1318 公里的距离最短旅行时间不到 4 个小时。但是 2011 年 6 月 30 日，铁道部让京沪高铁降速开通，最高运营时速只有 300 公里，两地最短旅行时间 4 小时 49 分。

2017 年 7 月 27 日，中国铁路总公司正式对外公布京沪高铁达速消息，安排“复兴号”在京沪高铁开展时速 350 公里体验运营，来自国家有关部委、企业，部分院士、专家及铁路行业有关单位负责同志，共计 300 余人参加了体验运营。

9 月 21 日，中国铁路实行新的运行图，安排 7 对复兴号动车组按照最高时速 350 公里运行，京沪高铁正式达速，中国重新成为世

界上唯一拥有时速350公里高铁的国家，也标志着中国高铁时代全面复苏。

2018年8月8日，又是一个标志性的日子，北京奥运会开幕式10周年纪念日，“复兴号”动车组上线京津城际铁路，复速到时速350公里，列车运行时间由此前的35分钟缩短至30分钟。作为中国第一条时速350公里的高速铁路，作为中国高铁的名片之一，京津城际的复速具有标志性意义。

此后南广客专、南昆客专、兰新客专（哈密—乌鲁木齐段）、青荣城际、宁安客专先后达速250公里时速。2020年12月24日，“复兴号”上线成渝高铁，提速至350公里时速，成为中国第四条时速350公里的高速铁路，也是西部地区唯一一条。

当然中国高铁服务的升级并不只是达速、复速这一件事，还包括实行实名制打击票贩子、推广网络售票、推出电子客票、推出常旅客计划等，这些便民措施广受好评。

现在大家对于火车票购票实名制已经习以为常了，当年推动这项政策落地却并不容易。据王雄《中国速度》记载，2011年春节刚刚走马上任的铁道部部长盛光祖在调研期间发现，全国许多车站都存在排长队买票的情况，很多车站还搭起了临时售票房，旅客们通宵达旦地排队购票。有些人排了一个通宵，好不容易排到窗口，车票却被票贩子买走了。票贩子采取不正当手段，囤积车票，高价抛售，极少数铁路局内部员工以票谋私，中饱私囊，导致广大旅客怨声载道。盛光祖在调研的基础上决定推出火车购票实名制以打击票贩子，并推出互联网售票以方便广大乘客。

其实火车实名制购票的动议很久以前就有了，早在2009年春运期间就在部分车站试行过。由于支付成本高、人力紧张等，实名制售票一直处于试行中。盛光祖上任后，主持召开会议，经过认真调研分析，认为工作理念问题和工作态度问题是首要原因，怕麻烦、图省事是关键问题，要求认真分析现有实名制售票工作的基础和开展的条件，统一思想，全面实行实名制售票，并分步推出互联网售票。2011年6月1日，全国动车组列车开始实行实名制购票政策，到2012年元旦，实名制购票开始在全国所有旅客列车推广实行。

互联网售票政策也始于2011年夏天。6月12日，12306客服网售出第一张高铁电子客票——北京南站至天津站，标志着中国高铁网上售票业务正式开通运行。大约半个月后，在京沪高铁开通运营前夕，12306网站开始对外发售京沪高铁车票。到9月底，全国高铁及动车组列车全部实现了互联网售票。到年底，所有的铁路旅客列车均实现了网络售票。铁道部在全国较大车站安装了大量自动售（取）票机，为网上购票的旅客提供自助换取纸质车票服务。同时，铁道部还改造了高铁自动检票机，加装了身份证识读模块，支持在互联网使用身份证购票的旅客不换票直接凭身份证过闸乘车。

当然互联网售票刚推出的时候，还是遇到了很大的困难，12306网站瘫痪过很多次。此时网络上又掀起一阵攻击中国铁路的高潮。很多自媒体编出各种段子来，将脏水泼向中国铁路。他们疯狂吐槽花了30亿元建设的12306网站为什么会如此脆弱。他们哪里知道12306网站在高峰期要饱受多少数据的攻击；他们也不知道，他们拿来与12306网站相比较的淘宝网、各大银行处理系统，都是花费了多大的资金用来保障系统的顺畅与安全的。12306 网站还要饱受各种抢票软件以及非法外挂的攻击。今天大家已经习惯了 12306 网站顺畅的服务，那段腥风血雨也逐渐远去。舆论的监督能够保障社会处于一种更健康的状态，但有时候恶意过于明显的攻击却有可能压垮成长中的事物，当然这其中的分寸难以拿捏。

此后中国铁路服务又经历了各种升级。

2014 年年底，铁路部门将车票预售期延长至 60 天。

2015 年 5 月，互联网和手机客户端停止售票时间由原来的开车前 2 小时缩短为开车前 30 分钟，极大地方便了临时出行的旅客购票。

2016 年 12 月 1 日，12306 网站开始试行手机客户端选座功能。

2017 年 12 月 18 日，中国铁路常旅客计划正式推出。

2018 年 11 月 26 日，铁路部门又推出电子客票，刷身份证直接上车，铁路服务再上新台阶。

2018 年 12 月 27 日，12306 客户端又试点推出火车票候补功能，各种抢票软件正式被扫入历史的垃圾堆。

6

随着中国高铁事业的快速发展，中国铁路的运营主体中国铁路总公司也在加速市场化改革，由全民所有制企业改制成为国有独资公司。2017 年 9 月中国铁路总公司的改制正式启动，整个过程分“三步走”。第一步是所属非运输企业的改制，包括中国铁路建设投资公司、中国铁道科学研究院和人民铁道报社等 17 家单位。第二步是中国铁路总公司所属 18 家铁路局和 3 家专业运输公司（中铁集装箱运输有限责任公司、中铁特货运输有限责任公司、中铁快运股份有限公司）的公司制改革，即对运输主业的改革。第三步是中国铁路总公司本级的公司制改革。

当然中国铁路总公司的改革并没有像有些评论员呼吁的那样，将 18 家铁路局重组为几家独立的大的铁路公司，而是仍旧以“铁路一张网”为前提，坚持中国铁路总公司对铁路运输统一调度指挥，改革后仍保持“总公司—铁路局—基层站段”三级运输管理架构。其中铁路公益性运输、重点运输等社会责任仍要保证，目的是实现铁路运输整体效率和效益最大化。

2017 年 11 月 15 日，中国铁路总公司所属 18 个铁路局全部完成公司制改革工商变更登记，各铁路局的名称统一变更为“中国铁路 ×× 局集团有限公司”，如中国铁路上海局集团有限公司、中国铁路广州局集团有限公司。11 月 19 日，18 家铁路局公司全部完成挂牌工作，这意味着铁路公司制改革取得重要成果，为中国铁路向现代运输经营型企业转型发展迈出了重要一步。

改制后的 18 家铁路局公司在领导任命方面实行“双向进入、交叉任职”体制。公司董事长、总经理分设，党委书记、董事长由一人担任，董事长为公司法定代表人。铁路局改制后不设股东会，仍由中国铁路总公司行使出资人职权。各公司设立董事会、监事会和经理层，设立公司党委会，党委会把方向，管大局，支持董事会、监事会、经理层依法履行职责。同时建立职工董事、职工监事制度。

与此同时，中国铁路总公司本级的公司制改革方案建议已经报国家出资人代表财政部。媒体报道，中国铁路总公司机关组织机构改革已经基本完成，内设机构进行精简调整，机关部门、二级机构、人员编制分别精简 10.3%、26.6% 和 8.1%。

2019 年 6 月 18 日，中国铁路总公司改制成立中国国家铁路集团有限公司，并在北京正式挂牌。改制后成立的中国国家铁路集团有限公司由中央管理，是依据《中华人民共和国公司法》设立的国有独资公司，承担国家规定的铁路运输经营、建设和安全等职责，负责铁路运输统一调度指挥，统筹安排路网性运力资源配置，承担国家规定的公益性运输任务，负责铁路行业运输收入清算和收入进款管理。

公司中文简称为“中国铁路”，英文全称为“China State Railway Group Co.,Ltd.”，英文简称为“CHINA RAILWAY”，英文缩写为“CR”。公司注册资本为人民币 17395 亿元，以铁路客货运输为主业，实行多元化经营。原中国铁路总公司的债权、债务、品牌、资质证照、知识产权等均由改制后的中国国家铁路集团有限公司承继。

中国国家铁路集团有限公司依照国家有关法律法规，不设股东会，由财政部代表国务院履行出资人职责。公司设董事会、经理层，建立法人治理结构。公司依照国家有关法律法规和政策，建立符合现代企业制度要求和生产经营需要的劳动、人事和分配制度，建立健全财务、会计制度。公司根据业务发展需要，可依法设立子公司、分公司、代表处等分支机构。公司各全资子企业和控股公司，在公司集中统一组织指挥下，依法开展铁路客货运输及其他各类经营业务，承担安全、经营、稳定的主体责任。

第十二章
百年之京张

1

2019年12月30日，上午8时30分，G8811次智能高速列车，从位于北京西直门的北京北站开出，号称“世界上最聪明的高速铁路”——京张高铁正式开通运营。

18分钟后，列车从老的京张铁路青龙桥火车站下方4米处呼啸而过，新老京张铁路跨越110年，实现立体相交。

110年前，詹天佑创造性地运用了“折返线”原理，在青龙桥修建了“人”字形铁路[212]；110年后，在青龙桥车站下穿的京张高铁，这一“横”，让“人”字变成了“大”字。

110年前，京张铁路时速只有35公里，尽管有詹天佑创造性的“人”字形设计，让关沟段线路坡度降低到33‰以下，但是这个坡度仍然不算小，列车翻越“人”字坡须用时78分钟[213]；110年后，时速350公里的“复兴号”京张智能高速列车穿越12公里长的八达岭隧道，用时只两三分钟。

就在2019年12月30日京张高铁开通的首发列车上，有一位特殊的乘客，她就是詹天佑的曾孙女詹欣。上午8时48分左右，詹欣乘坐的复兴号智能动车组从八达岭隧道呼啸而过时，隧道的顶壁再往上4米，正是青龙桥车站。站旁是詹天佑的铜像，高高的基座之上，詹公天佑，巍峨庄严。铜像后面就是詹天佑长眠之处。

这一瞬间，京张铁路与京张高铁、曾祖与曾孙、1909与2019，两条铁路、四代人、百年时光，在同一个时间与空间的交会点上，实现了奇妙的相遇。

1919年4月24日，詹天佑病危。他在汉口仁济医院口述遗呈，由家人记录。遗呈主要涉及三件事，核心内容可以概括为三条：一是，振奋发扬中华工程师学会，以兴国阜民；二是，慎选通才，管理中东铁路，内扬国光，外杜口实；三是，筹谋脚踏实地之策，建好汉粤川铁路。[214]遗呈三事“语不及私”，竟然件件事关中国铁路。

詹天佑的遗呈，由他口述，家人做笔录。述录之时，詹天佑尚能出口成章，遗呈完成之后，詹天佑已经口不能言。他手捏床单，拼写英文，向家人示意，遗憾的是，家人莫能辨认。[215]15时10分，詹天佑驾鹤西去，终年59岁。

詹天佑去世后，全国各地同声痛悼。北京、天津、上海、广州、哈尔滨、武汉等地，京张铁路局、汉粤川铁路督办总公所等，均进行了公祭哀悼。正在海参崴与哈尔滨召开的多国“远东铁路会议”特地停会致哀。

时任中华民国大总统的徐世昌下令为詹天佑隆重治丧，其文曰：

汉粤川铁路督办、交通部技监詹天佑，学擅专门，中外推重，创办京张全路，精心擘理，茂绩昭然。近年督办汉粤川路工，创造艰难，诸资经画。遽闻溘逝，惋惜良深。着给予治丧费银二千元，派何佩瑢前往致祭。灵柩回籍时，着沿途地方官妥为照料，生平事迹，宣付国

---

212. 铁路官方一直称为“之”字形，包括青龙桥车站现场的官方介绍。但是入选人教版小学《语文》教材的吕行华《詹天佑》一文中，用“人”字形来描写。由于人教版《语文》教材的广泛影响力，“人”字形的描述获得了人们的广泛认可。

213. “十三五”成就巡礼·坐着高铁看中国：百年京张线 见证复兴新征程 [S]. 中央电视台《新闻联播》.2020-10-08.

214. 詹同济 . 詹天佑评传 [M]. 珠海：珠海出版社，2008:91.

215. 詹同济 . 詹天佑评传 [M]. 珠海：珠海出版社，2008:91.

京张铁路通车后，列车通过青龙桥车站时的情景。

史馆立传，仍交国务院从优议恤，以示追念贤劳之至意，此令。[216]

5月13日，武汉各界隆重公祭“中国近代工程之父”詹天佑。第二天早晨出殡。随后，詹天佑灵柩停放于汉阳的广东山庄。[217]

6月6日，詹天佑的同学、举荐过他的邝孙谋（时任中华工程师学会会长兼京绥铁路局总工程师），大总统府侍从武官的丁士源（曾任京绥铁路局总长兼京汉铁路局局长），率领部属，呈请交通部转呈大总统，要求为詹天佑在八达岭京张铁路青龙桥车站竖立铜像。交通部很快复文同意，并决定立碑于侧以示纪念。

京张铁路建成后不久，1912年5月，粤汉铁路总公所在汉口成立，任命詹天佑为会办，7月，詹天佑举家迁往汉口。此后直到去世，詹天佑一直在武汉居住生活。但詹天佑晚年一直眷恋北京，心中记挂着京张铁路，常念“梦魂所寄，终不忘京张！”[218]1922年，詹天佑家人念及他晚年心愿，决定移灵北上，将其移葬于北京海淀万泉庄。詹天佑夫人谭菊珍携五子二女同时迁居北京[219]。

此时青龙桥车站铜像也刚好铸造完成。1922年4月24日，社会各界在青龙桥车站举行了隆重的铜像揭幕典礼。徐世昌亲自撰写的《故交通部技监汉粤川铁路督办詹君之碑》同时亮相。[220]

1926年詹天佑夫人谭菊珍逝世，与詹天佑合葬海淀万泉庄。

---

216. 经盛鸿．詹天佑评传[M]．南京：南京大学出版社，2001:485.
217. 汪瑞宁，刘向昫．詹天佑的武汉情缘[J]．武汉文史资料，2004(5):6-7.
218. 詹同济．詹天佑评传[M]．珠海：珠海出版社，2008:99.
219. 詹天佑一生共养育五子三女，此时大女儿已经去世。
220. 程旭，韩冰．穿越时空的回响：工业遗产之京张铁路青龙桥火车站遗存改造方案[J]．首都博物馆论丛，2009(1):321-336.

时光荏苒，岁月如梭。

1982年5月，鉴于詹天佑在万泉庄之墓地已损毁，周边已经搭建起了多处民房[221]，为纪念詹天佑，弘扬伟大的爱国主义精神，原铁道部决定在青龙桥车站铜像后面为詹天佑另新建墓地。5月17日，迁葬开始，位于万泉庄墓地的詹天佑夫妇棺椁被移出，经整理后正式火化。5月19日，詹天佑夫妇的骨灰，被送往青龙桥车站的新墓内安葬。

5月20日，迁葬仪式在新墓地隆重举行。铁道部、北京市政府、北京铁路局、中国铁道学会等部门，以及詹天佑之子詹文耀和在京之亲属、众多媒体记者参与了迁葬仪式。

新墓地位于铜像后面的山岗上，背靠青山，面朝东方。巍峨的长城，雄踞一侧；“人”字形京张铁路，蜿蜒于眼前。由近代著名书法家徐之谦书写的“詹天佑先生之墓”七个大字，古朴遒劲。

青山埋忠骨，精神励后人。这位伟大的爱国工程师终于与他不朽的代表作品融为了一体。此后，中外游人络绎不绝，莫不追思瞻仰，缅怀祭奠。

所幸中华之盛世，渐已踵履可闻。

2

2013年5月，京张铁路南口至八达岭段被定为全国重点文物保护单位。

同年11月3日，北京奥运会成功举办后第5年，中国奥委会正式致函国际奥委会，提名北京市为2022年冬奥会的申办城市，由北京市承办冰上项目的比赛，河北省张家口市崇礼县承办雪上项目的比赛。

张家口，在地理上，是广袤无垠的蒙古高原通向华北平原的第一名城；在小说里，是离开蒙古草原的郭靖与江南女子黄蓉的相遇之地；在军事上，它是万里长城四大名关之一的大境门，是扼守京都的北大门，全境1476公里的长城号称“长城博物馆”；在文化上，它是塞内塞外的交会点，是蒙、汉、回、藏多元文化的交流场所；在经济上，它是张库大道的起点，是明清茶马互市的所在地，是中俄贸易的买卖城。

1909年京张铁路的开通，进一步促进了张家口的繁荣与发展。此后，张家口作为物流集散地的地位不断发展壮大，对蒙古库伦和俄国的贸易发展到顶峰，张家口由此成为驰名中外的“陆路商埠”，并被冠以“旱码头”的称号。

随着张家口的繁盛，1912年，国民政府调整行政区划，设立察哈尔特别行政区，管辖内蒙古的察哈尔部左右翼八旗和锡林郭勒盟，以及张家口长城以外的张北、独石等县，省会设在张家口。

此后，国际形势的动荡影响了张家口的发展。1929年，国民政府与苏联因为中东铁路发生军事冲突，与苏联断交。此后，蒙古也关闭了中国的所有商号。

张家口作为中俄贸易桥头堡的地位被削弱。

此后，经历抗日战争、解放战争，1948年12月，张家口回到人民的怀抱，开始在社会主义中国展现出了新的风貌。

在社会主义新中国，经历了社会主义建设时期、改革开放时期，

221. 崔毅飞．亲历者讲述詹天佑迁坟始末，遗体1982年火化[N]. 法制晚报，2017-11-30.

如今的张家口，已是“塞北明珠”。

西南侧的太行山与东侧的燕山，将张家口圈成一个喇叭状的地带，蒙古草原呼啸而来的西北风，让张家口成为一个风城。“坝上一场风，从春刮到冬，春天刮出山药子，秋天刮出犁底层。”张家口时时因为刮风上新闻热搜。但是，这大风，一是给张家口带来了用之不尽的风能，二是作为天然的“空气净化器”，让张家口拥有京津冀一带最为纯净的蓝天。

山多、风大，低温、多雪。降雪早、雪期长，这让张家口成为华北地区赏雪、游雪的胜地，张家口发展成为华北地区最大的天然滑雪场，被誉为“东方达沃斯”。

这也是张家口能够携手北京共同申办北京冬奥会的重要原因。

北京与张家口携手申办冬奥会后，京张高铁被快速推到台前。国家决定以京张高铁为试点，推进智能高速铁路建设，将中国高铁推上新高度，也回应一下中国原创铁路的起点——京张铁路，服务张家口这座塞北名城。

2012 年 6 月，当时京张高铁的定位还是时速 200 公里以上的城际铁路，2014 年后被调整为干线高速铁路，速度目标值也相应调整为时速 350 公里。

此时北京申奥工作也逐渐取得突破性进展。2014 年 7 月 31 日，北京冬奥申委官网正式开通。在北京申奥过程中，对外申报的最大亮点有两个：一是 2008 年北京奥运会之后，北京一直在打造成为国际体育中心城市，主要奥运场馆都得到了充分利用。北京奥运会比赛场馆如国家体育场、五棵松体育馆、工人体育馆等场馆都具备制冰条件，如果申办成功，北京只需要新建一个速滑馆即可。二是中国将建设京张智能高铁，

↓“飞雪迎春”涂装的京张智能动车组

将崇礼的世界级雪道纳入北京1小时交通圈内。

2015年7月31日，马来西亚吉隆坡，国际奥委会第128次全会在这里举行。国际奥委会主席巴赫站在台上，他轻轻打开了印有奥运五环标志的信封，向世界展示写有“BEIJING2022”字样的结果牌，郑重宣布，中国北京获得2022年第24届冬季奥林匹克运动会主办权。北京成为世界上第一个既举办夏季奥运会又举办冬季奥运会的城市。

于是，京张高铁成了奥运工程。

2015年11月，京张高铁可行性研究报告正式获得国家发改委批复，正线全长174公里，估算投资584.1亿元。

不仅如此，京张高铁还被赋予更多历史责任，它将成为世界上第一条智能高铁。

2016年4月10日，京张智能高铁正式开工建设。

2017年10月4日，京张智能动车组正式确认设计单位——中车长客股份有限公司。

3

2019年12月30日，京张高铁正式开通，新老京张铁路跨越百年实现历史性握手。中共中央总书记、国家主席、中央军委主席习近平就京张高铁作出重要指示。他指出，1909年，京张铁路建成；2019年,京张高铁通车。从自主设计修建零的突破到世界最先进水平，从时速35公里到350公里，京张线见证了中国铁路的发展，也见证了中国综合国力的飞跃。回望百年历史，更觉京张高铁意义重大。[222]

现在我们来看看为什么说京张高速铁路是世界上最聪明的高速铁路。京张高速铁路之所以被称为智能高铁，它到底智能在哪里?

第一是线路车站，智能大脑联通京张高铁11个车站。

据中铁设计京张高铁项目总负责人蒋伟平介绍，京张高铁11个车站，拥有同一个“大脑”——客站旅客服务与生产管控平台系统，它将原来的一些客运服务系统与新开发的应急指挥、环境感知等智能分析系统整合，同时打通客票、调度、动车信息三大系统数据库，实现共享。工作人员在控制室就可以实现客运站灯光、温度、湿度等设备管理。算上崇礼铁路太子城站，京张高铁办理客运业务的车站共11个，各站的“智能大脑”可实现数据共享。“比如今天大风降温，首发列车又是满员，系统就会分析数据，推送建议。”蒋伟平介绍，车站的客运人员使用的智能手持终端，就是“智能大脑”的一个操作系统。通过这个终端能查询客车到发、晚点车次、接续换乘等信息。[223]

第二是智能化高速列车。

这是京张高铁智能化最大的突破，也是它智能化的集中体现。为办好北京冬奥会，中国铁路总公司提出了“打造精品工程，建设智能京张”的目标，采用竞标的方式公开向社会征集京张智能动车组设计方案，经过综合比选，中车长春轨道客车股份有限公司中标。2017年10月4日，中国铁路总公司党组书记、总经理陆东福为长客股份

↓上图：京张智能动车组商务座
↓下图：京张智能动车组内饰

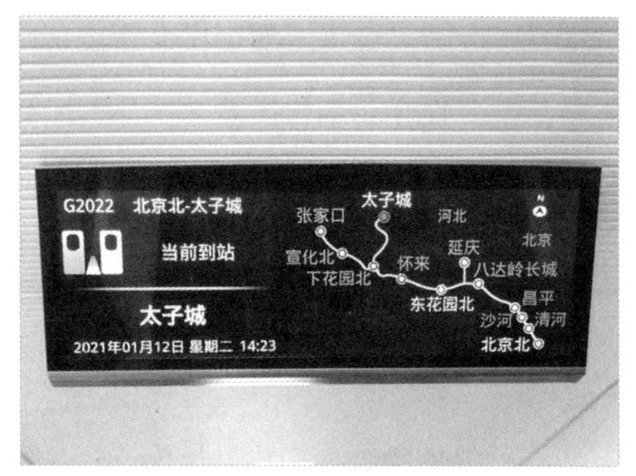

公司颁发了“京张高铁智能动车组项目设计方案中选单位”标牌，正式确定了京张智能动车组样车由长客股份公司研制。[224]

京张智能动车组，它的智能性首先体现在实时监测上。作为“复兴号”标准版的升级版本，新增了智能模块。一是增加了监测点，一共有2718个传感器，包括轴温、烟雾报警、灯光等，通过这些传感器可以实现对车辆的全覆盖。它能够实现温度、灯光、车窗颜色等自动调节。即使车辆连续穿越隧道，明暗变化差距大，车内灯光也能始终保持在最适合旅客使用的状态。二是进一步优化整合各子系统的监测功能，构建集成化的安全监测系统，完成由单部件、单车级安全监测，到多系统、整车级、交互监测的提升，实现各类监测大数据综合利用和分析判断。高速列车在行驶过程中，就能实时进行监测，一旦哪个地方出了故障，会立

222. 习近平对京张高铁开通运营作出重要指示 [EB/OL].[2019-12-30].http://www.gov.cn/xinwen/2019-12/30/content_5465202.htm.
223. 金可 . 京张高铁正式开通 “智能化”无处不在 [N/OL]. 北京日报，[2021-04-11]. https://xw.qq. com/cmsid/20191231013045OO.
224. 刘长青 . 京张智能动车组：从“中国创造”向“中国智造”的里程碑式跨越 [J]. 城市轨道交通研究，2018，21(2):3+108.

即显示出来。这样，高铁司机就能有针对性地进行处理，将损失降到最低，避免重大事故的发生。

其次，与北斗导航系统相连，智能高速动车组还实现了自动驾驶。京张高铁全长174公里，设计时速350公里。但沿路各段的开行速度不同，分为120公里、200公里、250公里和350公里时速不等。当司机按下ATO按钮后，列车就会进行自动驾驶，动车组就可以实现自动加速、减速，到站后自动停车，自动开门，大大降低了司机的劳动强度，增加了旅客的舒适度。智能动车组的自动驾驶功能，能将停车精准控制在正负10厘米范围内。这是世界首次，在350公里的时速下模拟一个最好的司机，用算法开出安全、节能、高效的列车。当然这并不意味着京张高铁不需要司机了。高铁线路场景复杂，距离远、速度快，自动驾驶可以应付一些简单的路段，但一旦遇到紧急情况，还是需要司机作出正确判断。自动驾驶只是解放了司机，让司机不用再做一些重复操作，从而可以将更多精力放在瞭望线路、观察设备状态上，这样一旦发现问题，司机就能立即进行处理了。

再次，智能动车组还在乘坐舒适性方面有很多改进，整体客室设计简洁温馨，商务区尊贵稳重，一等客室高端大气，二等客室端庄素雅，媒体区域舒适明快，烘托出不同的客室氛围；智能型“复兴号”车体外电子面板增设了座位号标识，使旅客无须走进车厢，就知道自己的座椅离哪个门更近；灯光采用多级智能控制，车窗采用变色技术，为旅客提供全新的乘坐体验；列车还能做到噪声与压力波的主动控制，座椅采用了深度人机工程学设计，全面提升了旅客乘车感受。

最后，在绿色环保方面，应用了最新环保材料与技术，进一步降低了车内外的噪声，并实施了车内垃圾分类存放及废水再利用；在节能方面，采取了减小气动阻力的头型设计，并采取了轻量化设计，优化了辅助设备能耗等措施，整体能耗可以在“复兴号”动车组标准版的基础上节约 7%。

总之，京张智能动车组是“复兴号”中国标准动车组家族的新成员，代表了新时代中国高速动车组产品的前沿水平。

2021 年 1 月 19 日，中共中央总书记习近平乘坐京张高铁赴张家口赛区考察北京冬奥会、冬残奥会筹办工作。抵达太子城站后，他走进车站运动员服务大厅，一边听取介绍一边仔细察看京津冀地区铁路网图、京张高铁和赛区位置示意图以及沙盘等展示。习近平指出，我国自主创新的一个成功范例就是高铁，从无到有，从引进、消化、吸收再创新到自主创新，现在已经领跑世界。要总结经验，继续努力，争取在“十四五”期间有更大发展。[225]

4

大家都知道，在中国高速铁路领域，四方股份公司与长客股份公司是一对，一个有什么，另外一个往往也有什么。长客股份公司有京张智能动车组，四方股份公司就有京雄智能动车组。四方股份公司与长客股份公司又联手在京张智能动车组与京雄智能动车组的基础上研

225. 张晓松，朱基钗 . 习近平：高铁是我国自主创新的一个成功范例 [EB/OL].[2021-01-20]. https://baijiahao.baidu.com/s?id=1689373629513290861&wfr=spider&for=pc.

发了通用版的智能动车组，计划2021年7月1日在京沪高铁、京广高铁上线运营。

与此同时，中国国家铁路集团有限公司正式启动了时速400公里高速铁路运营的有关研究工作。

2021年3月8日，中国国家铁路集团有限公司党组书记、董事长陆东福在全国两会期间接受记者采访，谈了三件事。

第一件事，中国正在研发动力集中型内电双源动车组，7月1日将开进西藏，开到拉萨，“复兴号”动车组将实现对全国31个省（区市）的全覆盖。这个主要是针对川藏铁路拉林段。所谓内电双源就是一头是内燃机车，烧柴油的，另一头是电力的。为什么要用内电双源？因为拉林铁路是电力的，作为川藏铁路整体的一部分，未来整个川藏铁路都是电力的。川藏铁路桥隧比高达94.8%，隧道占正线比例达82.9%，整个一条1000多公里的大铁路，如此多的隧道，用内燃不环保啊！你想想，在隧道里面，内燃机车冒大烟，本来空气就稀薄。没法整。电力又环保，动力又足。到时候，动车组不仅仅到拉萨，还要去日喀则。但是，拉萨至日喀则这一段没有电气化，需要内燃来驱动。所以内电双源，拉萨林芝段用电力，拉萨至日喀则段用内燃。

第二件事，2021年7月1日前在京沪、京哈、京广、成渝等高铁线路集中投放一批“复兴号”智能动车组，扩大运营体验范围，让更多老百姓享受到更高品质的旅行生活。

第三件事，启动CR450科技创新工程，实现我国高铁更高商业运营速度。陆东福强调，为充分释放中国发达高速铁路网的红利，在科学分析、把握路情的基础上，我们计划基于时速350公里高铁基础设施条件，主要通过对高铁移动装备技术的全面提升，即研发新一代更高速度、更加安全、更加环保、更加节能、更加智能的“复兴号”动车组新产品，实现我国高铁更高商业运营速度，持续巩固我国高铁领跑优势。我们知道目前“复兴号”有CR400系列，设计时速350公里；CR300系列，设计时速250公里；CR200系列，设计时速160公里。这里的CR450是一款新的更高速度的动车组，根据命名规则，CR450设计时速将达到400公里。毫无疑问，CR450将依托中国中车研制。事实上，早在2016年10月21日，中国中车就正式启动了国家重点研发计划“先进轨道交通”重点专项——时速400公里可变轨距高速动车组的研制工作。当时该项目由长客股份公司牵头，四方股份公司、唐山公司各研制一列。4年后，2020年10月21日，首列时速400公里可变轨距高速列车在长客股份公司正式下线。四方股份公司、唐山公司研制的试验列车也先后下线。有了这种基础，对中国中车集团而言，研制CR450高速动车组并没有什么难度。

问题的关键是，时速400公里高速客运网络怎么运营？是要重新建设新的高速铁路网络吗？还是现在建设的时速350公里的高铁线路可以使用？很多人有这个疑问。因为2020年年底，爆出国家发改委已经开始审议成渝中线可行性研究报告问题，透露出来的消息是成渝中线设计时速350公里，但是预留时速400公里提速条件。成渝中线预留了自然没有问题，但是没有预留的怎么办？陆东福此次接受采访解答了人们的疑惑问题。他说计划基于时速350公里高铁基础设施条件，主要通过对高铁移动装备技术的全面提升……实现我国高铁更高商业运营速度。意思就是，基于现有的时速 350 公里的高速铁路网络，通过中国中车在移动设备领域的创新，也就是研发时速 400 公里的 CR450，来实现高铁网络速度的提升。

有没有这样的先例呢？日本新干线一直是这样干的。日本新干线建设年代早，条件非常落后，但是，他们通过移动装备的创新，最高运营时速已经实现了 320 公里。如东北新干线，设计时速 260 公里，现在跑多少呢？时速 320 公里。我们的线路具备类似日本新干线的提速条件吗？太具备了。中国高铁线路建设，安全余量之大，全世界绝无仅有。我们来简单比较一下。我们时速 350 公里的高速铁路，如京广高铁，曲线半径多少呢？ 7000 米。日本跑时速 320 公里的东北新干线曲线半径多少？多数地方都是 4000 米。日本现在号称实现 5000 米的曲线半径可以跑时速 350 公里。所以，如果以日本新干线为标杆的话，我们现在设计时速 350 公里的线路，跑时速 400 公里，压力不大。

5

以上是中国高铁发展的一个方向，另外一个重要方向是高速磁浮。前面我们讲过，中国高铁在建设之初，一直存在“轮轨”与“磁浮”的路线之争，当然最终胜出的是轮轨派，主要原因是技术的成熟性与运营的经济性。但是，在技术上，磁浮还是拥有独特的优势。高速铁路领域有三大关系需要攻关解决——弓网关系、轮轨关系、流固关系。在高速磁浮这里，没有接触网，不存在弓网关系；列车与轨道不接触，不存在轮轨关系。所以，它需要重点解决的只有流固关系。在更高速度领域，磁浮有天然的优势。目前，世界上在高速磁浮研究与工程化方面，领先的是日本与德国。日本走的是低温超导磁浮路线，2015年4月21日，日本L0系超导磁浮列车在山梨磁浮试验线试验中，最高试验时速达到了603公里。德国走的则是常导磁浮路线，最高试验时速505公里。中国上海的高速磁浮线路采用的是德国常导磁浮技术，最高运营时速430公里。这是世界上第一条商业运营的高速磁浮项目。日本设计时速500公里的中央新干线，2014年9月已经正式开工，预计到2027年将开通东京至名古屋区间，2045年将延伸至大阪。

2016年10月21日，与研制时速400公里可变轨距高速列车的同时，中国中车也启动了时速600公里高速磁浮研究，承担项目主体是四方股份公司。四方股份公司此次开发的时速600公里磁浮，技术路线上采用的是常导磁浮路线，主要原因是常导磁浮技术更加成熟，能够快速实现工程化应用。当然，四方股份公司研制的高速磁浮列车，创新性地采用了新型永磁电磁混合悬浮系统，与国外同类高速磁浮相比，悬浮能耗降低35%，电磁铁温升降低40摄氏度，单位有效载荷车辆减重6%以上。

2019年5月23日，时速600公里高速磁浮试验样车在青岛正式下线。下线时，四方股份公司强调，作为一种新兴的高速交通模式，高速磁浮具有速度高、安全可靠、噪声低、震动小、载客量大、运营准点、维护量少等优点。由于我国高铁最高运营时速为350公里，民航飞机巡航时速约为800～900公里，时速600公里的高速磁浮

↓上图：时速 400 公里跨国互联互通高速动车组
↓下图：时速 600 公里高速磁浮试验样车下线

正好可以填补高铁和航空运输之间的速度空白。作为目前可实现的、速度最快的地面交通工具，高速磁浮用于长途运输，可在大型枢纽城市之间或城市群与城市群之间形成高速走廊。按实际旅行时间计算，在 1500 公里运程范围内，高速磁浮是最快的交通方式。以北京至上海为例，加上旅途准备时间，乘飞机需要约 4.5 小时，高铁需要约 5.5 小时，而高速磁浮仅需 3.5 小时左右。

2020 年 6 月 21 日，四方股份公司研制的时速 600 公里高速磁浮在上海同济大学磁浮试验线上成功试跑。截稿之时，四方股份公司整列时速 600 公里高速磁浮已经下线，静待官宣。

与此同时，2021 年 1 月 13 日，西南交通大学研制的时速 600 公里高速磁浮试验样车也正式下线，165 米的试验线同期投入使用。西南交通大学高速磁浮项目由两院院士沈志云领导，走的是高温超导路线。2018 年年底，见闻君曾到西南交通大学拜访过沈院士，一是在学校做了一个关于高铁发展历史的讲座，二是聆听了院士的教诲。在谈到高速磁浮路线时，沈院士强调，高温超导路线是一个自平衡的状态，因为它利用的是同极相斥的原理，距离越近，斥力越大，斥力过大，距离就会拉大，然后斥力会变小，最终形成一种平衡；常导路线利用的是异极相吸的原理，距离越小，吸力越大，最终一定是吸到一起，要想实现稳定悬浮，必须加入一个主动的力来控制。当然原理是这样，但是在常导路线发展中，德国人以自己擅长的自动化控制技术，成功解决了常导路线的不足，反而率先在上海磁浮线路中投入应用。日本人主攻的超导磁浮，却在很长一段时间内，难以解决振动问题。西南交通大学高速磁浮项目的另外一个突破是，他们采用了高温超导路线，而日本走的是低温超导路线。

除了时速 400 公里 CR450 高速列车、时速 600 公里高速磁浮，截至目前，我们还有时速 350 公里的货运动车组等一系列前沿产品研发出来，中国高铁展现出一种良好的发展势头。

6

作为中国一张亮丽的名片，中国高铁也成为“一带一路”沿途国家的抢手货。在面对日本新干线等国际巨头的竞争中，中国先后拿下了印尼雅万高铁项目、中老铁路项目、中泰铁路项目、匈塞铁路项目等。

回首一百多年的发展历程，中国铁路发端于多灾多难的晚清，萌芽于仁人志士救亡图存的道路探索过程中，从 1841 年民族英雄林则徐与爱国思想家魏源的镇江长谈，一直到 1881 年唐胥铁路的艰难问世，国家多难，社会激荡，风雨如晦，伴随着两次鸦片战争、中法战争、中日战争、八国联军侵华战争等一系列屈辱历史事件，中国铁路逐渐成为国家摆脱贫弱走向富强、摆脱落后封建思想走向现代文明、摆脱农业社会走向工业国家道路的重要承载。南有江南造船厂，北有唐山胥各庄。铁路发展孕育了近代产业工人，并逐渐成为中国共产党发展党员的重要源泉。1921年伟大的中国共产党诞生，在党的领导下，经历了轰轰烈烈的大革命，以二七工人大罢工为标志，铁路工人成长为国际共产主义运动的重要力量，登上世界的舞台，为今日之中国留下了灿烂的红色遗产。国家强，工业兴。新中国成立后，经历自力更生、自主创新，中国铁路建立了完整的工业体系，东风、韶山驰骋于中华大地；改革开放后，铁路技术快速发展，“和谐号”像一个白色的精灵成为中华大地上的天使；2012年中国特色社会主义进入新时代，“复兴号”奔驰在祖国广袤的大地上，迈出了中国高速列车从追赶到领跑的关键一步，成为“一带一路”上的抢手货，中国高铁成为我们国家一张亮丽的名片。

回顾历史，我们发现，一部百年铁路发展史，更是中国道路探索史，没有强大的国家做后盾，就不可能有发达的工业体系；没有强大的祖国做后盾，就不可能有富足的家园。我们清楚地认识到，由中国共产党领导中国革命走向胜利，领导中国特色社会主义建设事业走向胜利，这是历史的选择，是历史规律的一种必然。

（一）中国铁路崛起的历史就是中华民族走向伟大复兴的历史。

历史大势，浩浩荡荡，顺之者昌，逆之者亡。5000年中华文明，灿烂辉煌，渗透进每一个中华儿女的血脉，让每一个中国人为之骄傲自豪。在所有文明古国当中，中国是唯一一个文明没有断绝而延续至今的国家。先祖们的卓越，给了我们力量；先祖们的辉煌，让我们有了一种承继的担当；先祖们的灿烂，让我们有了复兴的梦想。从15世纪到17世纪地理大发现开始，一直到工业革命爆发，西方文明发展驶上了快车道，而在这一时期，中华文明还在沿着既有的轨道缓慢前进。中华文明的领先逐渐被超越，中国发明的指南针，助力西方发现了新大陆；中国发明的火药，助力西方进入了热兵器时代。而西方国家通过工业革命化茧成蝶后，他们带着坚船利炮轰开了古老东方国家的大门。1840年鸦片战争的爆发，震惊了清王朝。这是千年未有之超级变局。自秦始皇统一中国建立帝制王朝以来，中华文明一直相对周边文明保持着领先地位，突然之间，一种更加先进的生产力，带着强大的武器，用炮舰顶住了中华文明的脑门。

震惊、错愕、不解、茫然！

腐朽的清王朝注定难以应对。

就在这个过程中，铁路作为现代工业文明的代表，其思想率先传入中国。作为近代中国开眼看世界的第一人，林则徐通过他的《四洲志》开始向国人传播铁路思想，东与西、中与洋、工业思想与农业文明在这个过程中经历了极为漫长与复杂的博弈；此后，洋务派继之以实践，历经无数次唇枪舌剑，无数次筹谋规划，唐胥铁路终于呱呱坠地，铁路来到中国，先进的工业文明开始在中国扎根生长。相对于清朝统治者，民族资产阶级积极参与铁路建设，无论是维新派还是革命派。中国革命先行者孙中山在《建国方略》中提出了16万公里的恢宏规划，虽然多有人质疑，但是它体现的是那个时代救国救亡仁人志士对于美好中华的一种期盼。作为近代产业工人聚集的行业，铁路成为中国共产党高度关注的重点行业，在中国共产党的领导下，中国铁路工人登上世界政治舞台，震惊中外的二七大罢工，成为中国共产党领导工人运动第一个高潮的顶点。中国铁路诞生并发展壮大的过程，正是先进的中国人探索救亡图存道路的过程，是中华民族走出近代屈辱历史走向伟大复兴的过程。以林则徐、魏源为代表的启蒙思想家也好，以李鸿章、张之洞为代表的洋务派也好，以孙中山为代表的民族资产阶级革命派也罢，都为中国铁路发展作出了巨大贡献，都为探索中国富强之路殚精竭虑。但历史发展的事实证明，只有共产党才能挽救中国，只有改变中国整体落后的面貌，才能真正给中国铁路发展提供良好的工业基础,才能让中国高铁成为世界领域内闪亮的国家名片。这就叫历史的选择。

（二）中国铁路发展的历史就是在拥抱开放的基础上坚持自主创新的历史。

中国铁路从诞生起就是一种开放的体系，铁路思想是从西方传播过来的，铁路的技术是从西方学来的，甚至早期的工程师也是西方人，英国人金达在早期中国铁路建设以及机车车辆工厂的建设中，作出了巨大的贡献，他主导确定的中国铁路 1435 毫米标准轨距建设标准，为中国铁路后来的发展奠定了非常好的基础。新中国成立后，中国从匈牙利购买了 ND1 型内燃机车，从罗马尼亚购买了 ND2 型内燃机车，然后从苏联引进了电力机车技术，并在此基础上研制了韶山型电力机车。改革开放后，20 世纪 80 年代，我们又与美国 GE 合作，与欧洲五十赫兹集团合作，与日本川崎重工合作，引进技术，大大加快了中国铁路装备技术现代化的进程。在高速铁路发展的过程中，中国先是引进了瑞典 X2000 型摆式动车组，又通过战略买家策略一次性引进了日本新干线、法国 TGV、德国 ICE 等高速铁路技术，并在此基础上打造了“和谐号”高速动车组平台，让中国高铁技术站在了世界的最前沿。

但是这种开放是建立在自主创新之上的，特别是新中国成立以来，在中国共产党的领导下，我国建立了门类齐全的工业体系，这让我们这个庞大的国家受益匪浅。具体到铁路机车车辆工业，蒸汽机车我们能造，内燃机车我们能造，电力机车我们也能造，动车组我们还能造。最开始的时候，我们的产品是落后于人，但是这种完备的工业体系，让我们拥有了技术的根基，而且还培养了完备的人才队伍。没有这种技术的根基以及完备的人才队伍，引进技术就不可能真正发挥作用，只能重复引进—落后—再引进—再落后的怪圈。正是因为我们的技术开放是建立在自主创新技术之上的，所以每一次技术引进都让中国铁路工业产生正向的技术积累。

当然最成功的案例当属 21 世纪初的那次技术大引进，应该说没有那次技术引进，中国铁路不会像今天发展得这么快、这么好，但是如果没有此前的技术根基，引进来未必能够消化得了，如果那次技术引进没有建立在自主创新的技术上，中国铁路也不可能通过技术的迭代达到今天这样一个高度。

（三）中国铁路发展的历史是社会主义集中力量办大事优势的集中体现。

这是中国共产党的领导使然，是我们社会主义国家的制度优势使然。我们可以看到，在市场经济发展过程中，并非所有行业都像中国高铁一样取得了成功，甚至很多行业都是反面教材，汽车工业就是被人们拿来反复说事的一个例证。中国高铁发展到今天之所以如此成功，正是因为把我们社会主义国家的制度优势发挥到了极致。这还不得不再说到那次惊心动魄的技术引进，如果没有铁道部的统筹，如果不是所有的铁路工厂都统一听从铁道部的号令，中国铁路的技术引进就不会那么成功。实际上，并非没有人对那次技术引进有意见，比如中车株机公司就有很多人认为他们应该进入高速动车组制造领域，毕竟他们是“中华之星”项目的牵头方。但是，不管哪家公司有意见，最终大家还是做到了令行禁止，保证了统一对外的态势，也保证了那次技术引进的成功。

如果我们放眼全球，我们会发现，落后国家真正实现追赶西方发达国家而走向富强是极其罕见的。有些国家曾经取得过快速发展，但是很快又掉进了中等收入陷阱，如南美有些国家就是这样；有些国家则一直在泥沼中挣扎，国家工业体系难以建立，经济发展只是幻影，引进技术之后因为难以消化而难以真正转化为国家向上的力量。像中国这样，经历了近代以来腥风血雨的艰难时代，民族国家曾经面临瓜剖豆分的危急时刻，竟然还能延续文明光辉，愤而崛起，走上伟大复兴的道路，这是一个奇迹，是共产党领导创造的奇迹，是社会主义制度创造的奇迹。

———

八達嶺山洞

1908年

八达岭隧道贯通时工程人员合影

2019年12月

CR400BF-C 京张高铁智能动车组上线运营（罗春晓摄影）